Logic Pro

레벨업 코스

최이진 지음

노하우
도서출판

최이진의
로직 프로 레벨업 코스

초판 발행 2023년 4월 26일

지은이 최이진

펴낸곳 도서출판 노하우
기획 현음뮤직
진행 노하우
편집 덕디자인

주소 서울시 관악구 행운동 100-339
전화 02)888-0991
팩스 02)871-0995

등록번호 제320-2008-6호
홈페이지 hyuneum.com

ISBN 978-89-94404-53-0
값 33,000원

인생을 바꾸는 한 권의 책!

멀티 출판 부문 1위!
독자 여러분! 고맙습니다.

세상을 살다 보면
차라리 죽고만 싶을 만큼
힘들고, 괴로울 때가 있습니다.

하지만, 누가 봐도
힘들고, 괴로워 보이는 사람들은
오히려 그 속에서 피와 땀을 흘려가며
가슴속 깊이 전해지는 감동을 만들어냅니다.

도서출판 노하우는
힘들게 공부하는 사람들과
함께하는 작은 디딤돌이 되겠습니다.

힘들고, 괴로울 때
내가 세상의 빛이 될 수 있다는
꿈과 희망을 품고 열심히 공부하세요
멈추지 않는다면, 꿈은 반드시 이루어집니다.

그 곁에 도서출판 노하우가 함께 하겠습니다

고맙습니다.

차례

PART 01 : 오디오 편집

작업 시간을 단축시키는 오디오 편집 기능!

로직은 작/편곡을 위한 스케치 용이고, 실제 음원은 Pro Tools로 작업한다고 말하는 분들이 있습니다. 이는 로직이 미디 편집 툴로 출발했기 때문에 발생한 오해입니다. 로직은 자체적으로 오디오를 편집할 수 있는 막강한 기능을 제공합니다.

차례

PART 02 : 미디 이펙트

미디 이펙트의 실무 활용법!

로직은 연주 정보를 실시간을 제어할 수 있는 다양한 미디 이펙트를 제공합니다. 이는 작업 시간을 혁신적으로 줄일 수 있고, 음악에 독창성을 부여할 수 있는 다양한 아이디어를 얻을 수 있는 장치이기도 합니다. 특히, 건반을 사용할 수 없는 야외에서 유용합니다.

PART 03 : 오토메이션

믹싱을 위한 오토메이션의 모든 것!

로직의 모든 파라미터를 제어하고 움직임을 기록할 수 있는 오토메이션을 효율적으로 사용할 수 있는 미디 컨트롤러 또는 아이패드 사용자를 위한 로직 리모트를 실제로 사용하는 유저는 거의 없지만, 장치를 가지고 있다면 습관을 갖는 것이 좋습니다.

영상 강좌 채널

서적으로 공부할 때의 어려움.
영상으로 시청할 때의 오해.
두 가지를 함께하면 이러한 문제를 해결할 수 있으며,
개인 교습을 받는 것과 같은 효과를 얻을 수 있습니다.

오른쪽 QR 코드를 촬영하면 본서의 학습을
영상으로 시청할 수 있는 유튜브 채널에 연결됩니다.
유튜브에서 최이진을 검색해도 됩니다.

차례

PART 04 : 글로벌

로직 기능을 향상시키는 글로벌 트랙의 모든 것!

연주 패턴을 미리 구성할 수 있는 편곡 트랙, 영상 음악 작업을 위한 동영상 트랙 등은 모두 글로벌 트랙에 있습니다. 그 외, 마커, 조표 및 박자표, 트랜스포지션, 템포, 비트 매핑 등, 프로젝트 전체를 제어할 수 있는 7가지 트랙을 제공합니다.

차례

PART 05 : 플렉스

보컬의 음정과 박자를 교정한다!

로직에 통합된 플렉스 모드를 사용하면 오디오의 길이를 조정하거나 박자를 맞추고, 피치를 조정하는 등의 편집할 수 있습니다. 특히, 로직은 오디오의 손실을 최소화할 수 있는 다양한 알고리즘을 제공하여 최상의 결과를 얻을 수 있도록 하고 있습니다.

차례

PART 06 : 사운드 디자인

나만의 사운드를 위한 샘플러의 모든 것!

샘플러, 퀵 샘플러, 드럼 머신 디자이너, 오토 샘플러를 이용하여 자신만의 사운드를 디자인할 수 있는 모든 방법을 익힙니다. 작곡과 편곡은 물론 믹싱과 마스터링 그리고 사운드 디자인은 모두 창작 분야입니다. 즉, 좋은 사운드 하나만 잘 만들어도 돈이 될 수 있습니다.

차례

PART 07 : 라이브 루프

최강의 리믹스 음악 제작을 위한 기능!

로직은 EMD이나 Hip-Hop 등의 루프 음악을 하는 사람들이 가장 많이 사용하는 에이블톤 라이브의 루프 기능을 그대로 구현할 수 있는 라이브 루프 기능과 스텝 시퀀서 및 리믹스 FX 기능을 탑재하여 리믹스 작업을 단독으로 수행할 수 있도록 업그레이드되었습니다.

차례

PART 08 : 보컬 레코딩

보컬 믹싱에 필요한 실무 테크닉!

보컬에게 어울리는 마이크를 선택하고, 파열음과 치찰음이 발생하지 않도록 배치하는 것에서부터 테이크 및 펀치 기능을 이용한 적절한 레코딩, 좋은 소스를 골라내는 편집, 그리고 EQ, 컴프레서, 리버브를 비롯한 다양한 이펙트의 처리 등, 보다 좋은 결과를 얻기 위한 시간.

차례

차례

PART 10 : 마스터링

음원 출시 전의 마지막 단계!

대표적인 타임 계열 장치인 리버브와 딜레이의 사용법, 그리고 음원을
출시하기 전에 최종적으로 믹스 음악의 주파수 밸런스와 다이내믹을
체크하고 보완하는 마스터링 작업의 실무 테크닉을 공개합니다.

차례

PART 11 : 악보 디자인

로직으로 디자인하는 출판 악보!

로직은 스코어 에디터로 출발한 프로그램이기 때문에 전문 사보 프로그램 못지않은 악보 출판 기능을 갖추고 있습니다. 미디 및 오디오 편집 기능이 추가되고 DAW 프로그램으로 자리를 잡으면서 막강한 악보 출력 기능이 감춰져 있을 뿐입니다.

PART 12 : 돌비 애트모스

오디오의 새로운 표준 애트모스 사운드 제작!

로직은 값비싼 추가 장비 없이 Apple Music과 같은 스트리밍 플랫폼에 배포할 3D 입체 음악을 손쉽게 제작할 수 있습니다. 특히, 이어폰 또는 헤드폰으로 서라운드 사운드를 모니터 할 수 있는 바이노럴 모드를 지원하기 때문에 고가의 멀티 시스템을 갖추지 않아도 됩니다.

로직 사용 능력을 한 단계 올리는

로직 프로 레벨-업

01

오디오 편집

국내 로직 사용자들은 이상하게 Logic Pro는 데
모 작업용이고, 실제로 상업용 음원을 만들 때는
Pro Tools로 진행해야 한다고 말합니다. 도대체
어디서 이런 편견이 생겼는지는 모르겠지만, 로직
을 잘 모르는 사람들의 주장입니다. 로직은 수 많
은 헐리우드 포스트 프로덕션에서 사용하고 있을
만큼 강력한 오디오 편집 기능을 제공합니다. 입문
자라면 근거 없는 인터넷 글에 현혹되지 말고, 단
하나의 기능이라도 제대로 사용할 수 있게 연습하
기 바랍니다. 나중에 수 천만원의 비용을 절감할
수 있는 자산이 될 것입니다.

Logic Pro
단축키 설정하기

편집 도구

마우스의 기능을 결정하는 도구은 ① 왼쪽 버튼에 할당되는 것과 ② Command 키를 누르면 적용되는 것의 두 가지가 있습니다.

도구의 선택

각각의 도구은 메뉴를 클릭하면 열리는 목록에서 선택합니다. 왼쪽 버튼의 기능을 결정하는 도구은 ③ T 키를 누르면 열리는 단축 메뉴에서도 선택할 수 있습니다. 단축 메뉴는 도구을 선택할 수 있는 단축키가 표시되어 있어 좀 더 편리하게 사용할 수 있습니다.

① 왼쪽 버튼

② Command 키

③ T 키

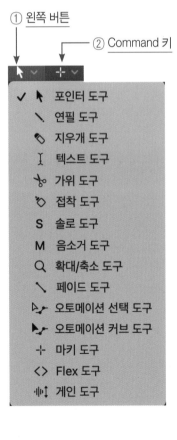

01 로직 프로 레벨-업 오디오 편집

단축키

자주 사용하는 왼쪽 버튼 도구을 단축키로 선택
할 수 있게 해놓으면 작업도 편리하고, 로직을
잘 사용하는 유저로 보이기도 합니다.

단축키 설정 방법

① Option+K 키를 눌러 키 명령 할당 창을 엽니다.

② 검색 항목에 도구를 입력하여 도구 목록만 표시합니다.

③ 단축키를 설정할 도구 이름을 선택합니다.

④ 키 레이블로 학습 버튼을 On으로 합니다.

⑤ 원하는 키를 누르면 연결됩니다. 이미 다른 명령에 연결된 키라면 처리 여부를 묻는 창이
열립니다.

⑥ 연결을 위한 승인 및 기존 단축키를 해제하는 대치 버튼을 제공합니다.

① 키 명령 할당 창

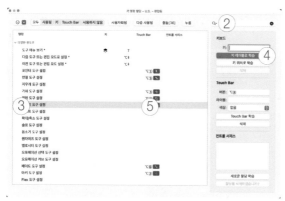

⑥ 이미 사용되고 있는 키가 있는 경우

로직에서 자주 사용하는 기능에 단축키가 설정되어 있지
않다면, 같은 방법으로 연결하여 사용합니다.

Logic Pro
오른쪽 버튼 도구

오른쪽 버튼의 기능

일반적으로 마우스 오른쪽 버튼을 클릭하면 해당 작업에 적합한 단축 메뉴가 열립니다. 하지만, 로직은 단축 메뉴 대신에 도구 기능으로 사용할 수 있습니다.

오른쪽 버튼 기능 선택하기

① Command+(,) 키를 눌러 설정 창을 엽니다.
② 편집 탭을 선택합니다.
③ 마우스 오른쪽 버튼 메뉴에서 원하는 기능을 선택합니다.

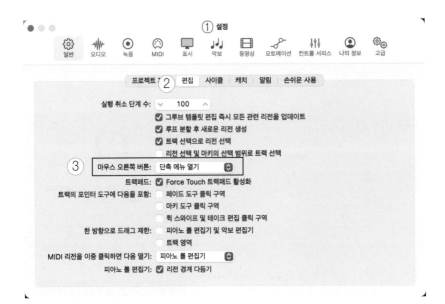

마우스 오른쪽 버튼 메뉴

마우스 오른쪽 버튼 메뉴에서 선택할 수 있는 옵션은 4가지 입니다.

① 도구에 할당

　도구 바에 오른쪽 버튼 도구 메뉴를 표시합니다.

② 도구 메뉴 열기

　기본적으로 설정되어 있는 옵션입니다. 선택한 개체에서 사용할 수 있는 메뉴를 엽니다.

　메뉴의 종류는 선택한 개체에 따라 달라집니다.

③ 단축 메뉴 열기

　도구 선택 메뉴를 엽니다.

④ 도구 및 단축 메뉴 열기

　도구과 단축 메뉴를 모두 엽니다.

① 오른쪽 버튼 도구

② 단축 메뉴

③ 도구 메뉴

④ 도구과 단축 메뉴

Logic Pro

포인터 클릭 존

포인터 도구

포인터 도구는 리전의 선택 위치에 따라 기능이 달라집니다. 기본적으로 왼쪽과 오른쪽 상단에서는 페이드 인/아웃 기능을 하며, 아래쪽에서는 범위를 선택하거나 편집하는 마키 도구 역할을 합니다. 그리고 테이크 트랙 위쪽에서는 재생 범위를 선택하는 퀵 스와이프 도구, 아래쪽에서는 편집 범위를 선택하는 마키 도구의 역활을 합니다.

위쪽 : 선택, 드래그로 이동과 복사

아래쪽 : 범위 선택, 드래그로 이동과 복사

왼쪽 아래 : 시작 위치 조정

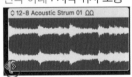

오른쪽 아래 : 길이 조정

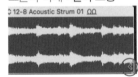

왼쪽 위 : 페이드 인

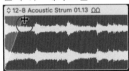

오른쪽 위 : 페이드 아웃

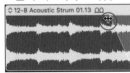

오른쪽 : 반복 기능

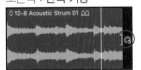

테이크 트랙

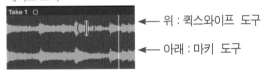

← 위 : 퀵스와이프 도구

← 아래 : 마키 도구

01 로직 프로 레벨-업 오디오 편집

포인터 도구의 활성

만일, 페이드 인/아웃과 마키 도구 기능이 활성화되지 않는다면, 설정 옵션을 확인합니다.

① Command+(,) 키를 눌러 설정 창을 엽니다.

② 편집 탭을 선택합니다.

③ 트랙의 포인터 도구에 다음을 포함 옵션을 확인합니다.

● 페이드 도구 클릭 구역 : 마우스를 왼쪽과 오른쪽 상단에 위치시켰을 때 페이드 인/아웃을 만들 수 있는 기능 활성화

● 마키 도구 클릭 구역 : 마우스를 아래쪽에 위치시켰을 때 마키 도구 활성화

● 퀵 스와이프 및 테이크 편집 클릭 구역 : 테이크 트랙에서 마우스를 위쪽에 위치시키면 퀵 스와이프, 아래쪽에 위치시키면 마키 도구 역할을 하는데, 옵션을 체크하면 반대로 적용됩니다.

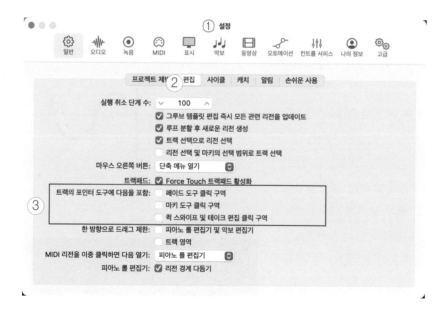

Logic Pro

인스펙터 페이드

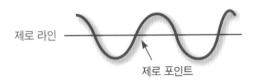

제로 라인

제로 포인트

제로 포인트

오디오 파형은 제로 라인을 기준으로 사이클이 형성되면서 기록됩니다. 이때 제로 라인과 사이클이 만나는 지점을 제로 포인트라고 합니다.

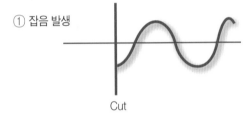

① 잡음 발생

Cut

오디오를 편집할 때 ①과 같이 제로 라인이 아닌 위치를 자르면, 재생을 할 때 틱 잡음이 발생할 수 있습니다. 그래서 가급적이면 ②와 같이 제로 포인트 지점을 잘라야 합니다.

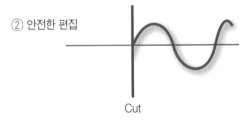

② 안전한 편집

Cut

스넵 기능을 이용하면 자동으로 제로 포인트 지점을 자를 수 있지만, 미세한 편집을 할 수 없다는 단점이 있습니다. 그래서 실제로는 '편집을 제로 크로싱으로 스넵' 옵션을 사용하지 않고, 리전의 시작 부분에 페이드 인을 적용하여 잡음이 발생하지 않게 하는 방법을 많이 사용합니다. 리전이 붙어있는 경우에 Shift+Control 키를 누른 상태에서 드래그하면, ③ 크로스 페이드를 적용할 수 있습니다.

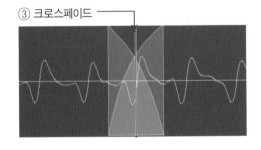

③ 크로스페이드

인스펙터의 페이드 사용하기

한 두 개의 리전은 마우스 드래그로 페이드 인/아웃이나 크로스 페이드를 적용할 수 있겠지만, 리전이 많은 경우에는 인스펙터의 페이드 인/아웃 기능을 이용합니다.

① 트랙을 클릭하여 모든 리전을 선택합니다.

② I 키를 눌러 인스펙터 창을 열고, 리전 패널의 '더 보기' 섹션을 엽니다.

③ 유형 항목에서 'X (크로스페이드)'를 선택합니다.

④ 페이드 아웃에서 길이를 입력하면 해당 트랙의 모든 리전에 크로스 페이드가 적용됩니다.

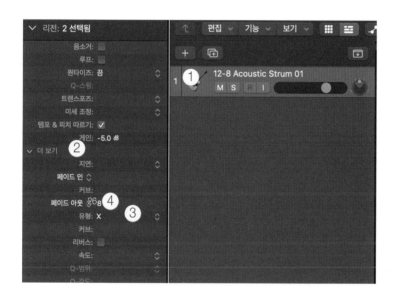

● 유형의 종류는 3가지 입니다.

X (크로스 페이드)

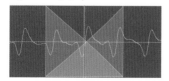

EqP (동일 출력 크로스페이드)

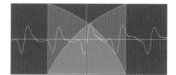

X S (S-커브 크로스페이드)

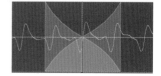

Logic Pro

스냅 기능

스넵 단위

스넵은 이벤트를 이동시키거나 자르고 길이를 조정하는 등의 편집을 진행할 때 그리드 라인에 맞춰주는 기능입니다. 단위는 스넵 메뉴에서 선택하며, 작동 여부는 On/Off 버튼 또는 Snap to Grid 메뉴로 결정합니다.

● 비트 및 시간 디스플레이

스넵 On/Off   메뉴

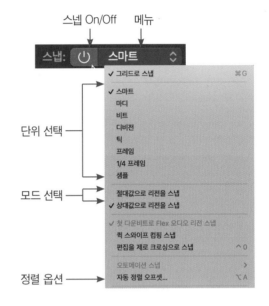

단위 선택

모드 선택

정렬 옵션

스마트 : 작업 공간 크기에 따라 유동적으로 변하는 설정입니다.

마디 : 마디 단위로 맞춥니다.

비트 : 박자 단위로 맞춥니다.

디비전 : 비트 단위로 맞춥니다.

틱 : 틱 단위로 맞춥니다. 틱은 비트를 세분화한 단위로 16비트를 240 틱으로 나눕니다.

프레임 : 프레임 단위로 맞춥니다. 프레임은 영상 필름 수를 의미합니다.

1/4 프레임 : 쿼터 프레임(1/4) 단위로 맞춥니다.

샘플 : 샘플 단위로 맞춥니다.

스냅 모드

스냅의 동작 방식을 결정하는 모드 옵션은 절대값으로 리전을 스냅과 상대값으로 리전을 스냅이 있습니다. 기본 설정은 절대값으로 리전을 스냅 이지만, 필요에 따라 적절히 사용할 수 있어야 할 것입니다.

상대값으로 리전을 스넵

상대 위치로 적용되는 모드 입니다. 예를 들어 단위를 마디로 하고, 리전을 이동시키면, 리전의 시작점을 기준으로 마디 간격을 유지하며 이동합니다. 리전 앞에 공백을 그대로 유지할 수 있기 때문에 편집에 유리합니다.

절대값으로 리전을 스넵

절대 위치로 적용되는 모드 입니다. 예를 들어 단위를 마디로 하고, 리전을 이동시키면, 프로젝트 마디에 맞춰 이동합니다.

● 절대값으로 리전을 스넵

시작 위치   마디 위치로 맞춤

● 상대값으로 리전을 스넵

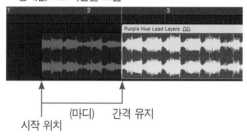

시작 위치   (마디)   간격 유지

정렬 옵션

스냅 메뉴의 정렬 안내선 옵션을 체크하면, 위/아래 트랙에 있는 리전의 시작과 끝 위치에 맞출 수 있습니다. 리전에 일치될 때는 노란색 라인으로 표시됩니다.

● 정렬 안내선

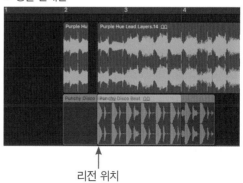

리전 위치

Logic Pro

드래그 모드

드래그 모드의 종류

이벤트를 드래그하여 이동과 복사 또는 길이를 조정하는 등의 편집을 할 때 이웃한 이벤트의 처리 방법을 결정합니다. 겹칩, 겹치지 않음, 크로스페이드는 이벤트가 겹칠 때의 처리 방법을 결정하며, 셔플은 좌/우 이벤트와의 공백 처리 방법을 결정합니다.

겹침/겹치지 않음

드래그 모드의 기본인 겹치지 않음은 리전이 겹치는 부분에서 기존 리전을 ① 제거하는 것이고, 겹침은 그대로 ② 유지하는 것입니다. 겹치는 경우에는 전면의 리전이 재생됩니다.

크로스페이드

겹치는 부분에 ③크로스 페이드를 적용합니다. 크로스 페이드는 라인을 드래그하여 범위나 곡선을 조정할 수 있습니다.

드래그 모드 선택 메뉴

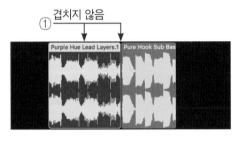

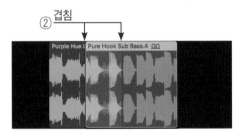

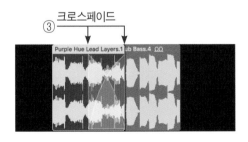

셔플 R/L

셔플은 이벤트를 이동하거나 길이를 조정하는 등의 편집 작업을 할 때 좌/우에 있는 이벤트의 정렬 방법을 결정합니다. R은 오른쪽 이벤트가 기준이며, L은 왼쪽 이벤트가 기준입니다. 3개의 리전중에서 가운데 것을 편집할 때의 예 입니다.

〈셔플 L〉

① 이동 : 왼쪽으로 이동하면, 왼쪽 리전의 끝점에 붙습니다.

② 길이 : 길이를 조정하면, 오른쪽의 리전이 그만큼 이동합니다.

③ 삭제 : 삭제된 길이만큼 오른쪽의 리전이 왼쪽으로 이동합니다.

〈셔플 R〉

④ 이동 : 오른쪽으로 이동하면, 오른쪽 리전의 시작점에 붙습니다.

⑤ 길이 : 길이를 조정하면, 왼쪽의 리전이 그만큼 이동합니다.

⑥ 삭제 : 삭제된 길이만큼 왼쪽의 리전이 오른쪽으로 이동합니다.

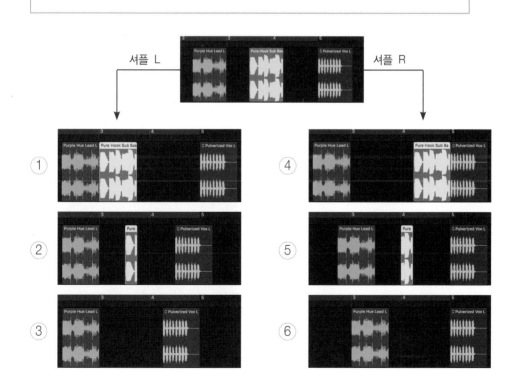

Logic Pro

리전의 이동과 트리밍

재생헤드의 이동

재생헤드은 곡의 재생과 녹음 위치를 나타내는 역할 외에도 편집의 기준이 되는 정보이기 때문에 사용자가 원하는 위치로 이동시킬 수 있는 단축키는 외워두는 것이 좋습니다.

이동 창 열기

슬래시(/) 키를 누르면 마디 또는 타임 위치를 입력하여 재생헤드을 이동시킬 수 있는 위치로 이동 창이 열립니다. 마디와 박자는 스페이스 바로 구분합니다.

마디 단위로 이동하기

콤마(,) 키는 왼쪽으로, 마침표(.) 키는 오른쪽으로 한 마디씩 이동하며, Shift 키를 누른 상태에서는 8 마디씩 이동합니다. 그리고 세미콜론(;)을 누르면, 선택한 리전이 재생헤드 위치로 이동합니다.

위치로 이동

이동 할 마디 입력

이벤트 창의 포지션

리스트 에디터의 이벤트 창을 열면, 프로젝트에서 사용되고 있는 모든 이벤트가 표시되며, 위치 칼럼을 드래그하거나 더블 클릭하여 이동할 수 있습니다. 타임 단위로 편집하려면 Option+P 키를 눌러 창을 열고, 일반 탭의 뮤직 그리드 사용 옵션을 해제합니다.

위치

트랙으로 이동

Control+Shift+T 키를 누르면 리전을 선택
한 트랙으로 이동시킬 수 있습니다. 리전의
위치를 유지하고 싶을 때 유용합니다.

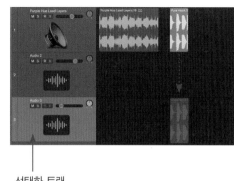

리전을 레코딩한 원래 위치로 이동시키려면
Option+Shift+Command+R 키를 누릅니다.

선택한 트랙

넛지

Option+좌/우 방향키는 넛지 값에서 선택한
단위로 리전을 이동시키며, Option+Shift+
좌/우 방향키는 길이를 조정합니다. 미세한
편집이 필요할 때 유용한 단축키이며, 넛지
값은 도구 바에서 선택합니다.

도구 바 열기

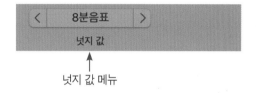

넛지 값 메뉴

도구 바는 Contol+Option+Command+T 키로
열거나 닫을 수 있습니다.

트리밍 단축키

- Control+Shift+좌/우 브라켓([ ]) 키를 누르면 리전의 시작 위치를 조정할 수 있습니다.
- Control+좌/우 브라켓 키를 누르면 리전의 길이를 조정할 수 있습니다.
- Shift+\ 키를 누르면 선택한 리전의 길이를 오른쪽 리전의 시작 지점까지 늘립니다.
- 선택한 리전의 시작점을 왼쪽 리전의 끝 지점까지 늘리는 '리전 시작점을 이전 리전
  으로 다듬기' 명령은 단축키가 설정이 되어 있지 않습니다. 필요하다면 키 명령 할당
  창에서 단축키(Shift+/)를 연결합니다.

01 로직 프로 레벨-업 오디오 편집

Logic Pro

스크러빙 모니터

리전 스크러빙

마우스 드래그로 사운드를 모니터하면서 정확한 편집 점을 찾기 위한 기능이 스크러빙 입니다. 영상을 편집할 때 천천히 돌려보면서 편집점을 찾는 것과 같은 것입니다.

④ 스크러빙

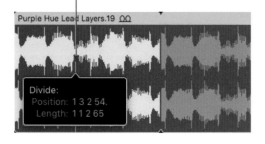

Purple Hue Lead Layers.19

Divide:
Position: 1 3 2 54.
Length: 1 1 2 65

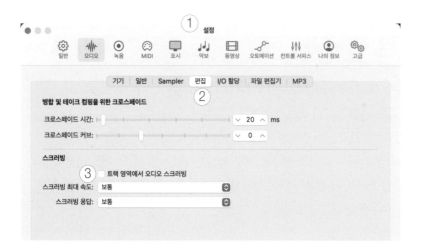

프로젝트 스크러빙

전체 트랙을 스크러빙 하면서 편집 점을 찾아야
하는 경우도 있습니다. 이때 선택된 리전이 있으
면 해당 트랙만 모니터 됩니다.

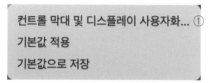

④ 눈금자 드래그

전체 트랙 스크러빙 하기

① 컨트롤 바에서 마우스 오른쪽 버튼을
클릭하여 단축 메뉴를 열고, 컨트롤 막
대 및 디스플레이 사용자화를 선택하여
창을 엽니다.

② 트랜스포트의 일시 정지를 체크합니다.

③ 컨트롤 막대의 트랜스포에서의 일시
정지 버튼을 클릭하여 On으로 합니다.

④ 눈금자을 드래그하거나 Shift 키를 누
른 상태에서 (,)와 (.) 키를 눌러 프로젝
트를 스크러빙 할 수 있습니다.

Command+T 키를 누르면 재
생헤드 위치의 리전을 자를
수 있습니다.

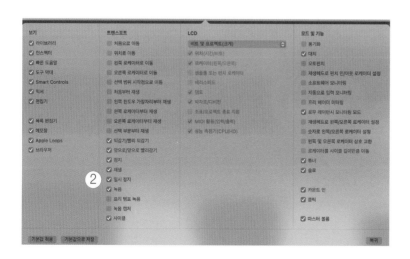

Logic Pro

마키 도구의 활용

모니터

① 마키 도구로 리전을 선택하면, 흰색의 마키 라인이 생성되며, 곡을 재생하면 항상 마키 라인에서 시작합니다.

② 마키 도구로 구간을 선택하고, 곡을 재생하면, 선택된 구간만 모니터 됩니다.

③ Command+U 키를 누르면, 선택 범위가 사이클 구간으로 설정되어 반복 모니터가 가능합니다.

④ U 키를 누르면, 선택 범위 주변 마디가 사이클 구간으로 설정됩니다. 단, 빈 공간을 클릭하여 마키 선택을 해제 해야 사이클이 동작합니다.

파형 선택

⑤ 마키 라인은 좌/우 방향키를 이용해서 이전 또는 다음 오디오 파형이 시작되는 위치로 이동시킬 수 있습니다.

⑥ Shift+좌/우 방향키를 누르면 파형의 시작 간격으로 선택할 수 있습니다.

③ 마키 구간을 사이클로 설정

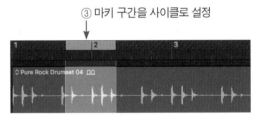

④ 주변 마디까지 사이클로 설정

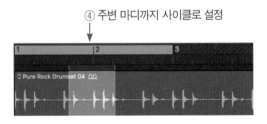

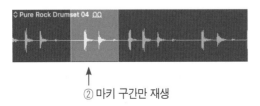

① 마키 라인에서부터 재생

② 마키 구간만 재생

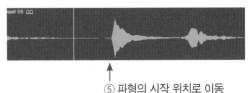

⑤ 파형의 시작 위치로 이동

편집

⑦ 마키 도구의 기본 기능은 선택 구간을 삭제(Delete), 이동(드래그), 복사(Option+드래그) 하는 것입니다.

⑧ Command+\ 키를 누르면 선택 구간을 제외한 나머지를 삭제하는 크롭(Crop) 기능으로 동작합니다.

⑨ 마키 도구로 더블 클릭하면 해당 위치가 잘리고, 상단(화살표)을 클릭하면 선택 범위가 잘립니다.

마키 눈금자

⑩ 마키 눈금자은 프로젝트 보기 메뉴의 마키 눈금자를 선택하여 열 수 있습니다.

⑪ 눈금자을 드래그하여 전체 트랙을 선택할 수 있고, 삭제, 이동, 복사, 크롭 등의 모든 편집을 진행할 수 있습니다.

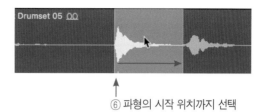

⑥ 파형의 시작 위치까지 선택

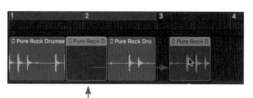

⑦ 이동 및 복사

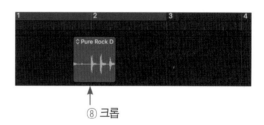

⑧ 크롭

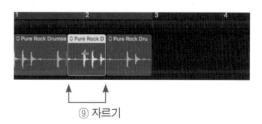

⑨ 자르기

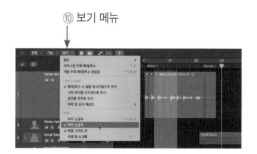

⑩ 보기 메뉴

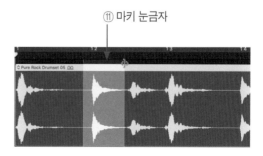

⑪ 마키 눈금자

Logic Pro

테이크 트랙 옵션

테이크 색상 자동 지정

테이크 녹음을 할 때 마다 다른 색상이 지정되게 할 수 있습니다.

트랜스포트의 녹음 버튼에서 마우스 오른쪽 버튼을 클릭하여 단축 메뉴를 열고, ① 녹음 프로젝트 설정을 선택하여 설정 창을 엽니다. ② 자동으로 테이크 색상 지정 옵션을 체크하면 녹음되는 테이크마다 다른 색상이 지정됩니다.

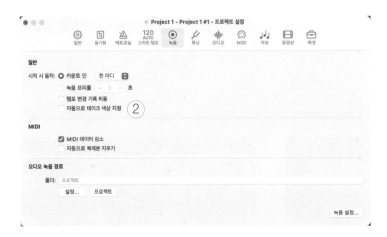

테이크 편집 도구

테이크를 편집할 때 마우스를 위쪽으로 가져가면 재생 구간을 선택할 수 있는 ① 퀵 스와이프 도구가 선택되고, 아래쪽에 가져가면 테이크를 자를 수 있는 ② 마키 도구로 선택됩니다.

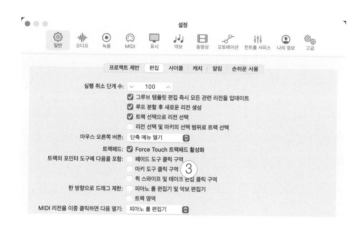

←① 위 : 퀵스와이프 도구

←② 아래 : 마키 도구

퀵 스와이프 도구로 설정하기

아래쪽의 마키 도구를 사용하지 않으려면, Command+콤마(,) 키를 눌러 설정 창을 열고, 일반 탭의 편집 페이지에서 ③ 마키 도구 클릭 구역 옵션을 해제합니다.

테이크 편집

자동으로 테이크 색상 지정 옵션으로 테이크를 색상으로 구분되게 하고, 마키 도구 클릭 구역 옵션으로 마키 도구 사용을 해제하면 ④ 테이크를 한 눈에 구분할 수 있고, 좀 더 빠른 작업이 가능합니다.

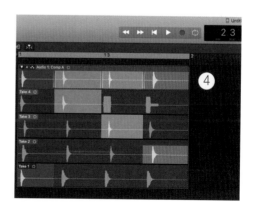

Logic Pro
테이크 편집과 결합

테이크 편집 기능 활성

테이크 폴더에 ① 3개의 점으로 표시되어 있는 부분을 클릭하면 가위 모양으로 표시되고, 테이크를 자르고, 이동하는 등의 편집을 할 수 있습니다.

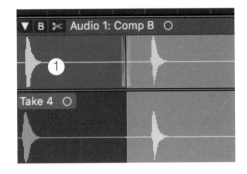

테이크 복사와 선택

편집을 진행하기 전에 기존 테이크를 유지하고 싶다면 가위 버튼 왼쪽에 ② 메뉴 버튼을 클릭하여 열고, ③ 컴프 복제를 선택하여 현재 테이크를 복사합니다. 복사한 테이크의 이름은 메뉴의 ④ 컴프 이름 변경을 선택하여 구분하기 쉬운 이름으로 변경할 수 있습니다.

새로 만든 테이크는 ⑤ 메뉴에 추가되며, 언제든 마음에 드는 테이크를 고를 수 있습니다.

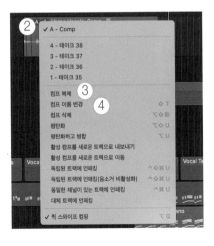

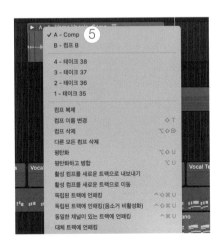

테이크 결합과 분리

편집 후 테이크가 더 이상 필요 없다면 ① 평탄화 메뉴를 선택하여 결합합니다. 패턴 사이에는 크로 스페이드가 적용되며, 하나의 리전으로 만들고 싶 은 경우에는 평탄화하고 병합을 선택합니다.

테이크를 오디오 리전으로 분리하고 싶은 경우에 는 ② 독립된 트랙에 언패킹을 선택합니다.

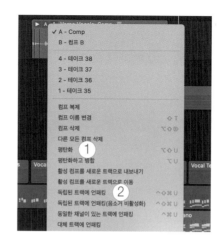

● 평탄화

● 평탄화하고 병합

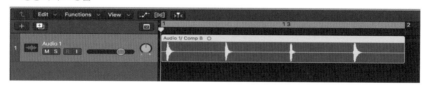

● 독립된 트랙에 언패킹

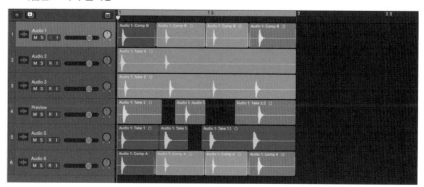

Logic Pro

그룹 편집

그룹 설정

드럼, 베이스, 기타, 보컬 등, 두 트랙 이상 사용하는 파트는 그룹으로 묶어 작업해야 하는 경우가 있습니다. ① 트랙 이름 항목을 드래그하여 그룹으로 묶을 트랙을 선택하고, ② 그룹 슬롯을 클릭하여 1그룹 (신규) 메뉴를 선택합니다.

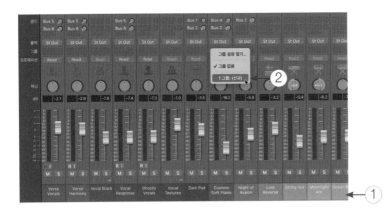

컨트롤러 선택

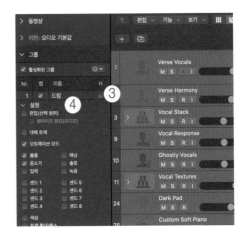

그룹 이름은 그룹 인스펙터 창의 ③ 이름 항목에서 입력합니다. 그룹 트랙은 하나의 트랙에서 볼륨과 뮤트 버튼을 동시에 컨트롤할 수 있게 하는 역할을 하며, 그 외의 패닝, 솔로, 녹음 등은 그룹 인스펙터 창의 ④ 설정 목록에서 선택합니다.

오디오 그룹 편집

오디오 리전을 동시에 편집하고 싶은 경우에는 ⑤ 편집 옵션을 체크하며, 이때 퀀타이즈까지 컨트롤 되게 하려면 ⑥ 퀀타이즈 잠김 옵션을 함께 체크합니다. 트랙에는 퀀타이즈 기준을 선택할 수 있는 ⑦ Q-참조 버튼이 표시됩니다.

그룹 추가 및 삭제

그룹에 트랙을 추가하려면 그룹 항목에서 ⑧ 그룹 이름을 선택하고, 새로운 그룹을 만들려면 ⑨ 2 그룹 (신규)를 선택합니다. 그룹을 삭제할 때는 그룹 인스펙터의 ⑩ 점 3개가 표시되어 있는 메뉴 버튼을 클릭하여 삭제를 선택합니다. 그룹 메뉴에서 ⑪ 그룹 설정 열기를 선택하면 그룹 인스펙터를 독립 창으로 열 수 있습니다.

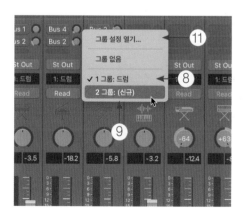
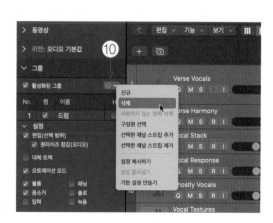

Logic Pro

루프와 복사

루프

로직은 리전을 반복시키는 기능으로 루프와 복사의 두 가지를 제공합니다. 루프는 리전 오른쪽 상단에 마우스를 가져가면 ① 루프 표시가 나타나며, 그 상태로 드래그하면 됩니다. 인스펙터의 ② 루프 옵션을 체크해도 되는데, 이때는 프로젝트의 끝 또는 다음 리전이 있는 위치까지 반복됩니다.

복사 리전으로 바꾸기

루프는 실제 이벤트를 복사하는 것이 아니기 때문에 원본을 편집하면 루프 리전에 모두 적용됩니다. 개별적인 편집이 필요하다면 Control+L 키를 눌러 실제 이벤트로 변환할 수 있습니다. 리전 아래쪽 ③ 마키 도구로 표시되는 위치에서 원하는 구간을 선택하고, 클릭하여 변환하는 것도 가능합니다.

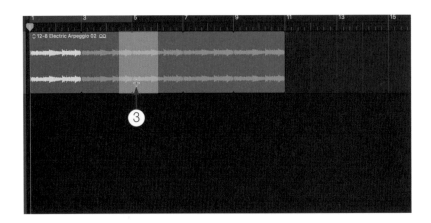

복사하기

리전을 처음부터 실제 이벤트로 반복시키고 싶을 때는 Command+R 키를 누릅니다. 키를 반복할 때마다 복사할 수 있으며, 횟수를 지정하고 싶은 경우에는 편집 메뉴의 반복에서 ① 여러 번을 선택합니다.

복사 옵션

● 복사본 수

복사 횟수를 지정합니다.

● 조절

복사 간격을 선택합니다. 기본값 자동은 리전에 바로 붙어서 복사되고, 마디, 박자, 비트, 타임 등의 간격을 선택할 수 있습니다.

Logic Pro

드럼 비트 맞추기

템포 조정

외부에서 가져온 오디오 템포가 작업중인 곡에
맞지 않을 때는 ① Option 키를 누를 상태로 리
전 오른쪽 하단을 드래그하여 맞출 수 있습니다.

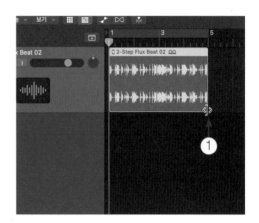

비트 조정

템포를 맞춰도 비트가 어긋나는 경우가 있습니다. 이때는 ② Flex 버튼을 On으로 하고, ③ 모드는
Slicing을 선택합니다. 리전에 생성된 ④ 트랜지언트 마커를 드래그하여 비트를 맞출 수 있습니다.

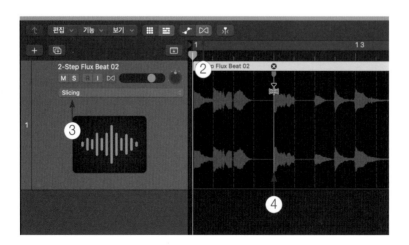

비트 단위로 자르기

Flex 모드를 이용하면 리듬을 바꾸는 것도 가능합니다. 마우스 오른쪽 버튼을 클릭하여 단축 메뉴를 열고, ① 트랜지언트 마커에서 자르기를 선택하여 리전을 자릅니다.

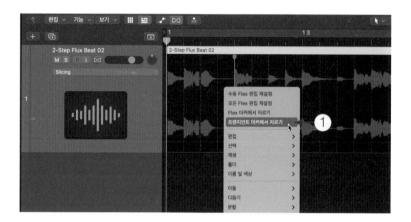

리듬 변경

② 드래그 모드를 셔플 L로 변경합니다. Kick이나 Snare 비트에 해당하는 리전을 ③ 드래그하여 사용자가 원하는 리듬으로 바꾸어 사용할 수 있습니다. 완성된 리듬은 모두 선택하고 Command+J 키를 눌러 다시 ④ 하나의 리전으로 만들어 사용합니다.

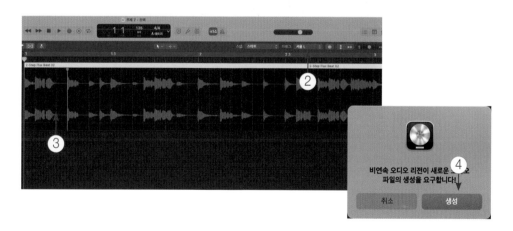

45

Logic Pro

오디오 템포

오디오에 프로젝트 템포 맞추기

외부에서 가져온 오디오에 맞추어 작업을 진행하려면 템포를 맞추는 것이 우선입니다. 편집 메뉴의
템포에서 ① 프로젝트 템포에 리전 템포 적용을 선택합니다. 다운 비트를 그리드 라인에 맞추어 정
렬할 것인지를 선택할 수 있는 옵션 창이 열립니다. 정렬되게 하겠다면 ② 다운비트를 가장 가까운
프로젝트이 다운비트와 정렬 옵션이 체크되어 있는 상태로 ③ 적용 버튼을 클릭하고, 유지하고 싶은
경우에는 해제합니다. ④ 다른 모든 리전과의 상태적 위치 유지 옵션은 다른 리전도 상대적으로 정
렬되게 합니다.

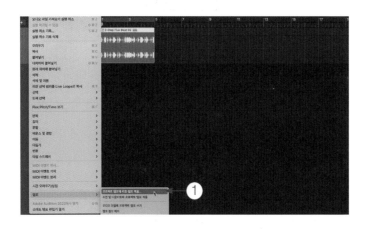

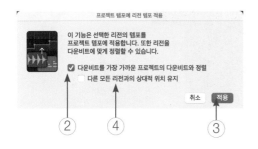

편집 메뉴의 템포에서 리전 및 다운비트에 프로
젝트 템포 적용을 선택하면 오디오를 프로젝트
템포에 맞출 수 있습니다.

템포 분석하기

리얼 연주의 경우에는 프로젝트 템포에 리전 템포 적용 또는 리전 및 다운비트에 프로젝트 템포 정렬 메뉴로 템포를 맞추면 추가적인 플렉스 작업이 필요할 수 있습니다. 애당초 연주 그루브에 맞추고 싶다면 Option+Command+T 키를 눌러 템포를 분석합니다. 간혹, 템포가 2배차로 분석되는 경우가 있습니다. 이때는 ① 평균 템포 사용 옵션을 선택합니다. ② 리전을 비트에 일치하도록 넛지 옵션을 해제하고, ③ 확인 버튼을 클릭하면 분석된 템포가 ④ 트랙에 기록되는 것을 확인할 수 있습니다.

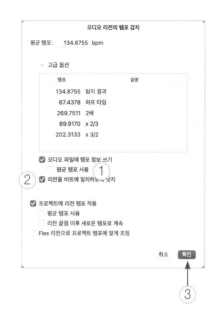

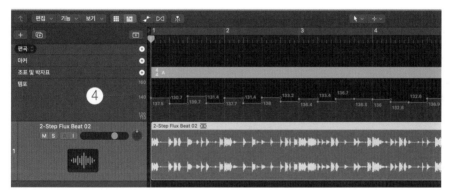

- 오디오 파일에 템포 정보 쓰기 : 오디오 파일에 템포 정보를 기록합니다.
  평균 템포 사용 : 소수점 이하를 반올림하여 평균 템포로 사용합니다.
- 리전을 비트에 일치하도록 넛지 : 다운 비트를 그리드에 맞춥니다.
- 프로젝트에 리전 템포 적용 : 분석된 템포를 프로젝트에 적용합니다.
  평균 템포 사용 : 평균 템포로 기록합니다.
  리전 끝점 이후 새로운 템포로 계속: 마지막 템포 값을 유지합니다.
- Flex 리전으로 프로젝트 템포에 맞게 조정 : 리전을 분석된 템포에 맞춥니다.

Logic Pro

오디오 파일 편집 - 1

잡음 제거하기

클릭이나 디지털 팝과 같이 파형이 눈에 보이는 잡음을 제거할 때 리전을 잘라내는 경우가 있습니다. 하지만, 피아노나 기타와 같은 솔로 반주라면 엠비언스가 끊겨 어색해지기 때문에 오디오 파일을 직접 편집하는 것이 좋습니다. 리전을 더블 클릭하여 편집창을 열고, ① 파일 탭을 선택합니다.

② 연필 도구를 선택하고, 파형을 클릭하면 편집 가능한 크기로 확대할 수 있게 돋보기 도구로 동작합니다. 클릭 잡음이 있는 부분을 ③ 드래그하여 확대하고, 파형을 ④ 수평으로 그려주면 깔끔하게 클릭 및 디지털 팝 잡음을 제거할 수 있습니다.

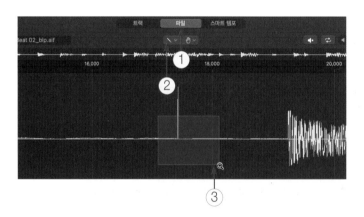

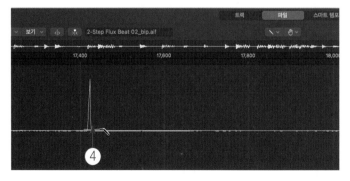

노멀라이즈

오디오 파일의 볼륨을 조정하는 방법은 두 가지가
있습니다. 첫 번째 노멀라이즈는 볼륨을 클리핑이
발생하지 않는 한도(0dB)로 증가시키는 가장 손쉬
운 방법으로 ① 기능 메뉴의 노멀라이즈를 선택하
여 실행합니다.

게인 조정

두 번째는 원하는 만큼 증가시키는 방법입니다.
② 기능 메뉴의 게인 변경을 선택하여 창을 열고,
③ 최대값 검색 버튼을 클릭하면 가장 큰 레벨이
어느 정도인지 ④ 최대 항목에 표시되며, ⑤ 상대
값 변경에서 원하는 레벨을 입력하고, ⑥ 변경 버튼
을 클릭하면 조정됩니다. ⑦ 절대값의 결과는 얼만
큼 조정되는지를 표시합니다.

01 로직 프로 레벨-업 오디오 편집

Logic Pro

오디오 파일 편집 - 2

리버스 사운드

심벌이나 스네어 사운드를 뒤집어 연주되게 하는 리버스 샘플을 만드는 방법입니다.

샘플 에디터에서 뒤집고 싶은 사운드를 ① 드래그하여 선택합니다. 그리고 ② 오디오 파일 메뉴의 선택 범위 별도 저장을 선택하여 저장합니다.

③ 브라우저 패널에서 ④ 저장한 파일을 프로젝트로 드래그하여 가져다 놓습니다. 그리고 샘플 에디터에서 기능 메뉴의 ⑤ 리버스를 선택하여 사운드를 뒤집습니다. 좀 더 자연스러운 시작이 필요하면 시작 부분을 드래그로 선택하고, 기능 메뉴의 ⑥ 페이드 인을 선택합니다.

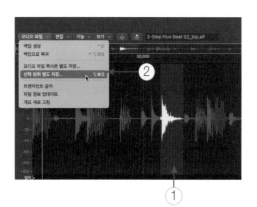

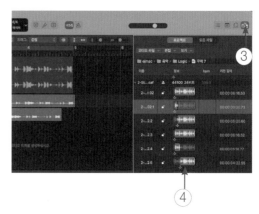

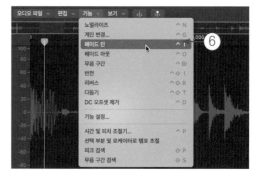

앵커 포인트

리전을 편집할 때 정렬되는 스냅은 리전의 시작 위치가 기준입니다. 이것은 앵커 포인트가 시작 위치에 설정되어 있기 때문입니다. 만일, 리전을 편집할 때 시작 위치가 아닌 특정 위치 또는 끝 위치를 기준으로 하고 싶다면, 파일 에디터에서 ① 앵커 포인트를 드래그하여 재설정하면 됩니다.

프로젝트에서 리전을 이동시켜 보면 시작 위치가 아니라 ② 앵커 포인트가 있는 위치로 편집되는 것을 확인할 수 있습니다.

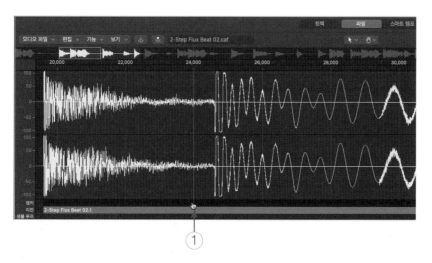

①

②

51

로직 사용 능력을 한 단계 올리는
로직 프로 레벨-업

02

미디 이펙트

로직은 연주 정보를 실시간을 제어할 수 있는 다양한 미디 이펙트를 제공하고 있지만, 이를 사용하는 유저는 거의 보지 못했습니다. 그 이유는 연주가 서툰 사용자를 위한 기능으로 오해하고 있기 때문입니다. 물론, 연주 실력이 뛰어난 경우에는 몇 가지 필요 없는 장치가 있을 수 있습니다. 하지만, 미디 정보를 실시간으로 제어할 수 있기 때문에 작업 시간을 혁신적으로 줄일 수 있고, 음악에 독창성을 부여할 수 있는 다양한 아이디어를 얻을 수 있는 장치이기도 합니다.

Logic Pro

Arpeggiator -1

아르페지에이터(Arpeggiator)는 코드를 누르면 자동으로 아르페지오를 연주해주는 이펙터입니다. Chord Trigger와 함께 사용하면 건반 하나로 아르페지오가 연주되게 할 수 있어 코드 연주자 서툰 사용자는 물론, 야외에서 노트북 하나 달랑 들고 작업을 할 때도 매우 유용합니다.

컨트롤러

아르페지오 On/Off와 래치 모드 컨트롤의 기본 파라미터입니다.

① 재생 버튼 : 아르페지오 연주를 On/Off 합니다.

② 기록 버튼 : 트랙으로 드래그하여 리전을 기록합니다. 상단의 버튼은 누르고 있는 건반의 노트를 기록하고, 하단의 버튼은 연주되고 있는 아르페지오 패턴을 기록합니다.

③ Latch : 건반을 계속 누르고 있지 않아도 아르페지오가 연주되게 합니다.

● Reset : 건반을 누를 때 마다 새로 처리되며, Transpose에서 Through까지는 두 번째 연주 노트가 추가되는 방식입니다.

● Transpose : 아르페지오 연주 중에 누르는 노트를 근음으로 하는 코드로 바뀝니다.

● Gated Transpose : Transpose와 비슷하지만, 키를 누르고 있을 때만 재생됩니다.

● Add : 아르페지오 연주 중에 누르는 노트를 추가합니다.

● Add Temporarily : Add와 같지만, 키를 누르고 있을 때만 처리됩니다.

● Through : 아르페지오 연주 중에 멜로디를 연주할 수 있습니다.

④ Delete Last : 아르페지오에 추가된 마지막 노트 및 쉼표를 제거합니다.

⑤ Clear : 재생을 멈추고, 모든 위치 식별 번호는 0으로 리셋됩니다.

Note Order

아르페지오 연주 노트의 길이와 방향을 설정합니다.

① Rate 노브 : 아르페지오 연주 비트를 설정합니다.

② Direction 버튼 : 아르페지오 연주 방향을 선택합니다. 왼쪽에서부터 상행, 하행, 상/하행, 외성에서 내성으로, 무작위 버튼이며, 손 모양은 건반을 누른 순서로 연주됩니다. 이때 아래쪽에 보이는 자물쇠 모양의 버튼을 클릭하면 패턴을 유지할 수 있습니다.

③ Variation : 연주 순서를 바꿔줍니다. Direction에 따라 달라집니다.

④ Mode 버튼 : Oct Range 또는 Inversions 모드를 선택합니다.

⑤ Oct Range 모드에서는 패턴이 반복될 때 마다 2(1Oct), 3(2Oct), 4(3Oct) 옥타브 범위로 확장하고, Inversions 모드에서는 패턴이 반복될 때 마다 2(1회), 3(2회), 4(3회) 전위 코드로 연주합니다.

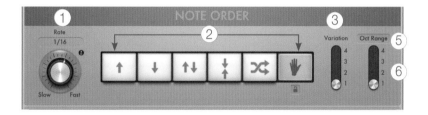

Pattern

① Grid 버튼을 선택하여 연주 패턴을 만들 수 있습니다. ② 그래프를 세로로 드래그하여 벨로시티, 가로로 드래그하여 노트 길이를 설정합니다. ③ 코드 버튼을 On으로 하면 해당 비트를 블록 코드로 연주합니다. 사용자가 설정한 패턴은 ④ 프리셋의 Save pattern as를 선택하여 저장 가능합니다

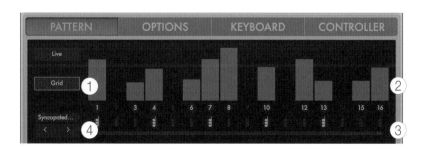

Logic Pro

Arpeggiator - 2

Option

① Note Length : 100%를 기준으로 노트 길이를 조정합니다. ② Random은 설정 범위내에서 길이를 무작위로 변경합니다.

③ Velocity : 100%(From Grid)를 기준으로 벨로시티 값을 조정하거나 Fix로 고정합니다. ④ Mode가 Random일 때는 설정 범위 내에서 벨로시티를 무작위로 변경하며, Crescendo일 때는 반복되는 패턴의 벨로시티를 증/감합니다.

⑤ Swing : 업 비트를 이동시켜 스윙 리듬을 만듭니다. ⑤ Cycle length : 반복 패턴의 길이를 조정합니다. Grid로 고정하거나 As played로 연주 길이를 따르게 합니다.

| PATTERN | OPTIONS | KEYBOARD | CONTROLLER |

Note Length	Random	Velocity	Random	Swing	Cycle Length
90 %	0 %	100 %	0 %	50 %	As Played
①	②	③	④	⑤	⑥

80 From Grid

Grid As Played

Keyboard

연주되는 노트를 표시하며, 키 및 스케일 또는 리모트 키를 할당할 수 있습니다.

① Input Snap : 기본 설정(link to rate)은 Arpeggiator Rate 값으로 퀀타이즈 합니다.

② Key/Scale : 키와 스케일을 선택하며 연주 노트를 교정할 수 있습니다.

③ Keyboard Split : 키를 분리하며, ④ 상단 바를 드래그하여 범위를 조정할 수 있습니다.

⑤ Remote : 제어 파라미터를 확인하거나 마우스 드래그로 재구성 할 수 있습니다.

Controller

마스터 건반의 컨트롤러를 파라미터에 연결하여 사용할 수 있습니다.

① Destination에서 컨트롤할 파라미터를 선택하고, ② MIDI Controller에서 Learn MIDI를 선택합니다. 그리고 마스터 건반에서 노브 및 슬라이더를 움직이면 연결됩니다. 총 4개까지 가능합니다.

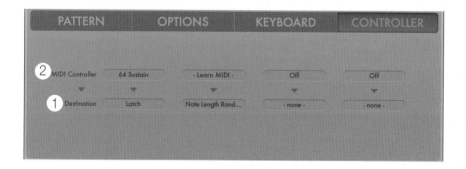

Logic Pro
Chord Trigger

코드 트리거(Chord Trigger)는 하나의 건반으로 코드를 연주할 수 있게 해주는 이펙트입니다.
코드 연주가 서툰 사용자는 물론이고, 마스터 건반이 없는 야외에서 뮤직 타이핑을 이용하여 작업
할 때 유용합니다. 그 외, 패드 연주를 위한 DJ들도 많이 사용합니다.

싱글 모드

Chord Trigger는 Single과 Multi 모드를 지원합니다.

Single은 한 가지 타입의 코드를 모든 건반에 적용할 때 사용합니다.

① Learn 버튼을 On으로 합니다.

② Input에서 C2 노트를 선택하거나 마스터 건반에서 C2를 누릅니다.

③ Output에서 도, 미, 솔을 선택하거나 마스터 건반에서 C 코드를 누릅니다.

④ Learn 버튼을 Off하고, 건반을 연주해보면 C2 노트에서 C 코드, D2 노트에서 D 코드 순으로 메
  이저 코드가 연주됩니다.

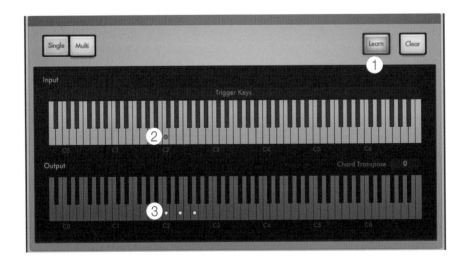

멀티 모드

Multi는 건반마다 코드 타입을 다르게 설정할 수 있습니다.

다이아토닉 코드나 사용자가 즐겨 사용하는 코드 진행을 만들 수 있는 것입니다.

① Multi 버튼을 On으로 합니다.

② Option 키를 누른 상태로 Clear 버튼을 클릭하여 기본 설정을 삭제합니다.

③ Learn 버튼을 On으로 합니다.

④ Input에서 C2 노트를 선택하거나 마스터 건반에서 C2를 누릅니다.

⑤ Output에서 도, 미, 솔을 선택하거나 마스터 건반에서 C 코드를 누릅니다.

⑥ Input에서 D2 노트를 선택하거나 마스터 건반에서 D2를 누릅니다.

⑦ Output에서 레, 파, 라를 선택하거나 마스터 건반에서 Dm 코드를 누릅니다. 같은 방법으로 E2는 Em, F2는 F, G2는 G7, A2는 Am, B2는 Bm7-5 코드를 연결하여 다이아토닉 코드를 만듭니다.

⑧ Learn 버튼을 Off하고, 건반을 연주해보면 C2 노트에서 C 코드, D2 노트에서 Dm 코드 순으로 다이아토닉 코드가 연주됩니다.

⑨ Trigger Key 바를 드래그하여 C1에서 C2까지 한 옥타브 범위로 조정합니다. C1에서 C2까지는 코드 연주 건반으로 사용하고, 나머지는 멜로디 연주 건반으로 사용하는 것입니다.

⑩ 필요하다면 Chord Transpose를 12로 조정하여 누르는 노트 보다 한 옥타브 높게 연주되게 합니다. 24로 설정하면 두 옥타브 높게 연주됩니다.

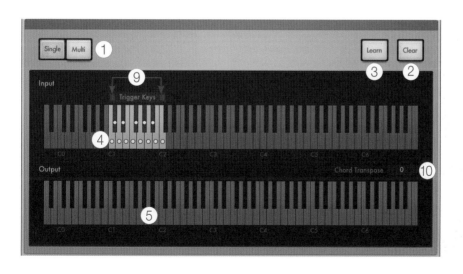

Logic Pro

Modifier

모디파이어(Modifier)는 입력되는 미디 정보를 사용자가 원하는 정보로 바꾸어 출력해주는 역할을 합니다. 마스터 건반에 장착되어 있는 슬라이더나 노브를 이용해서 가상 악기의 파라미터를 실시간 으로 컨트롤하고 싶을 때 유용합니다.

장치의 이해

Modifier의 역할입니다.

① Software Instrument 트랙을 만들고 Retro Synth를 장착합니다.

② Settings 버튼을 클릭합니다.

③ Controller를 확인해보면, Filter Cutoff가 모듈레이션으로 연결되어 있습니다. 마스터 건반의 모듈 레이션 휠을 돌려 Retro Synth의 Filter Cutoff 값을 변조시킬 수 있는 것입니다.

④ Modifier의 기본 설정은 Input Event가 Velocity이고, Re-Assign이 Mod Wheel 입니다. 즉, 벨로 시티 정보가 모듈레이션 정보로 바뀌는 설정이므로, 건반을 누르는 세기로 Retro Synth의 Filter Cutoff 값을 변조할 수 있게 되는 것입니다.

인/아웃 설정

하드웨어 컨트롤러를 사용하는 방법입니다.

① Input Event에서 Learn MIDI를 선택합니다.

② 마스터 건반의 컨트롤러를 움직입니다. 기본적으로 Re-Assign이 모듈레이션이므로, 해당 컨트롤러로 Retro Synth의 Filter Cutoff 값을 변조할 수 있습니다.

③ 다른 파라미터를 조정하고 싶다면 Re-Assign에서 Learn Plug-in Parameter를 선택합니다.

④ 악기에서 조정하고 싶은 파라미터를 움직입니다. 예를 들어 LFO를 선택했다면, 하드웨어 컨트롤러로 LFO 파라미터를 조정할 수 있는 것입니다.

02 로직 프로 레벨-업 미디 이펙트

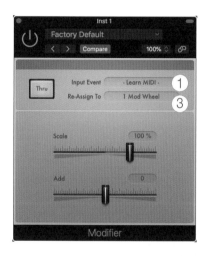

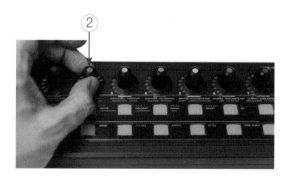

Modifier의 Scale과 Add의 역할
Scale : 조정 범위를 설정합니다.
Add : 조정 값을 증/감 합니다.

Logic Pro

Modulator - LFO

모듈레이터(Modulator)의 작동 방식은 모디파이어(Modifier)와 동일합니다. 단, 인풋에 해당하는 컨트롤러가 주기적으로 발생하는 LFO와 ENV 정보를 이용하고 있기 때문에 목적 파라미터를 주기적으로 변조시킬 수 있다는 차이가 있습니다.

ES2 설정

실습을 위한 악기 컨트롤 설정입니다.

① Software Instrument 트랙을 만들고 ES2를 장착합니다.

② 매트릭스 1번 칼럼의 Target에서 Pitch123을 선택하고, Source에서 Mod Whl을 선택합니다. 모듈레이션 휠로 모든 오실레이터의 피치를 컨트롤 하겠다는 의미입니다.

③ 매트릭스 2번 칼럼의 Target에서 Cutoff1을 선택하고, Source에서 Mod Whl을 선택합니다. 모듈레이션 휠로 Cutoff1를 컨트롤 하겠다는 의미입니다. 즉, 모듈레이션 휠로 Pitch와 Cutoff를 동시에 컨트롤 할 수 있도록 설정한 예 입니다.

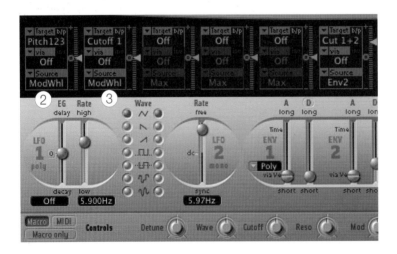

LFO 섹션

Modulator는 LFO와 ENV의 두 가지 섹션을 제공합니다. 용어는 아날로그 신디사이저의 LFO와 ENV를 사용하고 있지만, 실제 파형을 전송하는 것은 아니고, 컨트롤러를 파형 모양으로 변조시키는 방식입니다. 기본 To 설정은 Mod Wheel로 선택되어 있고, LFO는 삼각파 입니다. 즉, 모듈레이션을 삼각형 모양으로 올렸다가 내리는 동작을 반복하는 효과가 자동으로 만들어지는 것입니다.

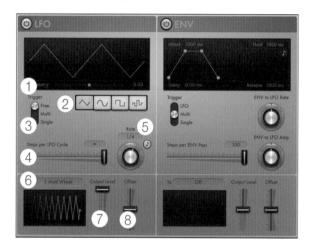

① Symmetry : 파형의 기울기를 조정할 수 있습니다.

② Waveform : 삼각파 이외에 사인파,사각파, 랜덤 파형을 선택할 수 있습니다.

③ Trigger : 파형의 시작 타임을 결정합니다. Free는 연주 타임에 상관없이 선택한 파형으로 반복되며, Multi는 앞의 노트가 끝나는 지점에서 시작하고, Single은 레가토 연주에서만 연결됩니다.

④ Steps per LFO Cycle : 주기 간격을 조정합니다. 사각파와 랜덤파의 경우에는 Smoothing 슬라이더로 표시되며, 얼마나 부드러운 간격으로 연주되게 할 것인지를 조정합니다.

⑤ Rate : 속도를 조정합니다. 음표 모양의 Sync 버튼을 On 하면 비트 단위로 설정할 수 있습니다.

⑥ To : 조정 파라미터를 선택합니다. Learn Plug-in Parameter를 선택하면 악기에서 컨트롤하고 싶은 파라미터를 선택하여 설정할 수 있습니다.

⑦ Output Level : 조정 폭을 설정합니다.

⑧ Offset : 조정이 시작되는 위치를 설정합니다.

Logic Pro
Modulator - ENV

모듈레이터(Modulator)는 LFO와 ENV 섹션을 제공하며, 서로 다른 파라미터를 컨트롤하거나 같은 파라미터를 지정하여 삼각파, 사인파, 사각파, 랜덤파 이외의 파형을 만들 수 있습니다. 즉, 실제 사운드의 엔벨로프를 조정하는 것이 아니라 엔벨로프 라인을 조정하듯이 움직임을 만드는 것입니다.

ENV 섹션

아날로그 신디사이저의 엔벨로프 라인을 그리듯이 Delay, Attack, Hold, Release 포인트를 드래그하여 파라미터의 컨트롤할 수 있습니다. To 슬롯에서 7 Volume을 선택해 봅니다. ES2의 볼륨이 엔벨로프 라인과 같이 커졌다가 작아지는 효과가 만들어집니다.

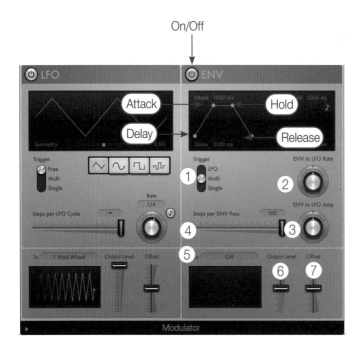

① Trigger : LFO로 선택했을 경우에는 LFO 파형이 피크 점에 도달했을 때 엔벨로프 파형이 자동으로 시작됩니다. Multi와 Single의 동작 방식은 LFO와 동일하지만, 노트가 연주될 때에만 적용된다는 차이가 있습니다.

② ENV to LFO Rate : 엔벨로프에 따라 LFO 속도가 조절되게 합니다. 값을 높이면 노트가 연주될 때 LFO가 빨라지고, 값을 내리면 느려집니다.

노트 연주   노트 연주

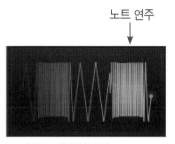 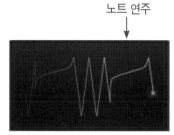

▲ 값을 높이면 빨라짐   ▲ 값을 내리면 느려짐

③ ENV to LFO AMP : 엔벨로프에 따라 LFO 증/감 폭을 조정합니다. 값을 높이면, Offset이 증가하고, 값을 내리면 감소합니다.

노트 연주   노트 연주

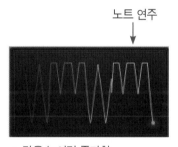 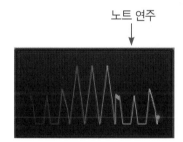

▲ 값을 높이면 증가함   ▲ 값을 내리면 감소함

④ Steps per ENV Pass : 주기 간격을 조정합니다.

⑤ To : 조정 파라미터를 선택합니다.

⑥ Output Level : 조정 폭을 설정합니다.

⑦ Offset : 조정이 시작되는 위치를 설정합니다.

Logic Pro

Note Repeater

노트 리피터(Note Repeater)는 의미 그대로 연주 노트를 반복합니다. 오디오 이펙트의 딜레이와 비슷한 효과이지만, 좀 더 직관적인 인터페이스로 쉽게 사용할 수 있으며, EDM의 라이징 사운드나 피치 다운/업과 같은 효과를 연출할 수 있습니다.

● Thru : 입력 신호를 그대로 전송합니다. Note Repeater에 입력되는 신호는 노트이므로, 연주하는 노트를 소리내는 것입니다. Thru를 Off하면 연주하는 노트는 소리가 나지 않고 반복되는 노트만 소리를 냅니다.

● Delay : 반복되는 노트의 간격을 조정합니다. 음표 모양의 Sync 버튼을 On으로 하면 비트 단위로 설정할 수 있습니다.

● Repeats : 반복되는 노트의 수를 설정합니다.

● Transpose : 반복되는 노트의 피치를 반음 단위로 조정합니다. 피치가 점점 높아지거나 낮아지는 사운드를 만들 수 있습니다.

● Velocity Ramp : 반복되는 사운드의 벨로시티를 조정합니다. 점점 강하게 연주되거나 점점 약하게 연주되는 사운드를 만들 수 있습니다.

Logic Pro

Randomizer

랜덤마이저(Randomizer)는 입력되는 미디 정보를 무작위로 변조하는 장치 입니다. 입력 정보는 모든 미디 정보를 선택할 수 있지만, 보통은 Velocity를 무작위로 변조하여 휴머니즘을 연출하는 용도로 많이 사용합니다. 특히, 마우스로 입력한 노트에 효과적입니다.

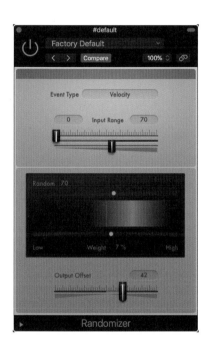

● Event Type : 무작위로 변조시킬 정보를 선택합니다. Velocity를 선택하면 입력된 노트의 벨로시티를 무작위로 변조시킵니다.

● Input Range : 입력된 정보 중에서 변조시킬 범위를 설정합니다. 벨로시티를 선택하고, High를 70으로 설정하면, 70 이하로 연주된 노트를 변조하는 것입니다.

● Random : 변조 범위를 설정합니다. Input Range에서 검출한 정보를 어느 정도의 범위로 변조할 것인지를 선택하며, Weight 슬라이드를 이용하여 범위를 제한할 수 있습니다.

● Output Offset : 변조 시작 위치를 설정합니다. 값을 올리면 Random 범위가 상승하여 Input Range에서 검출한 노트의 대부분을 강하게 연주합니다.

Logic Pro

Scripter

스크립터(Scripter)는 사용자가 원하는 장치를 만들 수 있는 자바스크립트 기반의 프로그래밍 언어입니다. 만일, 이에 대한 지식을 갖추고 있는 경우라면, 미디 이벤트를 변조할 수 있는 가능성은 거의 무한대에 가깝고, 동적 재생이 가능한 음악 웹 페이지를 만들 수도 있습니다. 하지만, 하루 아침에 익힐 수 있는 학습이 아니기 때문에 여기에 관심을 가져보라고 권하고 싶지는 않습니다. 그냥, 기본적으로 제공하는 프리셋을 이용하는 것으로 만족하기 바랍니다.

프리셋 이용하기

Scripter는 Script Editor를 이용해서 사용자가 원하는 장치를 만드는 것이므로, 초기에는 그냥 비어있는 틀에 불과합니다. 필요한 효과를 만들기 위해서는 자바 스크립트 언어를 알아야 가능하기 때문에 이미 프로그래밍 되어 있는 프리셋을 사용하는 것으로 만족해야 할 것입니다.

테스트 삼아 Harmonizer를 선택해 봅니다.

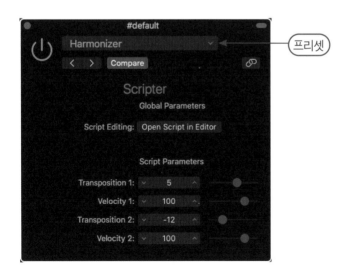

2개의 Transposition과 2개의 Velocity 슬라이더로 구성된 파라미터가 보이며, 입력 노트의 피치와 벨로시티를 조정하는 장치로 짐작됩니다. 건반을 연주해보면, 완전 4도 높은 음(5)과 한 옥타브 낮은 음(-12)이 함께 재생되는 것을 알 수 있습니다. 프리셋 이름도 하모나이저(Harmonizer)이고, 연주 결과도 위/아래로 노트가 쌓이는 것으로 보아 하모니를 만드는 장치라는 것을 알 수 있습니다.

각각 슬라이더를 움직여보면, 값을 변경할 수도 있다는 것을 알 수 있습니다. 트랜스(Trance) 또는 재즈(Jazz)와 같은 장르 외에는 4도 하모니를 잘 사용하지 않으므로, Transposition 1을 7로 변경합니다. 반음이 7개 이므로, Rock이나 POP에서 많이 사용하는 완전 5도 하모니로 연주됩니다. Velocity로 각 하모니의 연주 세기를 조정할 수 있습니다.

다른 프리셋을 선택해 보면, 또 다른 목적으로 사용되는 장치가 됩니다. 보통 프리셋 이름으로 짐작할 수 있지만, 정확한 목적은 앞에서와 같이 연주 결과를 모니터 해봐야 알 수 있습니다. 결국 프리셋마다 다른 장치가 되는 것입니다. 이처럼 Scripter는 사용 목적이 정해진 장치가 아니기 때문에 각각의 프리셋을 테스트 해보는 수 밖에 없습니다. 물론, 자바 스크립트 언어를 다룰 수 있는 사용자라면 직접 Script Editor를 통해 원하는 장치를 만들 수 있고, 더 나아가 웹 디자인 플랫폼으로 사용할 수 있겠지만, 본서와 관련 없는 내용이므로 생략합니다.

```
//--------------------------------------
// Harmonizer
//--------------------------------------

// number of harmonies, also drives parameter creation. change, then run script
var numVoices = 2;

// global array of active notes for record keeping
var activeNotes = [];

//--------------------------------------
function HandleMIDI(event) {
  if(event instanceof NoteOn) {

    // store a copy for record keeping and send it
    var originalNote = new NoteOn(event);
    var record = {originalPitch:event.pitch, events:[originalNote]};
    event.send();

    // now harmonize
    for (var i=1; i<numVoices + 1; i++) {

      // create a copy of the note on and apply parameters
      var harmony = new NoteOn(event);
      harmony.pitch += GetParameter("Transposition " + i);
      harmony.velocity = GetParameter("Velocity " + i);

      // store it alongside the original note and send it
```

```
***Creating a new MIDI engine with script***

Evaluating MIDI-processing script...
Script evaluated successfully!
Setting changed. Existing automation data may have been deleted.
>
```

Logic Pro

Transposer

트랜스포저(Transposer)는 기본적으로 피치를 조정하는 것이지만, 이 장치를 사용하는 목적은 스케일 변환을 위한 것입니다. 음악은 메이저와 마이너 스케일 외에 펜타토닉, 블루스, 모드, 재즈 등의 다양한 스케일들이 있습니다. 하지만, 이 모든 스케일을 다루기 위해서는 많은 시간이 필요합니다. 메이저와 마이너 스케일을 익히는데 몇 년이 걸렸던 본인의 경험을 생각하면 어느 정도의 시간이 필요할지를 짐작할 수 있을 것입니다. 이 장치는 메이저와 마이너 스케일 밖에 모르는 사용자도 다양한 스케일을 사용할 수 있도록 해주는 역할을 합니다.

스케일 선택

트랜스포저는 상단에 피치를 반음 단위로 변경할 수 있는 Transpose와 하단에 스케일을 바꿀 수 있는 Root/Scale 섹션으로 구성되어 있습니다. Scale 메뉴에서 Natural Minor를 선택하고, 마스터 건반에서 도, 레, 미, 파, 소, 라, 시, 도의 메이저 스케일을 연주해봅니다.

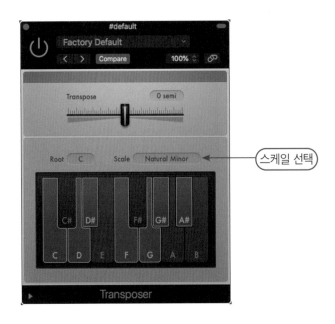

스케일 선택

메이저 스케일 도, 래, 미, 파, 솔, 라, 시, 도의 3음, 6음, 7음을 반음 내려 네츄럴 마이너 스케일로 연주되는 것을 확인할 수 있습니다.

● 메이저 스케일

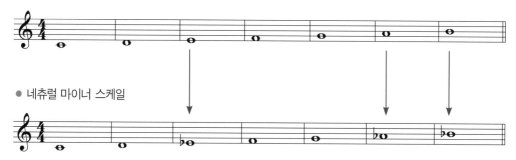

● 네츄럴 마이너 스케일

이번에는 Scale 메뉴에서 Minor Pentatonic을 선택하고, 메이저 스케일의 도, 레, 미, 파, 솔, 라, 시, 도를 연주해봅니다. 2음과 6음이 반음 올라가고, 3음과 7음이 반음 내려가서 마이너 펜타토닉 스케일로 연주되는 것을 확인할 수 있습니다. 정확히 얘기하면 Root가 C 이므로, C 마이너 펜타토닉 스케일입니다. 이처럼 Transposer는 메이저 스케일밖에 모르는 사용자도 다양한 스케일을 사용할 수 있게 해줍니다. 음악 작업 영역을 넓힐 수 있는 유용한 장치가 될 것입니다.

● 메이저 스케일

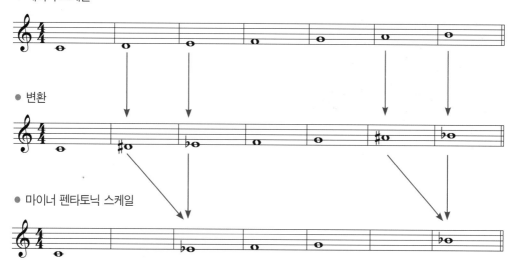

● 변환

● 마이너 펜타토닉 스케일

Logic Pro

Velocity Processor

벨로시티 프로세서(Vlocity Processor)는 이름에서 짐작할 수 있듯이 벨로시티를 조정하는 장치입니다. 다만, 특정 범위의 벨로시티만 증/감 시킬 수 있다는 특징이 있습니다. 오디오 이펙트와 비교하면 컴프레서나 익스펜더와 같은 역할을 하는 것입니다.

Comp/Exp 모드

기본 ① Comp/Exp 모드는 ② Threshold에서 설정한 벨로시티 이상의 노트를 ③ Ratio에서 설정한 비율로 압축하여 연주되게 합니다. Threshold가 60이고, Ratio가 2라면 60 이상의 벨로시티를 두 배 압축하는 것이므로, 80으로 연주되는 노트는 70으로 연주됩니다. ④ Make Up은 전체 벨로시티를 증/감하는 것으로 ⑤ Auto를 선택하면 압축된 만큼 자동으로 증가시킵니다.

MIDI FX의 ⑥ 여기서 MIDI에서 트랙으로 녹음을 선택하면 상단 슬롯의 미디 이펙트 연주를 실시간으로 레코딩하여 편집할 수 있습니다.

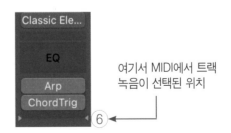

여기서 MIDI에서 트랙 녹음이 선택된 위치

Value/Range 모드

① Value/Range 모드는 Value 및 Range 기능을 선택할 수 있는 ② 스위치를 제공하며, Value를 선택하면 모든 노트를 ③ Value 슬라이더에서 설정한 벨로시티 값으로 연주되게 하고, Range를 선택하면 모든 노트를 ④ Range 슬라이더에서 설정한 범위로 연주되게 합니다.

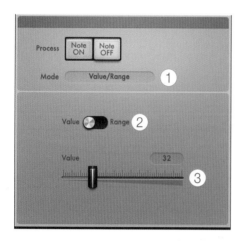

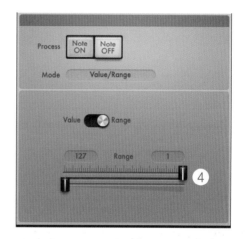

Add/Scale 모드

① Add/Scale 모드는 벨로시티 값을 조정하거나 증/감합니다. ② Scale에서 벨로시티 값을 백분율로 배분하여 연주되게 하거나 ③ Add에서 증/감 값을 직접 설정할 수 있습니다.

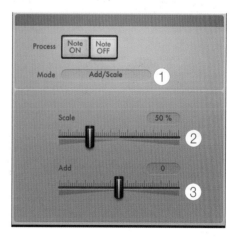

Logic Pro

사운드 디자인 실습 - 1

미디 FX는 단순히 미디 정보를 컨트롤하는 것 외에 존재하지 않는 사운드를 디자인하는데 유용한 도구로 사용할 수 있습니다. 간단하게 공포 영화 또는 우주 공간을 연출할 때 사용 가능한 사운드를 만들어 보면서 응용력을 키울 수 있기를 바랍니다.

공간 사운드

라이브러리는 Pad 계열을 선택합니다. 실습에서는 Ambient Modwhell Morpher를 선택하고 있습니다. 첫 번째 MIDI FX는 Arpeggiator를 선택합니다. 방향은 ① Random을 선택하고, Pattern은 ② Grid를 선택합니다. 길이는 ③ 128로 늘리고, ④ Step은 1, 6, 11, 26, 29-37, 56, 65-68, 90, 118-121 위치에 만듭니다.

두 번째는 Randomizer를 선택합니다.
Event Type에서 ⑤ Note Number를 선택하고, ⑥ Random은 87%, ⑦ Weight는 -44% 정도로 설정합니다.

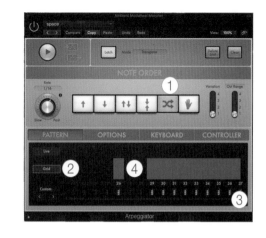

세 번째는 Scripter를 선택합니다.
⑧ 프리셋에서 Probability Gate를 선택하고, ⑨ Probability를 76% 정도로 설정합니다. 어두운 공간의 사운드를 묘사하고 있습니다.

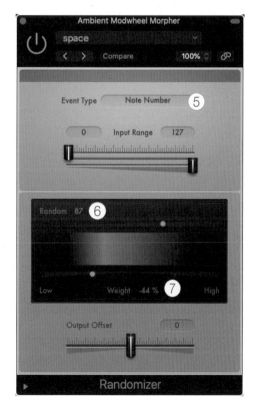

Logic Pro

사운드 디자인 실습 - 2

음성 사운드

라이브러리는 Choir 계열을 선택합니다. 실습에서는 Mixed Choir를 선택하고 있습니다. 첫 번째 MIDI FX는 Arpeggiator를 선택합니다. 방향은 ① Random을 선택하고, Pattern은 ② Grid를 선택합니다. 길이는 ③ 128로 늘리고, ④ Step은 2, 20, 46, 55, 61, 64, 67, 80, 113, 124에 만듭니다.

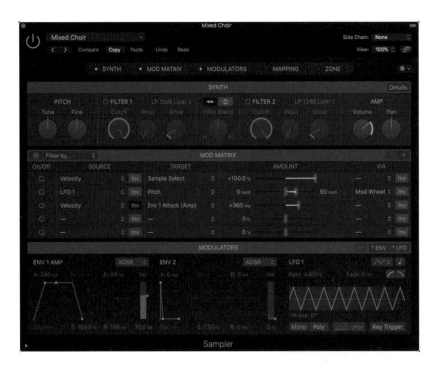

두 번째는 Randomizer를 선택합니다.
Event Type에서 ⑤ Note Number를 선택하
고, ⑤ Random은 22%, ⑦ Weight는 -29, ⑧
Output Offset은 -20 정도로 설정합니다.

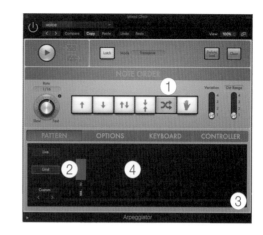

세 번째는 Scripter를 선택합니다.
⑨ 프리셋에서 Probability Gate를 선택하고,
⑩ Probability를 75% 정도로 설정합니다. 음
산한 분위기의 사운드를 묘사하고 있습니다.

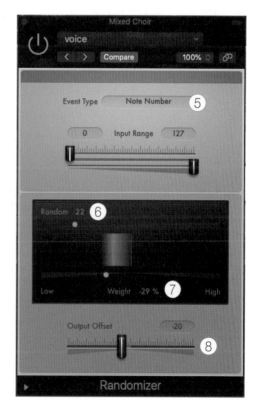

Logic Pro

사운드 디자인 실습 - 3

퍼커션 사운드

라이브러리는 Percussion 계열을 선택합니다. 실습에서는 Latin을 선택하고 있습니다. 첫 번째 MIDI
FX는 ① Chord Trigger를 선택합니다. 두 번째는 Arpeggiator를 선택합니다. 방향은 ② Random을
선택하고, Pattern은 ③ Grid를 선택합니다. 길이는 ④ 128로 늘리고, ⑤ Step은 1, 9, 25, 36, 50,
65, 75, 85, 96, 109, 126 위치에 만듭니다.

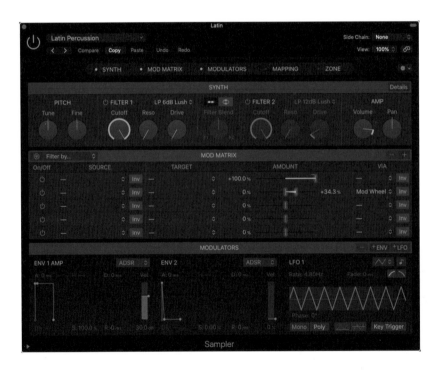

세 번째는 Note Repeater를 선택합니다.
Delay를 ⑥ 1/32로 설정하고, ⑦ Repeats를
30, ⑧ Velocity Ramp를 91% 정도로 설정합
니다.

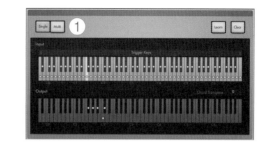

네 번째는 Scripter를 선택합니다.
⑨ 프리셋에서 Probability Gate를 선택하고,
⑩ Probability를 18% 정도로 설정합니다. 음
성이 반복되는 사운드를 묘사하고 있습니다.

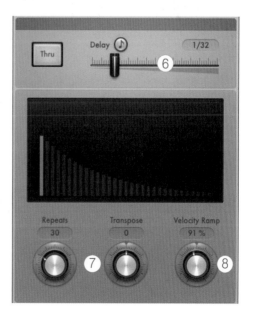

02 로직 프로 레벨-업 미디 이펙트

Logic Pro
사운드 디자인 실습 - 4

서브 베이스

라이브러리는 Bass 계열을 선택합니다. 실습에서는 Fretless Bass를 선택하고, ① Pitch를 -12로 설정하고 있습니다. 첫 번째 MIDI FX는 Arpeggiator를 선택합니다. 방향은 ② Random을 선택하고, Pattern은 ③ Grid를 선택합니다. 길이는 ④ 128로 늘리고, ⑤ Step은 1, 11, 18, 33, 50, 81, 101-107, 125위치에 만듭니다.

두 번째는 Randomizer를 선택합니다.
Event Type에서 ⑥ Note Number를 선택하고, ⑦ Random은 42%, ⑧ Weight는 -4, ⑨
Output Offset은 21 정도로 설정합니다.

지금까지 만든 4개의 트랙을 Shift 키를 눌러 모두 선택합니다. 마우스 오른쪽 버튼을 클릭하여 단축
메뉴를 열고, ⑩ Create Track Stack을 선택하여 Summing Stack 트랙으로 만듭니다. ⑪ Limiter를
장착하여 필요한 볼륨을 확보하는 것으로 실습을 마칩니다.

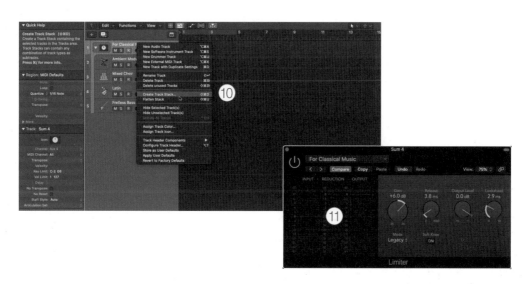

로직 사용 능력을 한 단계 올리는
로직 프로 레벨-업

오토메이션

로직에서 제공하는 모든 파라미터를 제어하는 오토메이션에 관해서 살펴봅니다. 효율적인 작업을 위해서는 미디 컨트롤러 또는 아이패드 등이 필요하지만, 실제로 이를 사용하는 유저는 거의 없습니다. 처음에만 신기한듯 이것 저것 만져보다가 결국엔 마우스를 이용하는 경우가 대부분입니다. 하지만, 각각 장단점이 있으므로, 장치를 가지고 있다면 마우스가 필요할 때 외에는 가급적 장치를 사용하여 습관화 합니다.

Logic Pro

오토메이션 모드

오토메이션 모드

오토메이션은 믹서, 악기, 이펙트 등, 파라미터의 움직임을 기록하고, 자동으로 움직이게 만드는 기능입니다. 오토메이션을 어떤 방식으로 기록할 것인지는 채널 스트립의 ① 오토메이션 항목에서 선택하며, 기록 모드는 Touch, Latch, Write의 3가지를 제공합니다.

● Lead : 기록되어 있는 오토메이션대로 파라미터가 움직이게 합니다.

● Touch : 파라미터의 움직임이 시작될 때 기록을 시작하고, 멈추었을 때 시작 값 또는 기존 값으로 이동합니다. 오토메이션을 수정할 때 많이 사용합니다.

● Latch : 파라미터의 움직임이 시작될 때 기록을 시작하고, 멈추었을 때의 값을 유지합니다. 오토메이션을 새로 기록할 때 많이 사용합니다.

● Write : 재생할 때 기록을 시작하고, 기존 값을 삭제합니다. Write 모드를 선택하면 경고 창이 열리며, 기록을 마치면 Latch 모드로 전환됩니다. 기존 값을 일정한 값으로 복구하고 싶을 때 외에는 잘 사용하지 않는 모드입니다.

오토메이션 트랙

Latch 모드를 선택하고, 스페이스 바 키를 눌러 곡을 재생합니다. 그리고 채널 스트립의 볼륨 페이더 또는 악기 및 이펙트에서 제공하는 ① 노브나 슬라이더 등의 파라미터를 움직이면 오토메이션이 기록됩니다. 곡을 정지하여 오토메이션 기록을 마친 다음에는 모드를 Read로 변경해야 실수로 기록되는 것을 방지할 수 있습니다.

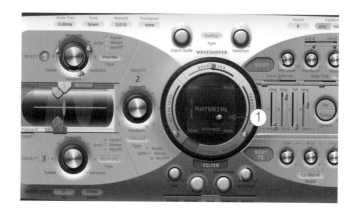

A 키를 누르거나 툴 바의 ② Show/Hide 버튼을 클릭하면 오토메이션 라인이 기록되어 있는 트랙을 볼 수 있습니다. 단, 볼륨이나 팬 등의 채널 스트립 파라미터가 아니라 악기나 이펙트의 파라미터라면, 모드 항목 왼쪽에 삼각형으로 표시되어 있는 ③ 서브 트랙 열기를 클릭해야 볼 수 있습니다.

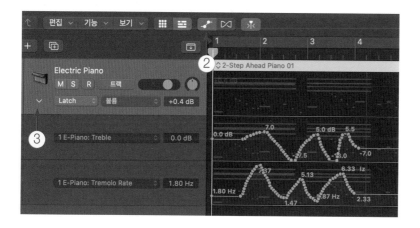

Logic Pro

미디 컨트롤러

컨트롤러 설정

대부분의 컨트롤러는 로직을 지원하기 때문에 별다른 설정 없이 USB 또는 Thunderbolt로 연결하여 바로 사용할 수 있습니다. 물론, 로직 전용으로 만들어진 제품은 없기 때문에 컨트롤러에서 로직 모드로 전환해주는 동작은 필요합니다. 이것은 제품마다 다르므로 사용 설명서를 참조합니다.

컨트롤러를 연결한 다음에는 Command+콤마(,) 키를 눌러 설정 창을 열고, ① 컨트롤 서피스 페이지의 설정 버튼을 클릭합니다. 계속해서 신규 메뉴의 ② 설치를 선택하여 창을 열고, 사용하고 있는 제품을 선택합니다. 그리고 ③ 추가 버튼을 클릭하면, 외부 컨트롤러를 이용하여 로직을 조정하고, 오토메이션을 기록할 수 있습니다. ④ 입력 포트는 기본적으로 모두로 설정되어 있기 때문에 그대로 사용할 수 있습니다. 여러 장치를 사용하는 경우에는 선택하여 멀티 사용이 가능합니다.

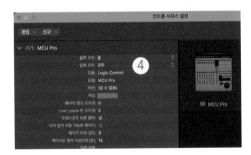

오토메이션 옵션

오토메이션 모드에는 기록된 정보대로 파라미터를 동작시키는 Read와 기록 방법을 결정하는 Touch, Latch, Write 외에 MIDI 리전 녹음 시 오토메이션도 함께 기록, 다듬기, 상대값의 3가지 옵션을 제공합니다.

● 다듬기 : Touch 및 Latch 모드에서 기존 값을 증/감 합니다.

● 상대값 : 2차 오토메이션을 기록합니다. 상대값 값이 기록된 경우에는 목록에 ① ± 기호의 파라미터가 추가되어 절대값과 비교 선택할 수 있습니다.

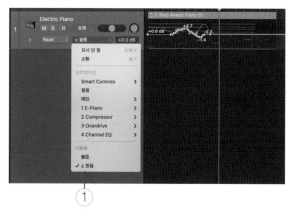

● MIDI 리전 녹음 시 오토메이션도 함께 기록 : 미디 및 인스트루먼트 트랙에서 제공하는 옵션으로 Read 모드에서 레코딩으로 오토메이션을 기록할 수 있게 합니다. 오토메이션은 미디 컨트롤 정보로 ② 전환 가능하며, 키 에디터에서 다룰 수 있습니다.

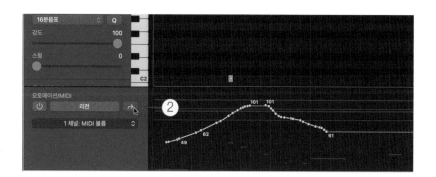

Logic Pro

스마트 컨트롤

로직은 채널에 로딩한 악기나 이펙트의 주요 파라미터를 빠르게 컨트롤할 수 있는 스마트 컨트롤 (Smart Controls) 패널을 제공합니다. 패널은 단축키 B로 열거나 닫을 수 있으며, 미디 컨트롤러와 손쉽게 연결할 수 있는 Learn 기능을 제공합니다.

컨트롤러 연결하기

① 스마트 컨트롤 패널의 인스펙터 보기 버튼을 클릭하여 엽니다.

② 외부 할당 항목의 학습 버튼을 On으로 합니다.

③ 조정하고자 하는 파라미터를 선택합니다.

④ 사용자가 가지고 있는 마스터 건반의 노브를 움직이면 연결됩니다.

⑤ 파라미터 ③ 선택과 ④ 연결을 반복하고, 모든 설정이 끝나면 ② 학습 버튼을 Off 합니다.

연결 상태 확인하기

① 오토메이션 버튼을 클릭하거나 A 키를 눌러 모드 항목을 표시합니다.

② 오토메이션 모드에서 Latch를 선택합니다.

③ 스페이스 바 키를 눌러 프로젝트를 재생하고, 스마트 컨트롤에 연결한 마스터 건반의 노브들을 움직여 오토메이션 라인을 기록합니다.

④ 스페이스 바 키를 눌러 재생을 멈추고, 오토메이션 모드에서 Read를 선택합니다.

⑤ 다시 처음부터 프로젝트를 재생하면 스마트 컨트롤의 파라미터가 자동으로 움직이는 것을 확인할 수 있습니다. 기록된 오토메이션은 서브 트랙 열기 버튼을 클릭하여 확인할 수 있습니다.

Logic Pro
오토메이션 편집

오토메이션 포인트

오토메이션은 Read 모드에서도 마우스를 이용한 입력과 편집이 가능합니다. 포인트는 라인을 더블 클릭하여 만들고, 값은 ① 드래그로 조정합니다. 마우스 ② 드래그로 선택한 오토메이션은 백 스페이스 키로 삭제할 수 있고, 전체를 삭제할 때는 Ctrol+Command+Back Space 키를 누릅니다.

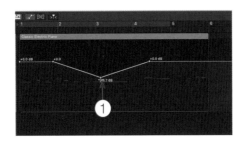
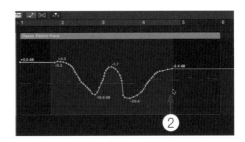

오토메이션 라인

로직 파라미터를 움직이거나 컨트롤러를 이용해서 기록하는 경우에는 수많은 포인트가 입력됩니다. 이는 많은 트랙을 사용할 경우 시스템에 따라 오류가 발생할 수 있기 때문에 특별한 경우가 아니라 면 포인트를 ③ 드래그하여 라인 타입으로 수정하는 것이 좋습니다. Shift+Control 키를 누른 상태 에서 라인을 드래그하면 ④ 곡선으로 만들 수 있습니다.

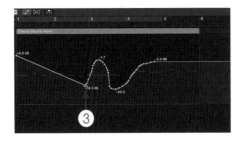
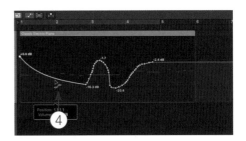

리전 포인트

Command+Option 키를 누른 상태에서 리전을 선택하고 라인을 움직이면 ① 리전의 시작과 끝 위치에 자동으로 포인트가 생성되어 원하는 리전의 오토메이션 값만 편집할 수 있습니다.

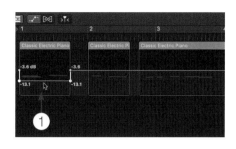

선택 포인트

마키 도구를 이용하여 범위를 선택하고, 오토메이션 라인을 움직이면 ② 선택한 범위의 시작과 끝 위치에 자동으로 포인트가 생성되어 원하는 범위의 오토메이션 값만 편집할 수 있습니다.

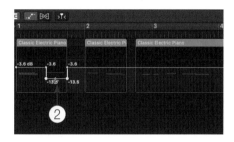

멀티 포인트

두 개 이상의 리전을 마우스 드래그로 선택하고 Control+Command+2 키를 누르면 ③ 선택한 모든 리전의 시작과 끝 위치에 오토메이션 포인트를 만들어 편집할 수 있습니다.

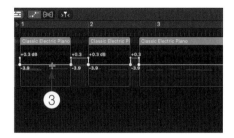

Logic Pro

오토메이션 옵션 1

환경 설정

오토메이션 환경을 설정할 수 있는 창은 믹스 메뉴의 ① 오토메이션 설정을 선택하거나 Command+콤마(,) 키를 눌러 열 수 있습니다.

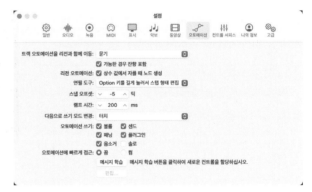

트랙 오토메이션을 리전과 함께 이동

오토메이션 구간의 리전을 이동하거나 복사할 때 오토메이션을 함께 이동하거나 복사할 것인지를 묻는 ② 창이 열립니다. 이것은 트랙 오토메이션을 리전과 함께 이동 옵션이 묻기로 선택되어 있기 때문입니다. 매번 창이 열리는 것이 귀찮다면, 안 함을 선택하여 이동 및 복사되지 않게 하거나 항상을 선택하여 이동 및 복사되게 할 수 있습니다.

가능한 경우 잔향 포함

리전을 이동하거나 복사할 때 이후 공백에 기록된 오토메이션을 포함합니다. 예를 들어 리전 이후 공백에 오토메이션이 기록되어 있는 ① 그림 A의 경우에 옵션이 체크되어 있는 상태에서 복사하면 ② 그림 B와 같이 공백에 있는 오토메이션이 복사되지만, 옵션을 해제한 경우에는 ③ 그림 C와 같이 리전에 기록되어 있는 오토메이션만 복사됩니다.

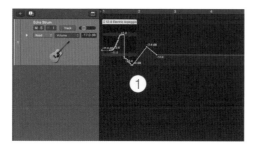

▲ 그림 A

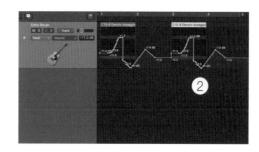

▲ 그림 B

연필 도구

Option 키를 누른 상태에서 연필 툴의 역할을 결정합니다. Option 키를 길게 눌러서 스텝 형태 편집은 ④ 스냅 단위로 오토메이션 포인트를 만들어 구간 편집을 할 수 있게 하고, Option 키를 길게 눌러서 곡선 형태 편집은 선택 지점 이후의 포인트를 ⑤ 모두 선택하여 증/감할 수 있게 합니다.

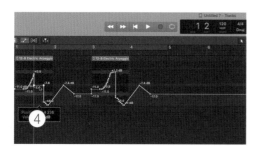

▲ 그림 C

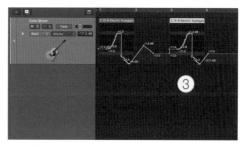

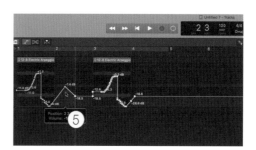

Logic Pro
오토메이션 옵션 2

스냅 오프셋

오토메이션 포인트는 트랙과 별개로 ① 스냅 단위를 설정할 수 있습니다. 이때 선택된 스냅에서 얼마큼 벗어나게 할 것인지를 결정합니다. 미디 이벤트를 퀀타이즈한 경우에 오토메이션이 같은 위치에 입력되면, 미디와 오토메이션 정보가 충돌하여 에러가 발생할 수 있습니다. 이를 방지하기 위해 기본 값은 오토메이션이 -5틱 먼저 전송되게 설정되어 있습니다. 만일, 정확한 위치로 편집하고 싶다면, 이 값을 0으로 설정합니다.

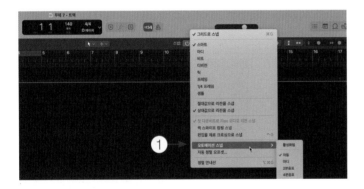

램프 시간

오토메이션 기록을 멈추었을 때 이전 위치로 되돌아가는 타임을 ms 단위로 설정합니다.

다음으로 쓰기 모드 변경

Wirte 모드 기록 후 선택되게 할 모드를 결정합니다.

오토메이션 쓰기

오토메이션으로 기록하고 싶지 않은 파라미터를 해제할 수 있습니다.

오토메이션 빠르게 접근

오토메이션 트랙에서 선택한 파라미터에 여기서 설정한 미디 컨트롤러가 자동으로 연결되게 합니다. ① 메시지 학습 버튼을 클릭하고 ② 컨트롤러를 움직여 연결합니다. 그러면 오토메이션 트랙에서 ③ 볼륨을 선택했을 때 해당 컨트롤러로 볼륨 오토메이션을 기록할 수 있고, 오토메이션 트랙에서 ④ 플러그-인 파라미터를 선택하면 해당 컨트롤러로 플러그-인 파라미터를 기록할 수 있는 것입니다.

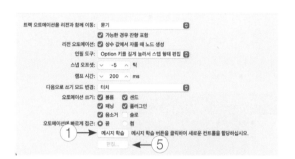

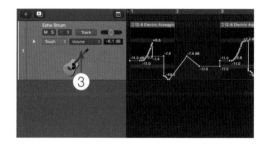

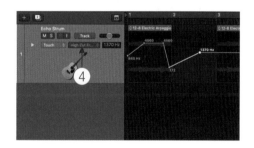

⑤ 편집 버튼을 클릭하면 트랙 종류에 따라 서로 다른 컨트롤러를 연결할 수 있는 창이 열립니다. ⑥ 채널 스트립에서 연결할 트랙 종류를 선택하고, ⑦ 학습 버튼을 클릭하여 컨트롤러를 연결하면 됩니다.

Logic Pro

멀티 컨트롤

파라미터 추가

하나의 컨트롤러를 이용하여 2개 이상의 오토메이션 파라미터를 컨트롤 하는 방법입니다. 스마트 컨트롤의 ① 메뉴 버튼을 클릭하여 ② 매핑 추가를 선택합니다. 그리고 ③ 목록에서 컨트롤하고자 하는 파라미터를 선택합니다. 같은 방법으로 2개 이상의 파라미터를 추가할 수 있습니다.

스케일 선택

EQ 및 아날로그 악기의 Cutoff 등, 파라미터를 움직일 때 최소값과 최대값의 범위를 지정할 수 있습니다. 범위의 ① 열기 버튼을 클릭하여 창을 엽니다. ② 최소 및 ③ 최대값 포인트를 드래그하여 원하는 값을 설정하면 됩니다. 라인을 ④ 더블 클릭하여 포인트를 추가할 수 있습니다.

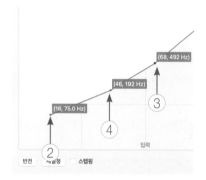

컨버팅

오토메이션 메뉴에서 Option 키를 누른 상태로 파라미터를 ① 선택하면 해당 오토메이션을 복사할 수 있습니다. 단, 볼륨과 Pan은 컨버팅 여부를 묻는 창이 열리며, ② 복사 및 변환을 했을 때 스위치 타입의 파라미터는 자동으로 곡선이 바뀝니다.

Logic Pro

복사와 삭제

오토메이션 복사

리전을 다른 트랙으로 ① 이동시키거나 Option 키를 누른 상태로 복사할 때 오토메이션의 이동 및 복사 여부를 묻는 ② 창이 열려 함께 복사할 수 있습니다. 단, 복사 트랙에 동일한 장치가 없으면 오토메이션은 ③ 복사되지 않습니다. 만일, 오토메이션을 복사하고 싶다면, ③ Option+Command+C 키를 눌러 복사하고, Option+Command+V 키를 눌러 붙여 넣습니다. 트랙에 오토메이션이 기록되어 있는 장치가 자동으로 로딩되고, ④ 오토메이션이 복사됩니다.

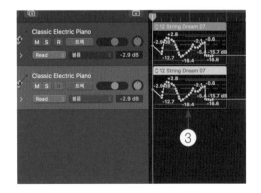

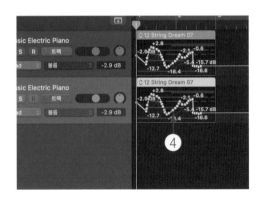

오토메이션 삭제

오토메이션은 마우스 드래그로 선택하고, Delete 키를 눌러 삭제할 수 있습니다. 그러나 간혹, 트랙 및 프로젝트 전체 오토메이션을 삭제하고 싶은 경우가 있습니다. 이때는 Mix 메뉴의 ① Delete Automation을 이용합니다.

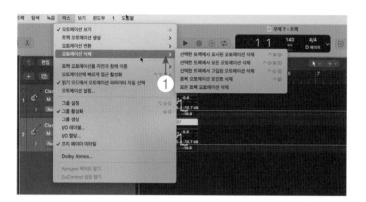

- 선택한 트랙에서 표시된 오토메이션 삭제
  선택한 트랙에 활성화되어 있는 오토메이션을 삭제합니다.

- 선택한 트랙에서 모든 오토메이션 삭제
  선택한 트랙의 모든 오토메이션을 삭제합니다.

- 선택한 트랙에서 고립된 오토메이션 삭제
  선택한 트랙에서 사용되지 않은 오토메이션을 삭제합니다. 이동과 복사 과정에서 발생할 수 있습니다.

- 중복 오토메이션 포인트 삭제
  모든 트랙에서 중복되어 있는 오토메이션 포인트를 삭제합니다.

- 모든 트랙 오토메이션 삭제
  모든 트랙의 오토메이션을 삭제합니다.

Logic Pro

리전 오토메이션

리전 오토메이션 옵션

① 오토메이션 버튼을 클릭하여 리전으로 변경하면 리전에만 기록되는 오토메이션을 만들 수 있습니다. 리전 오토메이션은 트랙 오토메이션 보다 우선되며, 이전 버전에서 작업한 프로젝트는 트랙 오토메이션이 동작합니다. 리전 오토메이션을 동작 시키려면 파일 메뉴의 프로젝트 설정에서 ② 일반을 선택하여 창을 열고, 오토메이션 항목의 ③ 리전 오토메이션이 트랙 오토메이션보다 우선 옵션을 체크합니다.

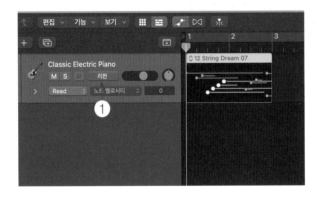

루프 샘플

리전 오토메이션은 사운드를 디자인할 때 많이 사용하는 기법이며, 루프 샘플로 저장하여 사용할 수 있습니다. ① 루프 브라우저 버튼을 클릭하여 열고, 오토메이션이 기록되어 있는 리전을 ② 드래그 하여 가져다 놓습니다.

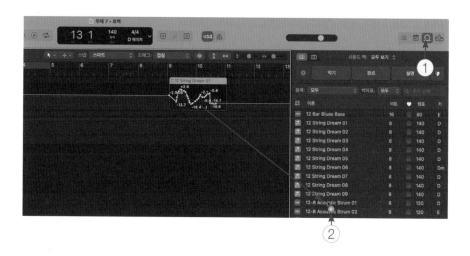

③ 구분하기 쉬운 이름을 입력하고, ④ 악기 설명에서 샘플을 구분할 수 있는 카테고리를 선택합니다. 그리고 ⑤ 생성 버튼을 클릭하면 프로젝트에서 사용할 수 있는 루프 샘플로 저장됩니다. 사용자가 만든 샘플은 ⑥ 사운드 팩에서 나의 루프를 선택하면 쉽게 찾을 수 있습니다.

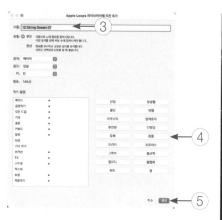

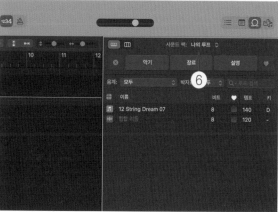

로직 사용 능력을 한 단계 올리는

로직 프로 레벨-업

04

글로벌 트랙

Drummer 트랙의 연주 패턴을 미리 구성할 수 있는 Arrangement Track이나 영상 음악 작업을 하는데 필요한 Movie Track은 모두 글로벌 트랙(Global Track)에 있습니다. 그 외에도 Marker, Signature, Transposition, Tempo, Beat Mapping 등 프로젝트 전체를 제어할 수 있는 트랙을 제공합니다. 간혹, 글로벌은 잘 사용하지 않는 트랙을 모아 놓은 것으로 오해하는 경우가 있는데, 반대로 효율적인 음악 작업을 위해 꼭 필요한 트랙입니다.

Logic Pro Level Up

글로벌 트랙의 구성

글로벌 트랙 열기/닫기

① 글로벌 트랙은 트랙 메뉴의 글로벌 트랙에서 글로벌 트랙 보기를 선택하거나 G 키를 눌러 열거나 닫을 수 있습니다. 글로벌 트랙이 열려 있을 경우에 글로벌 트랙 보기 메뉴는 트랙을 닫는 글로벌 트랙 가리기 명령으로 바뀝니다.

② 글로벌 트랙을 열거나 닫을 때 많이 사용하는 방법은 트랙 헤드의 글로벌 트랙 버튼을 클릭하는 것입니다. 기본적으로 글로벌 트랙은 편곡, 마커, 조표 및 박자표, 템포 트랙으로 구성되어 있습니다.

글로벌 트랙의 설정

① 글로벌 트랙은 그 밖에 동영상, 트랜스포지션, 비트 매핑 트랙을 제공하며, 이를 표시하려면 트랙 메뉴의 글로벌 트랙에서 글로벌 트랙 구성을 선택하거나 Option+G 키를 누릅니다.

② 글로벌 트랙에서 마우스 오른쪽 버튼을 클릭하면 표시할 트랙을 선택할 수 있는 단축 메뉴가 열립니다. 메뉴 보다는 이 방법을 더 많이 사용합니다.

③ 글로벌 트랙은 경계선을 드래그하여 크기를 조정할 수 있으며, 트랙을 드래그 하여 위치를 변경할 수 있습니다.

Logic Pro Level Up

마커 입력하기

마커 리스트

마커는 곡의 위치를 메모하는 역할을 하며, 로직은 마커 트랙과 마커 리스트의 두 가지 편집 창을 제공합니다. 마커 리스트는 D 키를 누르거나 ① 목록 편집기 열기 버튼을 클릭하여 창을 열고 ② 마커 탭을 선택하여 볼 수 있습니다.

마우스 이용하기

마커는 ③ 연필 툴 또는 마커 트랙의 생성 버튼 ④을 클릭하여 만들 수 있습니다. 생성 버튼은 재생 헤드가 있는 위치에 마커를 만듭니다.

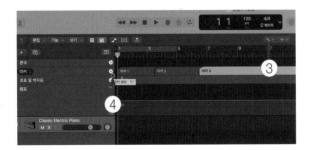

단축키 이용하기

① Option+어포스트로피(') 키를 누르면 재
생헤드가 있는 위치에서 가까운 마디에 마커
를 만듭니다.

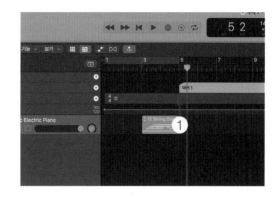

② Control+Option+(') 키를 누르면 재생헤
드 위치에 마커를 만듭니다.

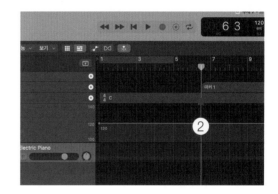

③ 리전을 선택하고, Shift+Option+(') 키를
누르면, 선택한 리전의 길이를 마커 구간으로
만듭니다. 이때 마커는 선택한 리전의 이름과
색상으로 생성됩니다.

Logic Pro Level Up
마커 편집하기 1

자르기

① 마커를 만들면 프로젝트의 끝 또는 다음 마커 시작 위치까지의 길이로 생성되며, Command 키를 누른 상태로 클릭하여 잘라낼 수 있습니다. Shift+Command 키를 누르면, 앞 부분이 잘립니다.

② 마우스 오른쪽 버튼을 클릭하면, 마커를 둘로 자를 수 있습니다.

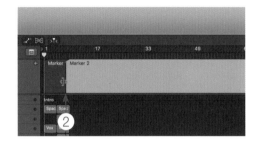

길이 조정

③ 시작 및 끝 부분을 드래그하면 길이가 조정되고, 가운데를 드래그하면 위치가 조정됩니다.

④ 사이클 구간을 마커 트랙으로 드래그하면 마커의 길이가 사이클 구간 길이로 조정됩니다. 빈 공간으로 드래그하면 사이클 구간에 해당하는 마커가 만들어집니다.

삭제

① 마커는 지우개 툴을 이용하거나 Control 키를 누른 상태로 클릭하면 열리는 단축 메뉴의 ② 마커 삭제를 선택하여 삭제할 수 있지만, 백 스페이스 키를 이용하는 것이 가장 편리합니다.

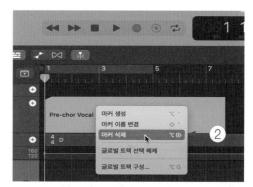

이동과 복사

③ 마커는 Command+X로 잘라내거나 Command+C로 복사하여, 재생헤드가 있는 위치에 Command+V 키로 붙일 수 있습니다.

④ 가까운 거리로 복사할 때는 Option 키를 누른 상태에서 드래그합니다.

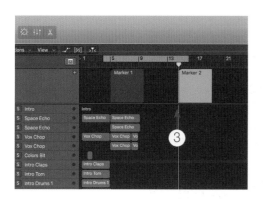

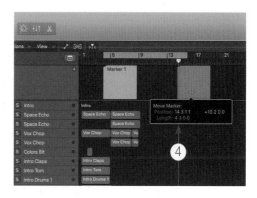

Logic Pro Level Up

마커 편집하기 2

색상 선택

마커는 구분하기 쉽게 색상으로 표시하는 것도 좋은 방법입니다. Option+C 키를 누르면 색상을 선택할 수 있는 팔레트가 열립니다.

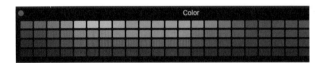

리전을 드래그하여 마커를 만들면 리전 색상으로 생성됩니다.

이름 변경

① 마커의 이름은 더블 클릭으로 변경할 수 있으며, Tab 키를 누르면 다음 마커의 이름을 변경할 수 있는 상태가 됩니다.

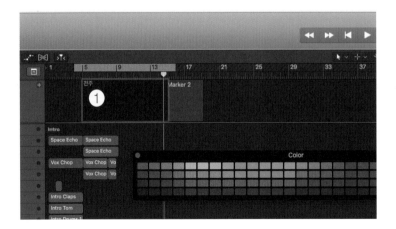

마커 에디터

② 마커 이름은 마커 에디터에서도 입력할 수 있습니다. 마커 에디터는 마커 리스트에서 Edit 버튼을 클릭하면 리스트 아래쪽에 열립니다.

③ 마커 에디터에 표시되는 이름을 더블 클릭하거나 Edit 버튼을 클릭하면, 마커 이름을 편집할 수 있는 상태가 됩니다. 마커 에디터는 이름을 수정하는 목적보다는 메모를 할 때 이용합니다.

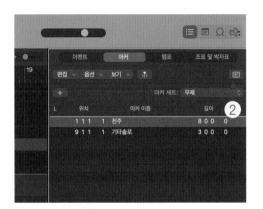
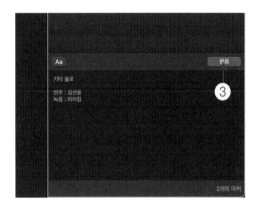

④ 마커 에디터에서 입력한 메모를 트랙에 표시하려면 마커 트랙의 경계선을 드래그하여 크기를 조정할 필요가 있습니다.

Logic Pro Level Up
마커로 이동하기

이전/다음 마커로 이동

① Option 키를 누른 상태에서 콤마(,) 키를 누르면 재생헤드이 이전 마커 위치로 이동하고,
② 마침표(.) 키를 누르면 다음 마커로 위치로 이동합니다.

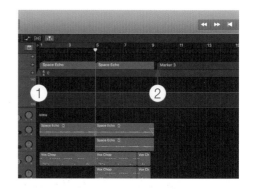

콤마(,)와 마침표(.) 키의 기본 기능은 재생헤드를 마디 단위로 이동시킵니다.

넘버로 이동

③ 마커는 왼쪽에서부터 1, 2, 3... 순서로 취급하며, Option+/ 키를 누르면, 번호를 입력하여 이동할 수 있는 마커로 이동 창이 열립니다.
④ 숫자 패드가 있는 키보드를 사용하고 있다면, 숫자 열의 번호를 눌러 바로 이동할 수 있습니다.
⑤ 문자열만 있는 키보드 사용자라도 필요하다면 Option+K 키를 눌러 키 명령 할당 창을 열고, 마커 번호로 이동 명령에 키를 설정합니다.

사이클 설정

① Control+Option 키를 누른 상태에서 콤(,) 버튼을 클릭하면 이전 마커 길이가 사이클 구간으로 설정되고, 마침표(.) 키를 누르면 다음 마커 길이가 사이클 구간으로 설정됩니다.

② 마커를 룰러 라인으로 드래그하여 사이클 구간을 설정하는 방법도 있습니다.

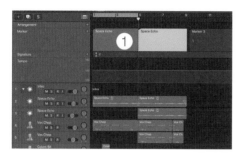

마커 세트

로직은 마커 트랙을 하나만 제공하고 있지만, 세트 기능이 있기 때문에 여러 트랙을 사용하는 효과를 얻을 수 있습니다.

③ 마커 트랙의 이름을 클릭하면 메뉴가 열립니다. 새로운 세트를 선택하여 새로운 세트를 만들어 봅니다. 세트의 이름을 변경할 때는 세트 이름 변경, 복사할 때는 세트 복사를 선택합니다.

④ 새로 만든 세트의 이름을 입력하고 메뉴를 다시 열어보면, 사용자가 입력한 마커 세트의 이름이 추가된 것을 확인할 수 있습니다. 세트 마다 서로 다른 마커를 만들어 사용할 수 있습니다.

Logic Pro Level Up
편곡 트랙

편곡 트랙도 마커 트랙과 동일하게 위치를 표시하는 역할을 합니다. 단, 편곡 트랙의 마커는 이동 및 복사를 할 때 해당 구간의 리전이 함께 움직인다는 차이가 있습니다. 이름처럼 편곡 작업을 할 때 유용한 트랙인 것입니다.

편곡 마커

① 편곡 트랙의 생성 버튼을 클릭하여 마커를 만들면, 인트로 - 벌스- 코러스 - 브리지 - 아웃트로 순서로 생성됩니다. 가장 흔한 곡의 구성입니다.

② 마커의 길이는 오른쪽 끝 부분을 드래그하여 조정합니다.

③ 마커 이름 항목을 클릭하면 섹션을 변경할 수 있고, 이름 변경을 선택하여 원하는 이름을 입력할 수 있습니다.

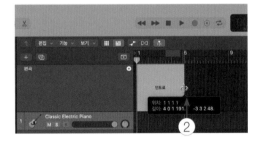

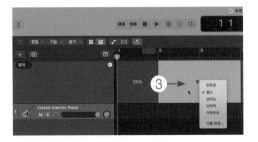

마커 트랙 이름을 클릭하면 열리는 메뉴에서 편곡 마커로 변환을 선택하여 편곡 트랙의 마커로 만들 수 있습니다.

마커 편집

① 편곡 트랙의 마커를 이동하거나 복사하면 해당 구간의 리전이 함께 움직여 곡을 쉽게 구성할 수 있습니다.

② 리전을 그대로 두고, 마커만 편집하고 싶은 경우에는 편곡 트랙 이름을 클릭하여 열리는 메뉴에서 콘텐츠 연결 일시 정지를 선택합니다.

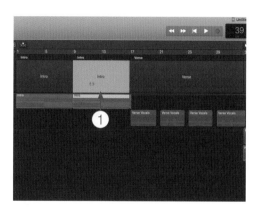

드러머 적용

③ Option+Command+N 키를 눌러 Drummer 트랙을 만들면 편곡 트랙에서 만든 섹션이 그대로 적용된 ④ 연주 트랙을 만들 수 있습니다.

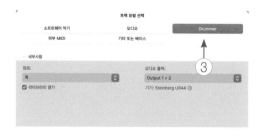
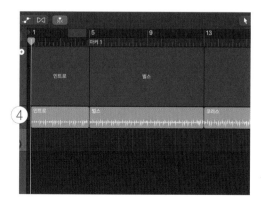

Logic Pro Level Up
조표 및 박자표 트랙

조표와 박자표 변경하기

① 조표와 박자표는 새 프로젝트를 만들 때 결정됩니다. 새 프로젝트 창의 세부사항 버튼을 클릭하면 조표와 박자표 항목을 볼 수 있으며, 기본값은 C Key와 4/4 박자 입니다.

② 조표 및 박자표 트랙을 보면 프로젝트를 만들 때 선택한 조표와 박자를 볼 수 있으며, 마우스 더블 클릭으로 변경 가능합니다.

③ 곡 중간에 변경되는 박자와 조표는 연필 툴로 입력할 수 있으며, 각각 조표와 박자를 입력할 수 있는 박자표 및 조표 창을 엽니다.

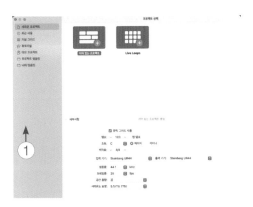

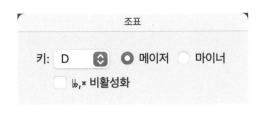

재생헤드 위치에 삽입하기

① 조표 및 박자표 트랙의 생성 버튼을 클릭하면 박자를 변경할 수 있는 박자표가 열리며, 재생헤드 위치에 삽입됩니다.

② 디스플레이 창의 조표 및 박자표에서 선택하여 재생헤드 위치에 조표와 박자표를 삽입하는 방법도 있습니다.

목록 편집기

③ 목록 편집기의 조표 및 박자표 탭에서 생성 버튼을 클릭하여 재생헤드 위치에 박자를 삽입하거나 입력한 박자와 조표를 관리할 수 있습니다.

④ 박자와 조표도 세트로 만들어 사용할 수 있습니다. 방법은 마커와 동일하게 조표 및 박자표 트랙 이름을 클릭하면 열리는 세트 메뉴에서 새로운 세트를 선택하는 것입니다.

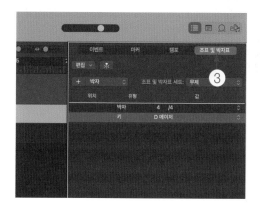

Logic Pro Level Up
트랜스포즈 트랙

샘플 키

① 로직은 자체적으로 루프 샘플을 제공하고 있으며, 루프 버튼을 클릭하여 열 수 있습니다.

② 각 샘플은 키 정보를 가지고 있으며, 조표에서 설정한 키로 모니터 되고, 프로젝트에 가져다 놓았을 때 해당 키로 변경됩니다.

③ 조표에서 설정한 키로 모니터 되지 않는다면 루프 창 아래쪽에 설정 버튼을 클릭하여 메뉴를 열고, 노래 키로 재생이 선택되어 있는지 확인합니다.

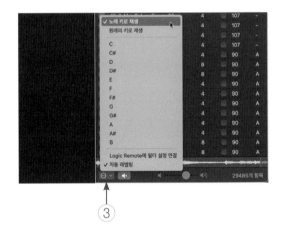

원래의 키로 재생은 샘플 키로 연주하는 것이며, 사용자가 원하는 키를 선택할 수도 있습니다.

키 변경하기

① 이미 가져다 놓은 샘플이나 사용자가 녹음한 미디 및 오디오 이벤트의 키를 변경하고자 한다면 트랜스포즈 트랙에 표시되어 있는 라인을 클릭하여 포인트를 만들고, 위/아래로 드래그하여 조정합 니다. 1의 값은 반음이며, 곡 중간에 키가 바뀌게 할 수 있습니다.

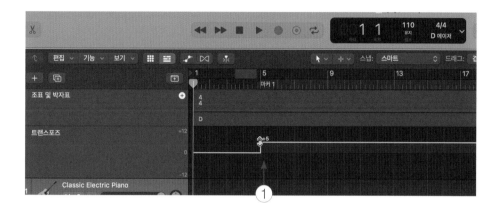

키 변경 방지하기

② 키를 변경할 때 드럼이 연주되고 있는 트랙은 제외를 시켜야 할 것입니다. 인스펙터 창의 트랜스 포즈 없음을 체크하면 해당 트랙의 키는 바뀌지 않습니다.

Logic Pro Level Up

템포 트랙

템포 변경의 주의사항

① 디스플레이 템포 항목에서 템포를 변경해봅니다. 로직에서 제공하는 샘플이나 미디 트랙 외에 사용자가 녹음한 트랙의 오디오는 템포가 변경되지 않는다는 것을 확인할 수 있습니다.

② 이것은 오디오에 플렉스가 적용되어 있지 않기 때문입니다. Command+F 키를 누르거나 프로젝트 툴 바의 Flux 버튼을 클릭합니다.

③ 트랙에 표시되는 Flux 버튼을 On으로 합니다.

④ Mode 항목을 클릭하여 메뉴를 열고, 오디오 특성에 어울리는 모드를 선택합니다. 보컬을 비롯한 솔로 악기라면 Monophonic, 코드를 연주하는 기타나 피아노라면 Polyphonic이 적합합니다.

다시 템포를 변경해보면, 사용자가 녹음한 오디오도 템포가 변경되는 것을 확인할 수 있습니다.

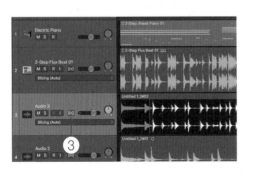

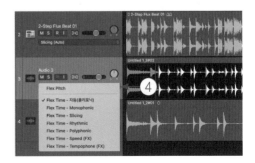

템포 변화

① 점점 느리게와 같이 연속적으로 변하는 템포는 템포 트랙에서 구현할 수 있습니다. 템포 트랙에 보이는 라인을 클릭하여 포인트를 만들고, 위/아래로 드래그하여 원하는 템포 값을 설정합니다.

② 포인트 사이의 핸들을 드래그하면 곡선 타입으로 만들 수 있습니다.

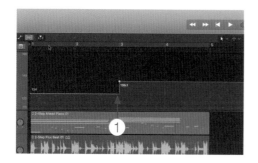 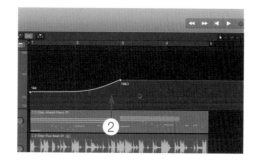

템포 목록

③ 목록 편집기의 템포 탭을 선택하면 템포 트랙에 입력되어 있는 템포 값을 관리할 수 있는 창이 열립니다. 템포 변화가 많은 곡에서 일률적으로 템포를 조정할 필요가 있을 때 유용한 창입니다.

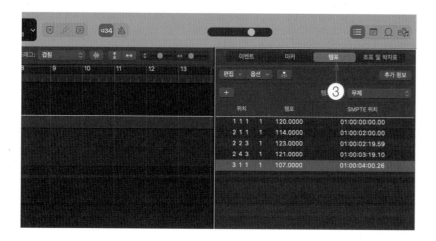

Logic Pro Level Up

비트 매핑 트랙

비트 매핑 트랙은 프리 템포로 연주한 트랙이나 오디오 샘플에 맞춰 음악 작업을 할 때 비트 단위로 정밀하게 템포를 설정할 수 있게 하는 역할을 합니다.

매핑 작업

① 템포를 설정할 리전을 선택하면 해당 이벤트가 비트 매핑 트랙에 표시됩니다.

② 비트 매핑 메뉴에서 트랜지언트 분석을 선택하여 이벤트를 분석합니다.

③ 오디오 파형이 시작되는 위치마다 트랜지언트 라인이 생성됩니다. 스페이스 바 키를 눌러 재생하고, 4박자를 세면서 어떤 트랜지언트가 2마디의 시작인지를 찾습니다.

④ 2마디 룰러 라인의 눈금을 드래그하여 2마디 시작 위치 트랜지언트에 맞춥니다. 비트 단위로도 가능하며, 이 작업을 마디 및 비트 단위로 실시하여 이벤트 전체 템포를 설정하는 것입니다.

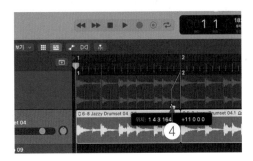

음악 작업

① 비트 매핑 작업이 끝나면 템포 트랙은 자동으로 설정됩니다.

② 루프 브라우저에서 샘플을 가져다 놓으면, 템포 트랙에 설정된 맵핑에 따라 프리 템포로 연주되는 것을 확인할 수 있습니다.

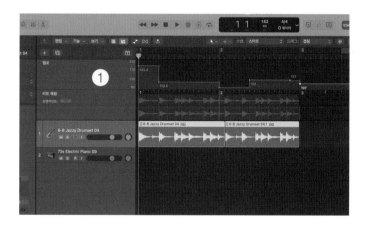

Logic Pro Level Up
동영상 트랙 1

영상 음악 작업을 위한 준비

① 영상 음악 작업을 의뢰 받았다고 가정합니다. 동영상 트랙 메뉴의 동영상 열기를 선택하여 의뢰인이 보내준 영상을 불러옵니다.

② 동영상 열기는 영상 패널을 열 것인지를 선택하는 것이고, 오디오 트랙 추출은 영상의 오디오 파일을 불러올 것인지를 선택하는 것입니다.

③ 프로젝트와 다른 설정의 영상 프레임 파일이라면 변경 여부를 묻는 창이 열립니다. 의뢰 받은 영상의 프레임을 바꾸면 안 될 것이므로 원본 프레임을 선택합니다.

④ 영상 패널의 크기는 마우스 오른쪽 버튼을 클릭하여 단축 메뉴를 열어 0.5, Original, 2X 등을 선택하거나 패널의 경계선을 드래그하여 변경할 수 있습니다.

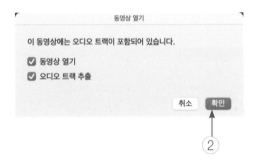

⑤ 영상 패널을 닫으면 인스펙터 창에서 영상을 모니터할 수 있으며, 더블 클릭으로 영상 패널을 다시 열 수 있습니다.

⑥ 영상 음악 작업을 할 때는 디스플레이가 영상 프레임 단위로 표시되게 하는 것이 좋습니다.

⑦ 룰러 라인도 타임 단위로 표시하는 것이 좋습니다. 파일 메뉴의 프로젝트 설정에서 일반을 선택하여 창을 엽니다.

⑧ 뮤직 그리드 사용 옵션을 해제하면 룰러 라인이 타임 단위로 표시됩니다.

⑨ 프로젝트 보기 메뉴의 보조 눈금자를 선택하면 마디 단위를 함께 표시할 수 있습니다.

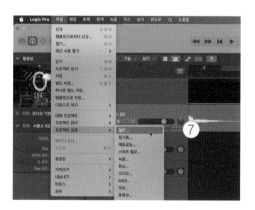

Logic Pro Level Up
동영상 트랙 2

씬 마커 만들기

① 영상 음악 작업은 씬 및 타임 단위로 의뢰를 받게 됩니다. 마커 툴을 이용해서 음악이 삽입될 구간을 선택합니다.

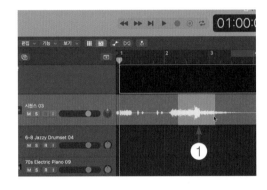

② 동영상 메뉴의 마커 세트에 장면 컷 추가를 선택하면 선택한 구간이 씬 마커로 생성됩니다.

③ 유튜브를 목적으로 자신이 촬영한 영상에 음악을 입힐 때도 미리 구간을 정해놓는 것이 좋습니다. 이 경우에는 영상에 씬 정보가 있을 것이므로, 장면 컷에서 마커 세트 생성을 선택하여 자동으로 만들어지게 하는 방법이 편리합니다.

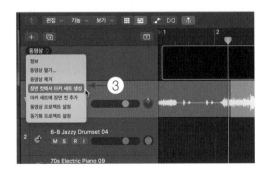

④ 씬 마커를 다시 만들기 위해 삭제할 필요가 있을 때는 탐색 메뉴의 그 외에서 동영상 장면 컷 마커 제거의 모든 씬 마커를 선택합니다.

⑤ 장면 컷에서 마커 세스 생성을 반복하여 만든 마커는 목록 편집기의 마커 탭에서 관리할 수 있습니다. 씬 마커는 L 칼럼에 시계 표시로 구분됩니다.

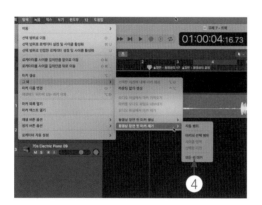

⑥ 마커에 메모가 필요한 경우에는 옵션 메뉴의 표준 마커로 변환를 선택하여 바꿉니다.

⑦ 마커 트랙을 열어보면 일반 마커로 바뀐 씬 마커를 볼 수 있으며, 의뢰 내용을 비롯한 메모들을 할 수 있습니다.

Logic Pro Level Up

험 제거하기

Channel EQ

교류 전원을 사용하는 시스템에서 발생하는 60Hz의 "웅~" 하는 험 잡음(Hum Noise)은 접지가 되어있지 않았거나 조명과 음향 전원을 같은 콘센트에 사용할 때 주파수 간섭으로 인해 발생합니다. 촬영을 할 때 체크를 하면 좋겠지만, 야외 촬영의 경우에는 어쩔 수 없는 경우도 많습니다. 이런 경우 EQ를 이용하여 간단하게 제거할 수 있습니다.

Channel EQ 포인트를 위로 드래그하여 ① 올리고, 휠을 돌려 Q 범위를 최소한으로 줄입니다. 그리고 포인트를 좌/우로 이동하면서 험 잡음이 크게 들리는 위치를 찾습니다. 국내 교류 전원 주파수는 60Hz이지만, 배음이 더 크게 레코딩 되는 경우도 많기 때문에 반드시 모니터를 해봐야 합니다. 잡음을 찾았다면 ② 게인을 낮추어 줍니다. 그리고 High Pass 필터를 ③ 활성화 하고, ④ Slope 를 24dB/Oct로 설정하여 80Hz 이하의 저음역을 차단합니다.

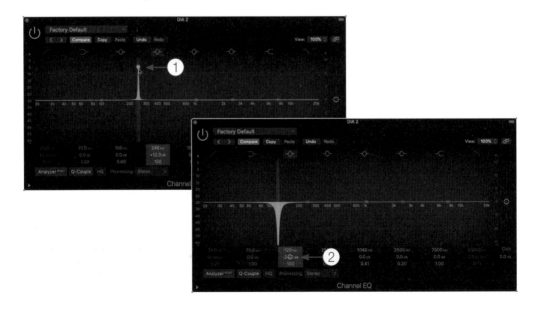

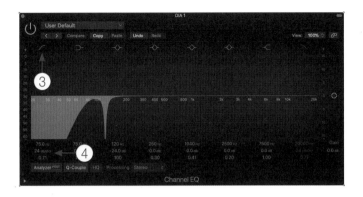

바운싱

리전을 마우스 오른쪽 버튼으로 클릭하여 단축 메뉴를 열고, '바운스 및 결합'의 ① '바운스 후 대치'를 선택합니다. Bounce Regions In Place 창은 기본 옵션 그대로 ② OK 버튼을 클릭하여 닫습니다. 바운싱한 리전을 원본 위치로 ③ 드래그하여 교체하고, 바운싱 트랙은 ④ 백스페이스 키로 삭제합니다. 원본 트랙에 인서트 했던 Channel EQ를 제거하여 완성합니다.

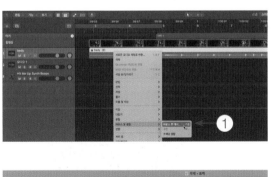

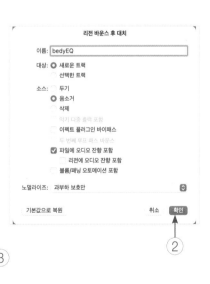

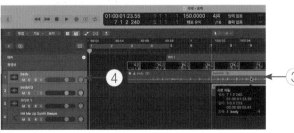

Logic Pro Level Up

주변 잡음 제거하기

iZotope RX

바람 소리와 같은 광대역 잡음은 EQ를 이용해서 제거하기 어렵습니다. 그래서 로직에서 제공하는 플러그-인으로 처리하기 어려운 문제를 해결할 수 있는 별도의 플러그-인을 사용해야 하는데, 포스트 프로덕션에서 가장 많이 사용하는 것이 iZotope사의 RX 입니다.

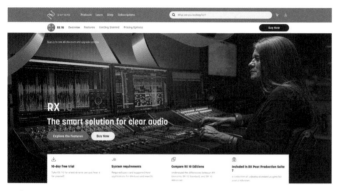

▲ izotope.com

iZotope사의 RX는 영상 사운드를 작업하는 포스트 프로덕션에서는 필수 플러그-인으로 인식되고 있을 만큼 유명하며, 워낙 많은 모듈을 제공하고 있기 때문에 본서에서 모두 다루기는 어렵습니다.

자세한 내용은 〈오디오 콘텐츠 집에서 만들기〉 서적을 참조하기 바라며, 여기서는 백그라운드 잡음을 제거할 수 있는 De-noise에 관해서만 살펴보겠습니다.

De-noise

바람소리나 차량 소음 등, 야외 촬영을 할 때 유입되는 백그라운드 잡음을 간단하게 제거할 수 있는 De-noise는 사용법도 간단하고, 효과도 탁월합니다. 인서트에 De-noise를 장착하고, ① Learn 버튼을 On으로 합니다. 그리고 잡음이 발생하는 구간을 재생하면, 자동으로 제거되는 놀라운 경험을 할 수 있습니다. 참고로 잡음이 너무 크면 음성의 명료도가 떨어질 수 있습니다. 이때는 ② Reduction 값을 조금씩 낮춰보면서 가장 적절한 값을 찾습니다. 이후 해당 리전을 바운싱시켜 원본과 바꾸는 방법은 〈험 제거하기〉에서 살펴본 방법과 동일합니다.

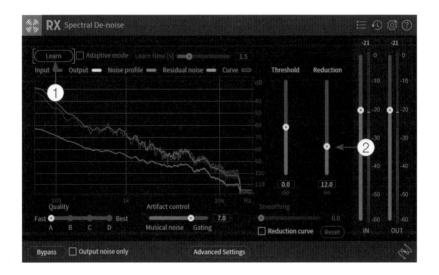

영상 편집자들에게 필수 툴로 사용되고 있는 iZotope사의 RX는 다양한 잡음을 제거할 수 있는 수많은 ③ 모듈을 제공하며, 파이널 컷 또는 프리미어와 같은 영상 편집 툴에서 플러그-인으로 사용할 수 있습니다.

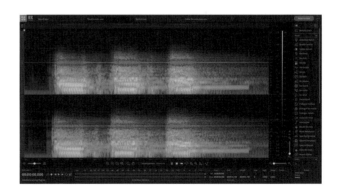

Logic Pro Level Up
효과 사운드 맞추기

프레임 컨트롤 키 설정

영상에 다양한 효과음을 첨부할 때는 프레임 단위로 맞춰야 하는 경우가 많습니다. 로직은 프레임 단위로 움직이는 키가 설정되어 있지 않기 때문에 필요하다면 직접 지정해야 합니다. Logic Pro 메뉴의 '키 명령'에서 ① '할당 편집'을 선택하거나 Option+K 키를 눌러 창을 엽니다. ② 검색 항목에 '프레임'을 입력하면 ③ '1 프레임 뒤로' 및 '1프레임 앞으로' 명령을 찾을 수 있습니다. 각각의 항목을 선택하고, ④ '키 레이블로 학습' 버튼을 클릭합니다. 그리고 원하는 키를 눌러 지정합니다.

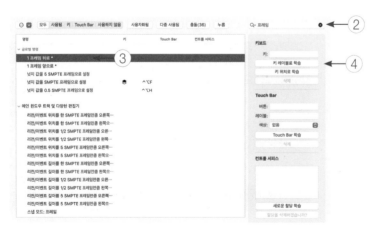

마커 만들기

앞에서 설정한 키를 이용하여 효과음이 삽입될 위치에 재생헤드를 가져다 놓습니다. 그리고 마커 트랙의 ① '생성' 버튼을 클릭하거나 Option+' 키를 눌러 마커를 삽입합니다. 마커 이름은 ② 더블 클릭하여 구분하기 쉬운 이름으로 변경할 수 있습니다.

재생헤드로 이동

Option+, 또는 Option+. 키를 이용하여 재생헤드를 마커 위치로 이동합니다. 그리고 효과음을 삽입한 다음에 툴 바의 ③ '재생헤드로 이동' 버튼을 클릭하면 영상과 일치하는 효과음을 손쉽게 배치할 수 있습니다.

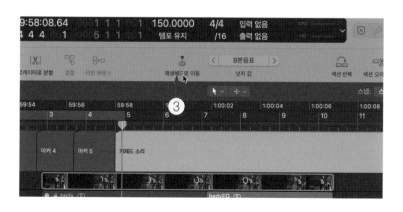

Logic Pro Level Up
전화 음성 만들기

채널 세팅

로직은 다양한 폴리 사운드를 구현할 수 있는 프리셋을 제공합니다. 예를 들어 전화 음성을 만들고자 한다면, 원하는 구간을 잘라 새로운 트랙으로 ① 복사하고, 채널 스트립의 ② '설정' 항목에서 Legacy-Logic-06 Voice-05 Warpad Voices-③ Phone Filter를 선택하는 것만으로 충분합니다.

스페이스 디자이너

Phone Filter 프리셋은 Channel EQ, Ringshift, Compressor, Limiter로 디자인된 사운드입니다. 다만, 과거 아날로그 폰을 구현하고 있기 때문에 요즘 스마트 폰과는 어울리지 않습니다. Ringshift를 Space Designer로 변경합니다. 그리고 프리셋에서 ① Warped Effects-Speakers-Tiny Phone을 선택하고, ② Wet 값을 -20dB 정도로 줄이면 좀 더 자연스러운 폰 사운드를 연출할 수 있습니다. 프리셋이 마음에 든다면 '설정'에서 ③ '채널 스트립 설정을 다음으로 저장'을 선택하여 저장합니다.

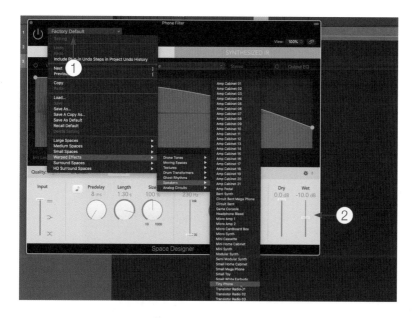

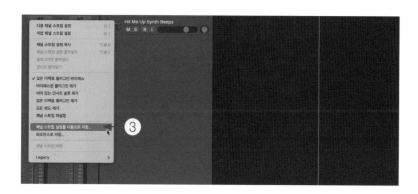

Logic Pro Level Up

템포와 타임

비트 매핑

영상은 타임으로 진행이 되기 때문에 템포는 계산하기 좋게 로직의 기본 설정인 120으로 진행하는 것이 일반적입니다. 하지만, 샘플은 템포에 맞추어 길이가 조정되기 때문에 씬 마다 템포를 변경하여 진행해야 하는 경우도 많습니다. 글로벌 트랙에서 마우스 오른쪽 버튼을 클릭하여 단축 메뉴를 열고, ① '템포'와 '비트 매핑'을 선택하여 각각의 트랙을 엽니다. '비트 매핑' 트랙의 마디를 씬을 구분하고 있는 마커의 시작 및 끝 지점으로 ② 드래그하여 템포를 맞추고, 샘플 작업을 진행하면 씬이 바뀌면서 갑자기 끊기는 아마추어 사운드 작업은 피할 수 있습니다.

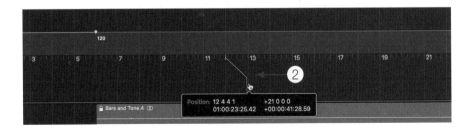

순차적 변화

보통 씬이 바뀔 때 이전 사운드를 페이드 아웃 시켜 자연스럽게 연결되게 하는 경우가 많지만, 강제로 씬에 맞춰야 하는 경우도 있습니다. 이때 많이 사용하는 것이 점점 빠르게와 같은 순차적인 템포 변화입니다. 마커를 선택하고 U 키를 눌러 ① 사이클 구간으로 설정합니다. Edit 메뉴의 Tempo에서 ② Tempo Operation을 선택하여 창을 엽니다. ③ Density 항목에서 템포를 만들 간격을 선택하고, ④ Apply 버튼을 클릭하면 마커에 일치하는 템포 라인이 생성되며, ⑤ 오디오 샘플의 템포 변화 효과를 자동으로 만들 수 있습니다.

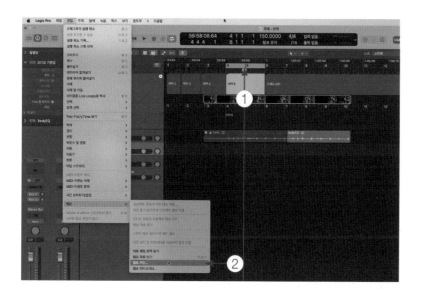

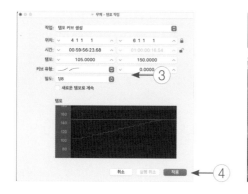

Logic Pro Level Up
영상 편집 툴과의 호환

Bounce

상황에 따라 다르겠지만, 개인 작업이라면 로직에서 음성, 음악, 효과 작업을 모두 진행하게 될 것이
며, 이것을 파이널 컷과 같은 영상 편집 프로그램에서 결합시키고자 한다면 믹서를 열어 각 트랙을
① Sends 항목에서 Bus로 전송합니다. 그리고 Bus 트랙을 ② 솔로로 지정하고, Stereo Out 트랙의
③ Bounce 버튼을 클릭하여 개별적으로 바운싱합니다.

바운싱 파일의 ④ 포맷은 Aiff 또는 Wave를 선택하고, ⑤ Resolution과 Sample Rate는 프로젝트와
동일하게 선택합니다. 그리고 ⑥ Dithering은 None으로 합니다.

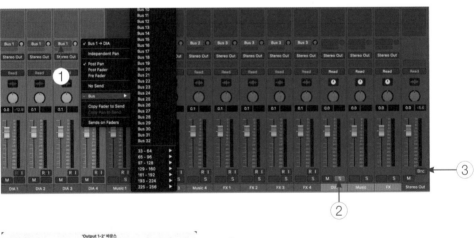

AAF

실무에서는 로직의 트랙 정보를 그대로 영상 편집 프로그램에서 사용할 수 있는 AAF 파일을 많이 사용합니다. '파일' 메뉴의 '내보내기'에서 ① '프로젝트를 AAF 파일로'를 선택하여 창을 열고, ② 저장 위치를 선택합니다. 선택한 폴더에는 AAF 파일과 ③ Audio File 폴더가 생성되며, 영상 편집자에게 해당 폴더를 보내주면 됩니다. 영상 편집자가 사용하고 있는 프로그램이 파이널 컷 프로라는 것을 알고 있는 경우에는 '프로젝트를 Final Cut Pro XML로' 저장해서 보내도 좋습니다.

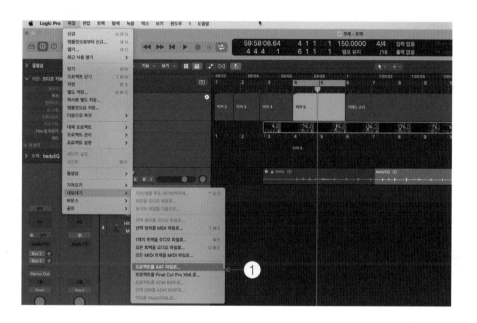

로직 사용 능력을 한 단계 올리는
로직 프로 레벨-업

플렉스 모드

로직에 통합된 Flex Mode을 사용하면 오디오의 길이를 조정하거나 박자를 맞추고, 피치를 조정하는 등, 미디를 다루듯이 오디오를 편집할 수 있습니다. 특히, 로직은 오디오의 손실을 최소화할 수 있는 다양한 알고리즘을 제공하여 최상의 결과를 얻을 수 있도록 하고 있습니다.

Logic Pro Level Up
플렉스 타임

플렉스 타임 사용하기

① 프로젝트 툴 바의 플렉스 보기/가리기 버튼을 클릭하거나 Command+F 키를 눌러 트랙에 플렉스 버튼을 표시합니다.

② 트랙의 플렉스 버튼을 클릭하여 On으로 합니다.

③ 알고리즘은 트랙 소스에 따라 자동 선택됩니다. 멜로디 라인의 경우에는 Monophonic, 코드 연주의 경우에는 Polyphonic, 드럼과 같은 타악기의 경우에는 Slicing으로 선택되지만, 필요에 따라 직접 선택할 수 있습니다.

로직에서 제공하는 알고리즘은 Monophonic, Slicing, Polyphonic 외에 Rhythmic, Speed(FX), Tempophone(FX)가 있으며, 오디오 소스나 사용 목적에 따라 적합한 것을 선택해야 음색 변형을 최소화 할 수 있습니다.

④ 선택한 알고리즘에 따라 오디오가 분석되고, 리전에는 트랜지언트 마커라고 부르는 세로 실선이 표시됩니다.

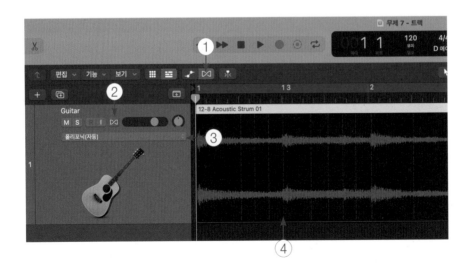

알고리즘의 용도

① Slicing

오디오를 잘라 이동시킬 수 있습니다. 트랜지언트 위치만 바꾸는 것이므로, 음질 변화는 없지만, 공백이 발생하거나 겹칠 수 있습니다. 트랙 파라미터에는 공백을 채우는 갭 채우기, 감쇄 시간을 설정하는 디케이, 길이를 조정하는 슬라이스 길이 옵션을 제공합니다.

② Rhythmic

기타 및 피아노 리듬을 연주하고 있는 소스에 적합하며, 템포에 맞춰 전체 길이를 조정할 수 있습니다. 이때 발생하는 공백이나 겹치는 부분을 처리할 수 있게 반복되는 길이를 설정하는 루프 길이, 감쇄 시간을 설정하는 디케이, 교차 지점을 설정하는 루프 오프셋 옵션을 제공합니다.

③ Monophonic

보컬, 멜로디, 베이스 라인 등의 단선율 소스에 적합하며, 활을 사용하는 현악기나 입으로 부는 관악기 등, 발음 주변에 노이즈가 발생하는 악기를 분석하기 위한 퍼커시브 옵션을 제공합니다.

④ Polyphonic

코드 연주 및 코러스와 같이 다성 연주 트랙에 적합하며, 피치 변조 방지를 위한 복합 옵션을 제공합니다.

⑤ Tempophone

테이프 기반의 타임 스트레칭 장치인 Tempophone을 시뮬레이션 하는 모드로 특유의 기계적인 사운드를 만들어 냅니다. 단위를 설정하는 그레인 사이즈와 각 단위의 연결 타임을 설정하는 크로스페이드 옵션을 제공합니다.

⑥ Speed

오디오 속도를 조정하기 위한 모드로 피치가 함께 변경됩니다. 이로 인해 발생하는 흥미로운 사운드를 만들고자 할 때 유용하며, 오디오 소스에 상관없이 적용 가능합니다.

Logic Pro Level Up
플렉스 타임의 편집

플렉스 마커의 입력

① 리전 상단 위치를 클릭하면 싱글 타입의 플렉스 마커를 삽입할 수 있고, 플렉스 마커를 드래그하여 오디오 타임을 조정할 수 있습니다. 플렉스 마커가 조정되는 간격은 스냅 단위입니다.

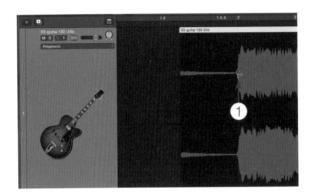

② 리전 하단 위치를 클릭하면 트리플 타입의 플렉스 마커를 삽입할 수 있습니다. 이전/다음 플렉스 마커는 트랜지언트 마커를 기준으로 만들어지며, 전체 오디오 타임이 조정되지 않게 고정하는 역할을 합니다. 이전/다음 위치가 고정되어 있지 않으면, 전체 타임이 조정되므로, 싱글 타입으로 원하는 위치를 고정하거나 트리플 타입으로 트랜지언트를 고정하는 것이 좋습니다.

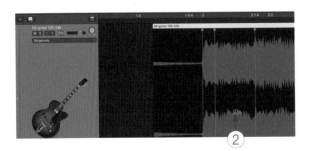

플렉스 마커의 삭제

플렉스 마커는 ① 마우스 더블 클릭 또는 ② 상단의 X 표시를 클릭하여 삭제할 수 있습니다. 여러 개의 플렉스 마커를 삭제할 때는 지우개 툴을 이용하는 것이 편할 수 있습니다.

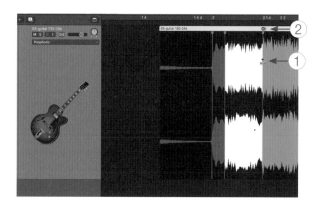

전체 플렉스 마커를 삭제할 때는 Control 키를 누른 상태로 클릭하여 ③ 단축 메뉴를 열고 수동 Flex 편집 재설정 또는 모든 Flex 편집 재설정을 선택합니다. 삽입한 플렉스 마커 또는 전체 플렉스 마커를 삭제할 수 있습니다. 참고로 Flex 마커에서 자르기 또는 트랜지언트 마커에서 자르기를 선택하여 플렉스 마커 또는 트랜지언트 마커 위치를 자를 수 있으며, 오디오의 위치를 변경하여 새로운 리듬을 만들 때 응용할 수 있습니다.

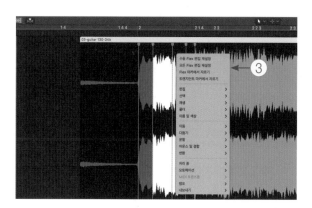

Logic Pro Level Up

오디오 퀀타이즈

트랜지언트 편집

플렉스 모드 오디오는 미디와 동일하게 퀀타이즈를 적용할 수 있습니다. 이때 오디오가 정렬되는 기준은 트랜지언트 마커 입니다. 트랜지언트는 마커는 오디오 파형이 시작되는 부분을 감지하여 자동으로 생성되기 때문에 드럼과 같이 시작점이 명확한 경우에는 트랜지언트가 정확하게 생성되지만, 그렇지 못한 경우도 많습니다. 이때는 자동으로 생성된 트랜지언트를 수동으로 편집을 해야 합니다.

트랜지언트 에디터 모드

① 트랜지언트를 편집하려면 오디오 이벤트를 더블 클릭하여 에디터를 열고, 파일 탭을 선택합니다.
② Control+T 키를 누르거나 툴 바의 트랜지언트 편집 모드 버튼을 클릭하면 트랜지언트를 편집할 수 있는 상태가 됩니다.

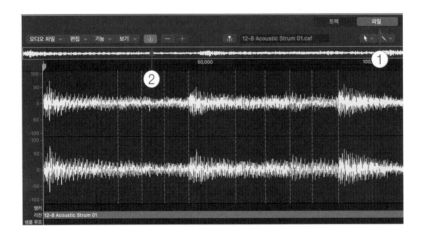

트랜지언트 추가/삭제

① 트랜지언트는 연필 툴을 이용해서 추가할 수 있으며, 화살표 키 상태에서는 Command 키를 눌러 연필 툴 기능을 수행할 수 있습니다.

② 트랜지언트는 지우개 툴로 삭제할 수 있으며, 화살표 키 상태에서는 더블 클릭으로 수행할 수 있습니다. 백스페이스 키를 누르면 전체 트랜지언트가 삭제됩니다.

③ 트랜지언트 편집 모드 오른쪽의 +/- 버튼은 분석된 트랜지언트 마커를 증가시키거나 감소시키는 역할을 하며, 트랜지언트 마커는 마우스 드래그로 위치를 수정할 수 있습니다.

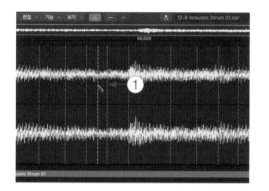 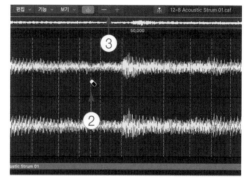

퀀타이즈

④ 리전 파라미터의 퀀타이즈에서 비트를 선택하면 미디 이벤트와 동일하게 오디오를 정렬할 수 있습니다.

Logic Pro Level Up

보컬 더블링

모노포닉 알고리즘

보컬을 여러 트랙으로 녹음한 다음에 각 트랙의 타임을 맞추어 한 번 부른 것처럼 만드는 작업을 더블링이라고 합니다. 시간도 많이 걸리고 지루한 작업이지만, 딜레이를 사용하는 것 보다 효과가 좋기 때문에 많이 사용하는 테크닉이며, 보컬과 같은 단선율은 Monophonic 알고리즘을 사용합니다.

작업 준비

① 보컬 트랙의 플렉스 모드를 Monophonic으로 선택합니다. 일반적으로 자동 선택됩니다.

② 스냅 버튼을 Off 합니다.

③ 더블링 작업 리전의 시작과 끝, 그리고 프레이즈 단위로 플렉스 마커를 만들어 고정합니다.

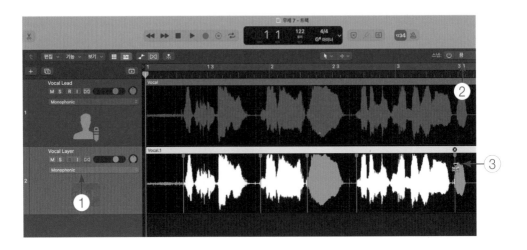

파형 맞추기

④ 보컬은 자동으로 분석된 트랜지언트가 의미 없는 경우가 많기 때문에 파형을 보면서 작업하는 것이 요령입니다. 같은 노래를 부른 것이기 때문에 그리 어려운 작업은 아닙니다.

자동으로 분석된 트랜지언트가 작업에 방해가 된다면, 편집의 마이너스(-) 버튼을 클릭하여 줄입니다.

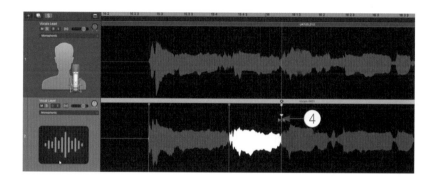

믹스

⑤ 작업이 끝나면 원본 트랙과 어울리게 레벨을 줄입니다.

⑥ 작업자에 따라 팬을 조금 이동시켜 확산시키는 경우도 있습니다.

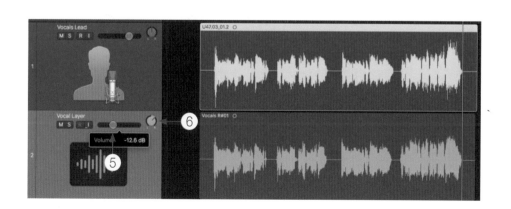

Logic Pro Level Up

리듬 매칭

폴리포닉 알고리즘

모노 기타를 스테레오로 만들 때 가장 흔하게 사용하는 기법이 딜레이 입니다. 하지만, 여건이 된다면 기타를 두 번 녹음하여 좌/우로 벌리고, 리듬을 매칭시키는 것이 훨씬 효과적입니다. 코드로 연주되는 리듬을 분석하는 플렉스 알고리즘은 Polyphonic을 사용합니다.

작업 준비

① 처음 녹음한 것을 Guitar L, 두 번째 녹음한 것을 Guitar R로 지칭하겠습니다. 두 트랙 모두 Polyphonic 모드를 선택합니다. 일반적으로 자동 선택됩니다.

② 타임 조정으로 피치가 변경되는 것을 방지하기 위한 복합 옵션을 체크합니다.

③ Guitar L 트랙의 팬은 왼쪽으로 돌리고, Guitar R 트랙은 오른쪽으로 돌립니다.

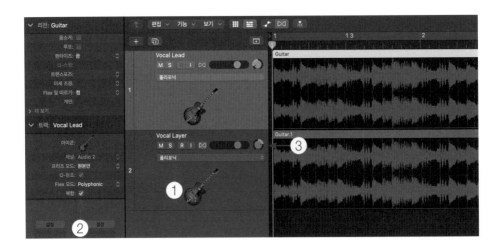

퀀타이즈

④ 두 개의 리전 모두 퀀타이즈를 적용하여 정렬합니다.

⑤ 트랜지언트가 잘못 분석된 부분이 있다면 에디터를 열어 수정합니다.

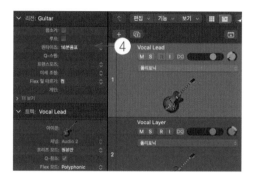
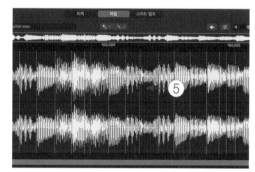

플렉스 마커 편집

퀀타이즈는 두 트랙의 리듬을 빠르게 매칭시킬 수 있지만, 조금 기계적인 느낌이 들 수 있습니다. 이 경우에는 퀀타이즈와 플렉스 편집을 병행합니다.

⑤ 에디터 창에서 빠른 비트로 연주되는 부분을 제외한 나머지 트랜지언트 마커를 지우개 툴로 제거합니다. 그리고 퀀타이즈를 적용하면 빠른 비트로 연주되는 부분만 정렬됩니다.

⑥ 나머지 연주는 프레이즈가 시작되는 위치 정도만 플렉스 마커로 정렬합니다.

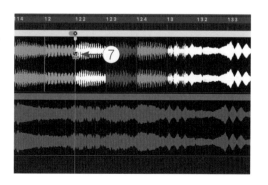

Logic Pro Level Up

템포 매칭

음악 작업을 할 때 외부 오디오 파일을 임포트하여 사용하는 경우가 많습니다. 이때 서로의 템포를 맞추기 위한 알고리즘으로 Rhythmic 또는 Slicing 모드를 주로 사용합니다.

리드믹 알고리즘

① 템포를 매칭할 트랙의 플렉스 모드를 Rhythmic로 선택합니다. 프로젝트 템포에 맞추겠다면 모든 트랙의 플렉스 모드를 활성화 합니다.

② 프로젝트 템포를 조정하면 이벤트의 템포가 함께 변경됩니다.

③ 잘못 분석된 트랜지언트를 수정하고, 퀀타이즈를 적용합니다.

④ 템포가 줄어든 경우에는 루프 길이와 디케이 값을 줄이고, 반대의 경우에는 늘립니다.

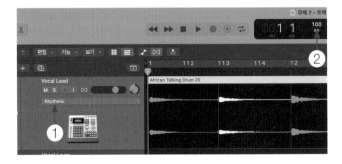

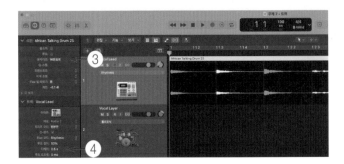

슬라이싱 알고리즘

① 멀티 트랙으로 작업하는 드럼 파트는 타임을 정렬할 때 그룹으로 편집을 해야 리듬이 어긋나는 실수를 피할 수 있습니다. Shift 키를 누른 상태로 드럼 트랙을 모두 선택합니다.

② 인스펙터 채널 스트립의 그룹 항목을 클릭하여 1그룹:(신규)를 선택합니다.

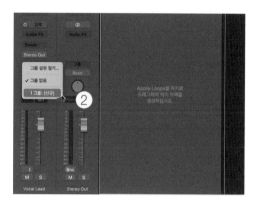

③ 인스펙터 그룹 파라미터 이름 항목에 그룹 트랙을 구분할 수 있는 적당한 이름을 합니다.

④ 설정 파라미터를 열어 편집(선택 범위)과 퀀타이즈 잠김(오디오)옵션을 체크합니다.

⑤ 드럼의 타임을 조정할 때 길이는 편집할 이유가 없으므로, Slicing 모드를 선택합니다.

⑥ 퀀타이즈를 적용하거나 플렉스 마커를 편집하면 그룹 트랙의 모든 리전이 동시에 편집되며, 슬라이싱 모드이기 때문에 음질의 변화가 없습니다.

Logic Pro Level Up

사운드 디자인

피치와 속도 변조

Speed 알로리즘은 길이를 조정할 때 피치가 함께 변조된다는 특징 있습니다. 길이를 절반으로 줄이면 피치가 한 옥타브 높아지고, 두 배로 늘리면 한 옥타브 낮아집니다. 이를 이용하여 다양한 기계적인 사운드를 디자인할 수 있습니다.

Speed (FX) 모드를 적용하여 피치를 변조하고자 할 때는 에디터의 파일 페이지에서 ① 트랜지언트 감소(-) 버튼을 클릭하여 마디 및 비트 단위로 간소화시킵니다.

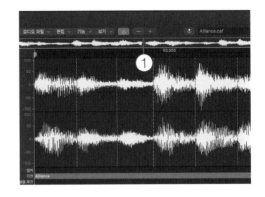

트랜지언트 범위를 기준으로 오디오 파형의 길이 ② 줄이거나 늘려서 피치를 올리거나 내리는 등의 변조 효과를 만들 수 있습니다.

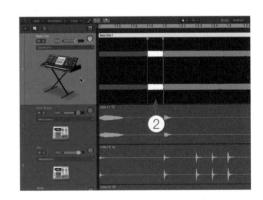

사운드 변조

Tempophone 알로리즘도 사운드를 변조시킬 때 주로 사용되는데, Speed 알고리즘과 다른 점은 오디오를 그레인(Grain) 단위로 잘라서 컨트롤 한다는 것입니다. 오디오의 길이를 조정하면서 발생하는 공백이나 겹치는 부분을 그레인 단위로 잘린 샘플이 채우면서 위상 변위가 발생하게 되고, 독특한 기계음이 생성되는 것을 이용하여 다양한 음향 효과를 연출할 수 있습니다. 마우스 오른쪽 버튼을 클릭하면 열리는 단축 메뉴에서 ① 트랜지언트 마커에서 자르기를 선택하여 리전을 자르고, 길이를 조정하여 얻을 수 있는 사운드 효과를 경험하기 바랍니다.

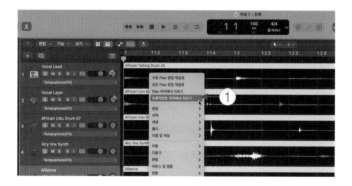

그레인 단위는 트랙 인스펙터 파라미터의 ② 그레인 사이즈에서 항목에서 설정할 수 있습니다. 사운드를 늘리면 공백이 발생하고, 여기서 설정한 그레인 샘플이 반복되어 채우면서 각 그레인이 겹치게 되며, 겹치는 길이는 ③ 크로스페이드로 설정합니다.

Logic Pro Level Up

프로젝트 템포

작업 중인 프로젝트의 오디오 트랙에
① 플렉스 버튼을 모두 On으로 하면,
② 프로젝트 템포를 미디와 동일하게
자유롭게 조정할 수 있습니다.

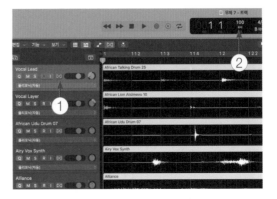

템포 트랙

플렉스가 적용된 오디오 트랙은 ③ 템포 트랙의 변화도 실시간으로 적용
됩니다. 점점 빠르게나 점점 느리게와 같은 템포 변화도 자유롭게 연출할
수 있다는 의미입니다.

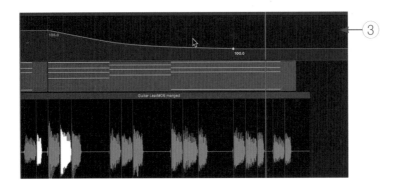

플렉스 팔로우

효과로 사용하는 오디오 리전은 템포 변화에서 제외시킬 필요가 있습니다. 이 경우에는 리전 인스펙트의 ④ Flex 및 따르기 파라미터에서 끔을 선택합니다.

마디 정렬

Flex 및 따르기 파라미터에는 켬과 끔 외에 마디 정렬 및 마디 및 비트 정렬 메뉴가 있습니다. 이는 리전에 ⑤ 마디 및 비트 라인을 표시하여 트랜지언트가 얼마나 벗어나 있는지를 확인할 수 있습니다.

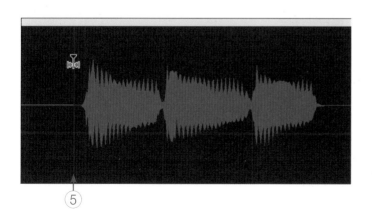

Logic Pro Level Up
플렉스 피치

플렉스 피치 사용하기

플렉스 모드는 박자를 교정하는 목적의 플렉스 타임 외에 음정을 교정하는 역할의 플렉스 피치를 함께 제공하며, 알고리즘 선택 메뉴에서 ① Flex Pitch를 선택하여 사용할 수 있습니다.

Flex Pitch를 선택하면 오디오의 피치가 자동으로 분석되며, 트랙이 작은 경우에는 ② 세로 바 타입으로 표시되고, 큰 경우에는 리전을 더블 클릭했을 때 열리는 에디터 창과 동일한 ③ 가로 바 타입으로 표시됩니다.

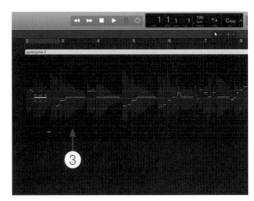

분석된 노트가 세로 바로 표시되는 타입은 가운데 ④ 베이스 라인을 기준으로 ⑤ 위로 올라간 것은
음이 샵되었다는 의미이고, ⑥ 아래로 내려간 것은 플랫되었다는 의미이며, 위/아래 쪽에 표시되어
있는 실선을 드래그하여 피치를 조정할 수 있습니다. 하지만, 여기서 직접 편집하는 경우는 드물고,
피치가 어느 정도 벗어나 있는지를 확인하는 용도입니다.

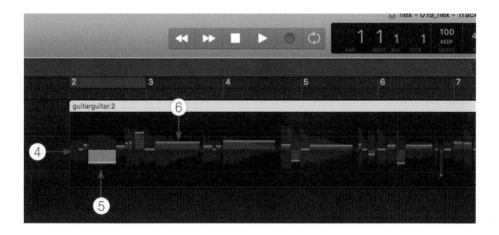

분석된 노트가 가로로 표시되는 타입은 편집 창과 동일하게 ⑦ 가로 바를 위/아래로 드래그하여 피
치를 조정할 수 있지만, 대부분은 리전을 더블 클릭하면 열리는 편집 창에서 작업을 합니다.

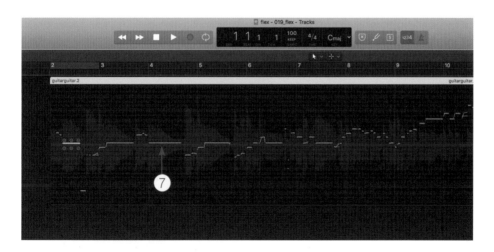

Logic Pro Level Up
피치 편집 준비

Flex Pitch로 분석되는 노트가 정확한 경우는 거의 없습니다. 호흡 소리나 잡음이 노트로 분석되어 있거나 같은 음으로 노래하는 두 음절 이상의 노래가 하나의 노트로 분석되어 있거나 아예 노트로 분석하지 못하는 경우도 있습니다. 그래서 피치 보정의 첫 단계는 분석된 노트를 모니터하여 잘못 분석된 노트를 수정하는 것입니다.

노트 입력

소리가 작거나 프레이즈 시작 위치에서 노래를 분석하지 못하는 경우가 있습니다. 이때는 연필 툴을 이용하여 수동으로 만들어줘야 합니다. 연필 툴로 파형의 끝 부분을 클릭하면 ① 세로 실선이 표시되며, 파형의 시작 부분으로 드래그하여 마우스 버튼을 놓으면, 노트가 생성됩니다.

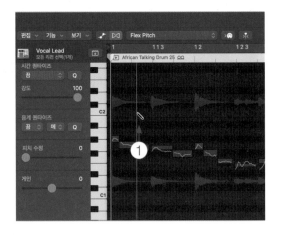

노트 삭제

숨소리나 잡음이 노트로 분석되는 경우가 있습니다. 숨소리는 경우에 따라 피치에 영향을 주지만, 잡음은 제거하는 것이 좋습니다. ② 지우개 툴을 이용하거나 노트를 선택하고 백스페이스 키를 눌러 삭제합니다.

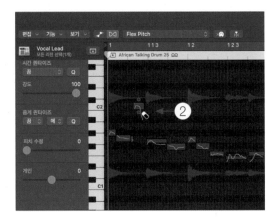

노트 자르기

숨소리와 맞물려 있거나 한 음으로 노래하
는 두 음절 이상의 노래를 하나의 노트로 분
석하는 경우가 있습니다. 노트는 ③ 연필 툴
또는 가위 툴을 이용하여 자를 수 있으며,
두 가지 모두 마우스 버튼을 놓을 때 실선
위치가 잘립니다.

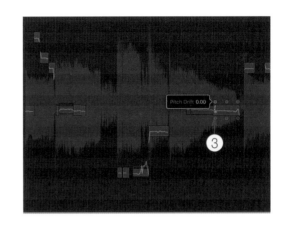

보정 노트 취소하기

Command+Z 키는 바로 전에 작업을 취소하는 것이며, 그 이전의 작업은 노트를 마우스 오른쪽 버
튼으로 클릭하면 열리는 ④ 단축 메뉴를 이용하여 취소할 수 있습니다.

원래의 피치로 설정 : 피치를 보정을 취소합니다.
퍼펙트 피치로 설정 : 피치를 100%로 보정합니다.
피치 커브 재설정 : 드리프트(Drift) 보정을 취소합니다.
모두 재설정: 피치와 드리프트 보정을 모두 취소합니다.

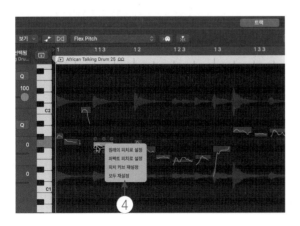

피치를 보정하기 전에 노트를 점검하는
사전 작업이 귀찮을 수 있지만, 작업 결과
를 높일 수 있는 중요한 작업이므로, 꼭
하는 것이 좋습니다.

Logic Pro Level Up
피치 드리프트

Flex Pitch로 분석된 노트는 미디 편집 창의 피아노 롤과 비슷하게 벽돌 모양의 사각 바로 표시되지만, 실제 피치는 가운데 표시되는 실선입니다. 오디오 피치를 원하는 데로 조정하기 위해서는 바 모양의 노트 보다 실선으로 표시되는 실제 피치에 집중해야 하며, 이를 드리프트(Drift)라고 합니다.

드리프트의 이해

그림을 보면 노트는 하나지만, 드리프트는 노트의 ① 시작 지점 아래쪽에서 위로 올라갔다가 ② 끝 부분에서 내려가는 모습을 띄고 있습니다. 즉, 노트는 하나지만 실제 노래는 피치가 올라갔다가 내려가는 벤딩을 하고 있는 것입니다.

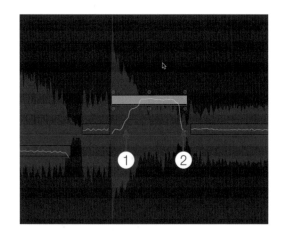

드리프트 편집

노트를 선택하면 6개의 핸들이 주의에 표시되며, ③ 시작과 ④ 끝 위치 상단에 있는 것이 드리프트 라인을 조정하는 역할입니다. 그림과 같이 시작 위치의 핸들을 드래그하여 드리프트를 평평하게 만들면 벤딩이 사라지고 해당 음을 바로 소리내는 창법으로 바꿀 수 있습니다.

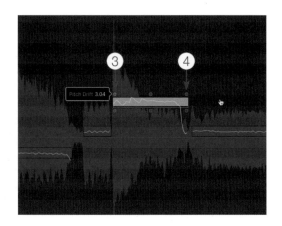

드리프트 편집 요령

드리프트 라인이 반음 이상의 폭을 가진 경우에는 라인을 편집하는 것 보다 노트를 ① 잘라서 각각
의 드리프트를 편집하는 것이 보다 자연스러운 결과를 만들 수 있는 요령입니다.

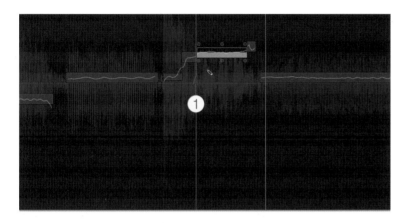

비브라토

노트 주변에 표시되는 6개의 핸들 중에서 ② 가운데 아래쪽에 핸들은 드리프트의 출렁임을 조정합
니다. 즉, 비브라토 폭을 조정하는 것입니다.

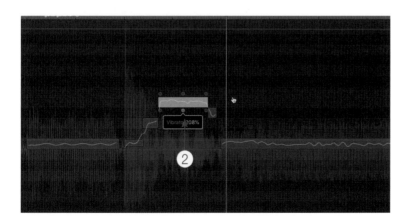

Logic Pro Level Up
피치 보정

Flex Pitch로 분석된 노트 주변에 표시되는 6개의 핸들은 피치 드리프트(Pitch Drift)와 비브라토(Vibrato)를 조정하는 3가지 외에 파인 피치(Fine Picth), 게인(Gain), 포먼트 쉬프트(Format Shift)를 조정할 수 있는 3개의 핸들이 더 있습니다. 이것들에 관해서 살펴보겠습니다.

노트 디스플레이

노트를 자세히 보면, 위/아래 ① 공백이 보이는데, 이것은 해당 노트가 반음 간격의 크로매틱 스케일에서 벗어난 정도를 표시합니다. 노트를 위/아래로 드래그 하면 반음 단위로 보정되며, 빈 공간은 그대로 유지됩니다.

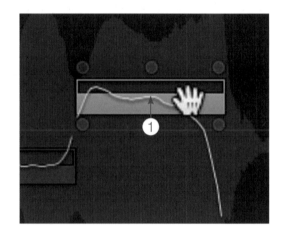

미세 보정

실제 노트를 편집할 때는 반음 단위보다, 미세한 보정이 필요합니다. 노트 위쪽 중앙의 ② 핸들(Fine Pitch)을 드래그하면 피치를 100분의 1 단위로 조정할 수 있습니다.

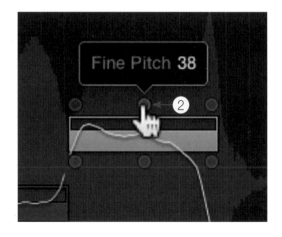

게인 조정

노트의 볼륨을 보정해야 하는 경우도 있습
니다. 노트 아래쪽의 왼쪽 ③ 핸들(Gain)을
드래그 하면 볼륨을 데시벨(dB) 단위로 조정
할 수 있습니다. 이때 주의할 것은 사람의 귀
가 피치마다 인식하는 레벨이 다르기 때문
에 볼륨을 파형의 크기로 판단하지 말고, 모
니터를 하면서 조정해야 합니다.

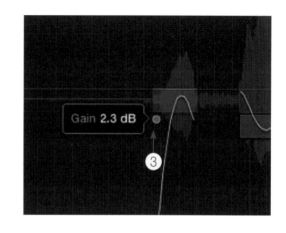

포먼트 조정

포먼트의 사전적 의미는 인간 성대의 음향 공명으로 인한 스펙트럼입니다. 굉장히 어려운 말이지만,
간단히 얘기하면 음성의 톤을 가늘게 또는 굵게 조정하는 것입니다. 예를 들어 피치를 많이 올리면
톤이 가늘어 집니다. 이때 오른쪽 아래에 보이는 ④ 포먼트(Formant Shift) 핸들을 아래쪽으로 드래
그 하여 굵게 만들면 변조된 톤을 어느 정도 완충시킬 수 있는 것입니다. 핸들을 위로 드래그 하면
가늘어지고, 아래로 드래그 하면 굵어집니다. 물론, 음성 변조 효과로 응용 가능합니다.

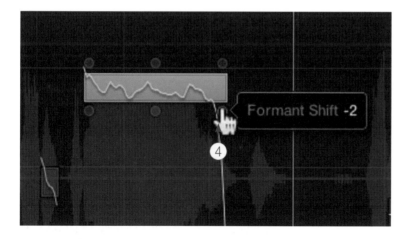

Logic Pro Level Up
피치 인스펙터

에디터 창 왼쪽에는 선택한 노트의 피치를 일률적으로 조정할 수 있는 인스펙터 패널을 제공합니다. Command+A 키를 눌러 모든 노트를 선택하고, 인스펙터의 시간 퀀타이즈, 음계 퀀타이즈, 피치 수정, 게인 파라미터를 컨트롤하여 적용할 수 있습니다.

피치 수정

Command+A 키를 눌러 모든 노트를 선택하고, ① 피치 수정 슬라이드를 조정하여 피치를 보정할 수 있습니다.

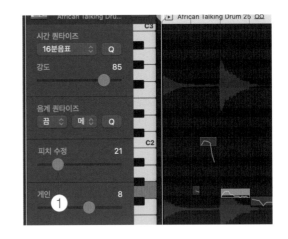

Gain

볼륨도 일률적으로 조정할 수 있습니다. 방법은 피치 수정과 동일하게 Command+A 키를 눌러 모든 노트를 선택하고, ② 게인 슬라이드를 드래그 합니다.

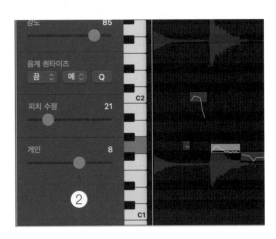

음계 퀀타이즈

인스펙터에는 피치 수정과 게인 외에 노트를 스케일에 맞춰주는 음계 퀀타이즈 파라미터를 제공합니다. 기본적인 메이저와 마이너 스케일 외에도 펜타토닉, 블루스, 모드 스케일 등을 제공하여 다양한 선율 작/편곡에 응용할 수 있습니다. 음계 퀀타이즈 왼쪽 ③ 메뉴에서 키를 선택하고, 오른쪽 ④ 메뉴에서 스케일을 선택한 다음에 ⑤ Q 버튼을 클릭하면 적용됩니다.

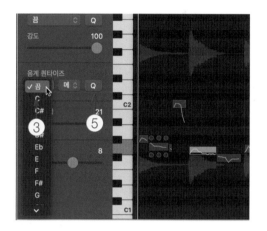
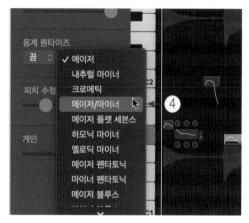

시간 퀀타이즈

시간 퀀타이즈는 리전 퀀타이즈와 마찬가지로 선택한 노트의 시작 타임을 정렬합니다. 다만, 피치나 퀀타이즈는 ⑥ 강도가 80%를 넘지 않게 설정할 것을 권장합니다. 만일, 결과가 마음에 들지 않는다면, 녹음을 다시 하는 것이 좋습니다.

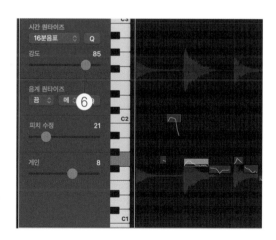

Logic Pro Level Up
코러스 만들기

코러스를 섭외해서 한 번 녹음을 하나 여러 번 녹음을 하나 비용은 동일하기 때문에 굳이 플렉스 피치를 이용해서 코러스를 만드는 경우는 거의 없습니다. 하지만, 간혹 필요한 경우가 있을 수 있고, 다양한 요소로 응용이 가능한 기능이므로 알아 두는 것이 좋습니다.

트랙 복사

한 번 녹음한 소스를 이용해서 코러스를 만들 때의 핵심은 리전을 복사하는 것입니다. 그런데 많은 유저가 로직은 트랙을 복사하는 기능이 없다고 알고 있어서 트랙을 만들고, 리전을 복사합니다. 하지만, 로직도 Option 키를 누른 상태에서 ① 트랙을 드래그 하면 해당 트랙의 리전까지 복사할 수 있습니다.

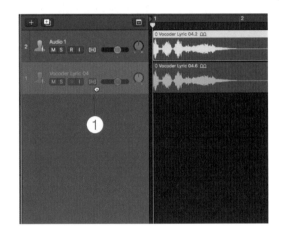

3도 위로 복사

코러스는 3도 위로 쌓는 것이 일반적입니다. ② 음계 퀀타이즈를 작업한 곡의 키로 설정하고, Command+A 키로 모든 노트를 선택한 다음에 ③ 3도 위로 올립니다.

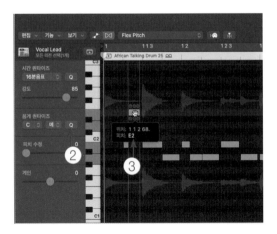

포먼트 조정

한 번의 드래그로 완벽한 하모니를 만들기
는 어렵습니다. 곡을 재생하면서 어긋나는
노트들은 일일이 수정을 해줘야 합니다. 그
리고 Commad+A 키를 눌러 모든 노트를
선택하고, ④ Formant shift 핸들을 아래로
내려 가늘어진 보컬을 굵게 보정합니다.

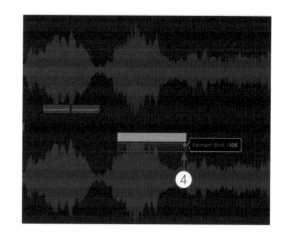

미디 추출

플렉스가 적용된 오디오는 편집 메뉴의 ⑤ Flex Pitch 데이터에서 MIDI 트랙 생성을 선택하여 미디
이벤트로 추출할 수 있습니다. 생성된 미디 트랙은 코러스를 보충할 수 있는 신디사이저 음색을 적
용하거나 보코더 소스로 사용할 때 유용합니다.

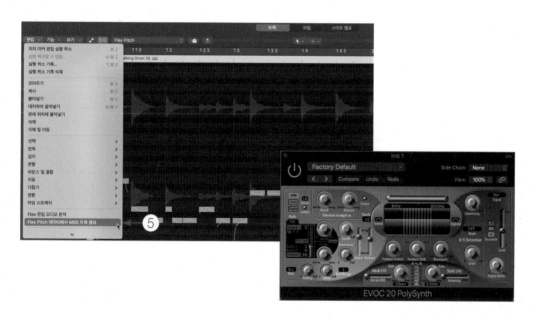

169

로직 사용 능력을 한 단계 올리는
로직 프로 레벨-업

06

사운드 디자인

합합 및 댄스 음악은 샘플 음악이라고 불릴 정도
로 음악 작업에서 샘플을 사용하는 것이 일반화되
었습니다. 간단하게 사운드의 퀄리티를 높일 수 있
고, 창작 작업도 쉬워졌지만, 샘플을 가공하고 변
조시키는 것까지 공부해야 한다는 과제가 추가된
것입니다. 로직은 샘플을 쉽게 편집할 수 있는 다
양한 플러그인들을 제공하는데, 현대 음악을 하겠
다면 반드시 사용할 줄 알아야 합니다.

Logic Pro Level Up

샘플러 - 로딩하기 ①

메뉴로 불러오기

샘플러는 사용자가 녹음했거나 인터넷에서 구매한 오디오 샘플을 악기로 사용할 수 있게 해주는 장치입니다. 즉, 샘플러 사용의 첫 번째 과정은 오디오 파일을 불러와 건반에 할당하는 매핑 작업이며, 다양한 방법이 있습니다.

첫 번째는 Mapping 패널의 Zone 메뉴에서 ① Load Audio Files를 선택하여 사용자 하드에 있는 오디오 파일을 불러오는 방법입니다. 이 경우 ② C1에서부터 개별 노트로 로딩되며, 사용자가 원하는 위치와 범위로 조정할 수 있습니다. 만일, 샘플이 배치될 키와 범위를 미리 지정하고 싶다면 ③ New 메뉴를 이용하여 ④ 존(Zone)을 만드는 것입니다. 존은 C3를 루트로 A3에서 D3범위로 생성되며, 중앙 및 양쪽 끝 부분을 드래그하여 위치나 범위를 조정할 수 있습니다.

수동으로 배치하기

두 번째는 파인더 및 루프 창의 오디오 파일이나 프로젝트의 오디오 리전을 매핑 창으로 직접 ① 드래그하여 가져다 놓는 것으로, 위치와 범위를 지정할 수 있다는 장점이 있습니다. 마우스를 놓기 전에 매핑 창 위쪽으로 이동하면 존이 넓어지고, 아래쪽으로 이동하면 좁아집니다.

자동으로 배치하기

세 번째는 자동 매핑 기능입니다. 오디오 파일을 패널 상단으로 드래그하면 타악기에 적합한 Chromatic 또는 피치 악기에 적합한 Optimized 분석 모드를 선택할 수 있는 ② 옵션이 보입니다. 각각 하나의 존으로 매핑 되는 Zone per File과 분석된 파일 마다 그룹을 만드는 Split at Silence 및 Zone per Note가 있습니다.

샘플러 - 로딩하기 ②

트랙으로 로딩하기

오디오 샘플을 트랙 리스트의 빈 공간으로 드래그하여 샘플러와 함께 로딩하는 방법도 있습니다. 이 때 ① 2개 이상의 샘플을 드래그하면 Sampler 및 Drum Machinge Designer 중에서 선택할 수 있고, ② 1개의 샘플을 드래그하면 Sampler와 Drum Machine Designer 외에 Quick Sampler 또는 Alchemy을 선택할 수 있습니다.

저장하기

사용자가 만든 음색을 다음에 계속 사용하려면 프리셋 메뉴의 ① Save As를 선택하여 저장합니다. 저장한 음색은 프리셋 메뉴에 ② 등록되어 언제든 사용할 수 있습니다. 다른 경로의 파일을 로딩할 때는 Load 메뉴로 불러옵니다. 사용자가 만든 음색을 다른 곳에서 사용하려면 파일과 샘플을 함께 가져가야 합니다. 기본 위치는 C:\사용자\음악\Audio Music Apps의 ③ Sampler Instruments와 ④ Samples 폴더입니다.

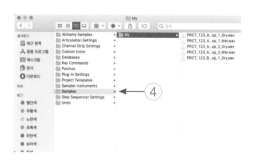

Logic Pro Level Up

샘플러 - 환경설정

샘플 로딩 환경

샘플의 로딩 방법 및 가상 메모리 사용 방법을 사용자 시스템에 어울리게 설정할 수 있습니다. Command+콤마(,) 키를 눌러 설정 창을 열고, ① 오디오 페이지의 ② Sampler 탭을 선택합니다.

● 샘플 저장 공간 : 샘플을 불러올 때의 Bit Depth를 선택합니다. 원본과 32비트(부동소수) 중에서 선택할 수 있습니다. 여기서 알아야 할 것은 로직의 샘플러는 내부적으로 32Bit Float로 처리된다는 것입니다. 오리지널이 16Bit라면 재생할 때 32Bit Float으로 변환되는 것입니다. 그래서 로딩할 때 32Bit Float로 변환되게 설정하면 좀 더 효율적 재생이 가능합니다. 단, 시스템 메모리를 많이 차지한다는 문제가 있으므로, 자신의 시스템에 적절한 옵션을 선택합니다.

● 다음에서 샘플 검색 : 샘플 검색 위치를 지정합니다. 컴퓨터에 연결되어 있는 하드에서 검색하는 로컬 볼륨과 네트워크를 통해 검색할 수 있는 외부 볼륨, 그리고 하드 및 네트워크를 모두 검색하는 모든 볼륨이 있습니다. 공동 작업을 위해 네트워크를 구축한 경우가 아니라면 로컬 볼륨을 선택합니다.

● 루트 키 읽기 : Optimized 모드로 샘플을 로딩할 때의 루트 키를 결정합니다.

 - 파일/분석 : 파일 헤더에 기록되어 있는 루트 키를 찾습니다. 기록된 것이 없으면 샘플을 분석하여 가장 긴 노트를 루트 키로 결정합니다.

- 파일 이름/분석 : 파일 이름에서 루트 키를 찾습니다. 없으면 샘플을 분석합니다.

- 파일 이름만 : 파일 이름에서 루트 키를 찾습니다. 없으면 C3로 결정합니다.

- 파일만 : 파일 헤더에 기록되어 있는 루트 키를 찾습니다. 기록된 것이 없으면 C3로 결정합니다.

- 분석만 : 샘플을 분석하여 가장 긴 노트를 찾습니다. 찾지 못하면 C3로 결정합니다.

● 파일 이름 위치의 루트 키 : 샘플러가 오디오 파일 이름에서 루트 키 찾는 방법을 결정합니다. 자동은 파일 이름에서 숫자와 키를 자동으로 분석하게 하는 것이고, 몇 번째 글자를 루트 키로 분석되게 할 것인지 선택할 수 있습니다.

● 프로젝트 전환 시 공통으로 사용되는 샘플을 메모리에 유지 : 두 프로젝트를 열어놓고 작업할 때 공동으로 사용하는 샘플을 다시 로딩 할 것인지를 결정합니다.

가상 메모리 사용 환경

③ 가상 메모리 탭에서는 디스크의 일부를 메모리로 사용할 때의 방법을 설정합니다.

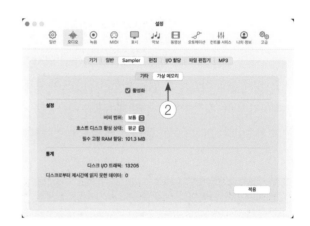

● 활성화 : 가상 메모리의 사용 여부를 On/Off 합니다. 시스템 메모리가 충분한 경우라면 옵션을 해제하여 샘플러의 성능을 향상시킬 수 있지만, 권장하지 않습니다.

● 버퍼 범위 : 샘플 처리에 사용되는 버퍼 크기를 결정합니다.

● 호스트 디스크 활성 상태 : 샘플 기록에 사용되는 디스크의 양을 결정합니다. 평균은 12 트랙을 기준으로 하며, 그 이하면 낮음, 이상이면 높음을 권장하고 있습니다.

● 필수 고정 RAM 할당 : 버퍼 범위 및 호스트 디스크 설정에 필요한 메모리 값을 표시합니다.

● 디스크 I/O 트래픽 : 읽고 쓰기 초과 용량을 표시합니다.

● 디스크로부터 제시간에 읽지 못한 데이터 : 시간내에 읽을 수 없는 파일 수를 표시합니다.

Logic Pro Level Up

샘플러 - 매핑 에디터

루트 키

샘플을 로딩하면 하나의 존으로 매핑 되며, 마우스 드래그로 위치와 범위를 변경할 수 있습니다. 위치에 해당하는 것이 ① Root Key이며, 범위에 해당하는 것이 ② Key to입니다. 가장 좋은 소리를 만드는 조건은 원음에 가까운 위치와 범위를 설정하는 것입니다. 녹음한 사운드가 C3 피아노 음색이라면 C3에서 재생되어야 원음을 낼 수 있으므로, Root Key와 Key to 모두 C3로 설정하는 것이 가장 좋습니다. 하지만, 이렇게 피아노 음색을 만들려면 88개의 샘플이 필요하다는 결론이기 때문에 하나의 샘플로 몇 음을 커버할 수 있게 Key to 범위를 넓히는 것입니다. 음향 전문가들은 하나의 샘플로 2-3음 이상 사용하지 않는 것을 권유하고 있지만, 이것은 원음을 내는 것이 목적일 때의 이론이고, 실제 음악 작업을 할 때는 변조된 사운드가 효과적인 경우가 많습니다. 그러므로 너무 원음에 얽매이지 말고, 직접 건반을 연주해보면서 Key to를 결정합니다. 단, Root Key는 원음에 배치하는 것이 좋습니다. 그래야 어떤 음을 어느 정도 늘렸는지 확인할 수 있습니다.

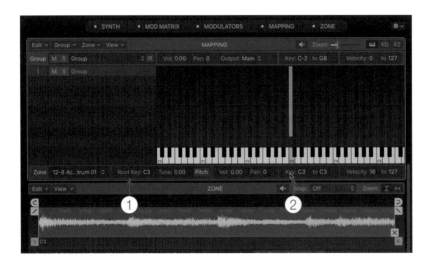

벨로시티

존의 위/아래를 드래그하여 벨로시티 범위를 조정할 수 있습니다. 노트를 약하게 연주할 때와 강하게 연주할 때 서로 다른 소리가 연주되도록 할 수 있는 것입니다. 정확한 값은 ① Velocity to에서 설정합니다. 그 외, 음정을 조정할 수 있는 ② Tune, 볼륨을 조정할 수 있는 ③ Vol, 팬을 조정할 수 있는 ④ Pan 파라미터가 있고, 범위에 따라 자동으로 피치가 적용되게 하는 ⑤ Pitch 버튼을 제공합니다. 드럼과 같은 타악기에서 피치가 적용되지 않게 하려면 버튼을 Off 합니다.

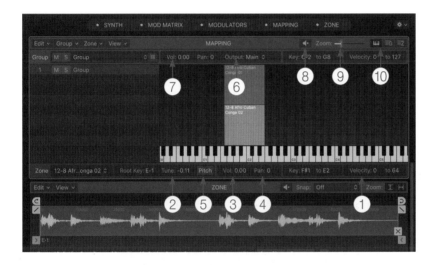

그룹

샘플러는 두 개 이상의 그룹 작업이 가능하며, 각각의 그룹은 채널을 나누어 ⑥ 출력(Output)할 수 있습니다. 총 26채널을 지원하며, 상단 ⑦ Group 파라미터의 Vol, Pan, Key to, Velocity to는 선택한 그룹에 있는 속해있는 모든 존에 영향을 줍니다. 그 외, 메뉴 바에는 선택한 그룹 및 존을 재생하는 ⑧ Preview 버튼, 작업 공간을 확대/축소할 수 있는 ⑨ Zoom 슬라이더, 그리고 키 매핑 에디터, 그룹 및 존 에디터 창을 표시하는 3개의 ⑩ View 버튼을 제공합니다.

Logic Pro Level Up

샘플러 - 그룹 에디터

Playback

그룹 에디터는 메뉴 바의 ① Group 버튼을 선택하여 열 수 있으며, 표시되는 칼럼은 View 메뉴의 ② Visible Group List Columes에서 선택할 수 있습니다. ③ Playback을 선택하여 표시합니다. Playback은 그룹이 재생할 수 있는 보이스 수(Voices)와 클래스(Class)를 할당할 수 있는 ④ Exclusive로 구성되어 있습니다. 동일한 클래스로 설정된 그룹은 한 그룹이 연주될 때 다른 그룹이 비활성화 되게 하는 역할을 합니다. 예를 들어 Open 및 Close Hihat을 단독 그룹에 매핑한 경우라면 Voices를 1로 설정하여 클로스 하이햇이 연주될 때 오픈이 중단되거나 그 반대의 리얼 연주를 구현할 수 있으며, 그룹을 나눈 경우라면 동일한 클래스로 할당합니다.

Round Robin

같은 노트의 클래스 그룹이나 기타의 다운/업 피킹 등, 순차적으로 연주해야 하는 악기를 구현할 때
사용할 수 있는 기능이 Round Robin 입니다. View 메뉴의 Visible Group List Columes에서 선택
하여 열 수 있으며, 칼럼은 기능을 활성화 하는 On 버튼과 순서를 결정하는 Cycle로 구성됩니다.
기능을 ① On으로 하면 연주는 A.1, A2... 순서로 지정됩니다.

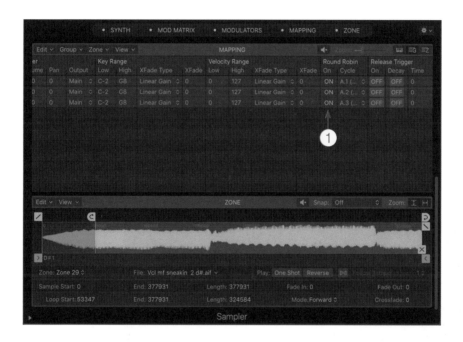

순서를 변경하고자 한다면 Cycle 칼럼을 클릭하여 메뉴를 열
고 선택합니다. Add to end를 선택하면 맨 끝으로 이동됩니
다. Move to new Cycle는 B, C...의 새로운 순서를 만들며,
Remove from Cycle은 기능을 Off 합니다.

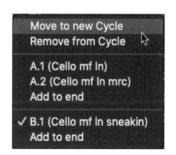

Logic Pro Level Up

샘플러 - 존 에디터

파라미터 및 핸들

Zone 패널은 Mapping 에디터에서 선택한 ① 존을 세부 편집할 수 있는 창입니다. 선택한 존의 오디오 파형을 표시하며, 재생 위치 및 반복 구간을 샘플 단위로 정확하게 확인하고 편집할 수 있는 ② 파라미터를 제공합니다. 각각의 파라미터는 파형에 표시되는 핸들을 드래그하여 편집할 수도 있는데, 상단의 노란색은 ③ Loop Start/End, 흰색은 ④ Fade In/Out을 조정하며, 하단의 파란색은 ⑤ Sample Start/End을 조정하고, X 표시가 있는 핸들은 ⑥ Crossfade 범위를 조정합니다.

핸들을 조정할 때 틱 잡음이 발생하지 않게 하려면 ⑦ Snap 옵션에서 Zero Crossing을 선택합니다. 그 외, 파형의 시작 지점에 맞추는 Transient와 박자에 맞추는 Beat 옵션을 제공하며, ⑧ 스피커 모양의 아이콘은 사운드를 모니터할 수 있게 하고, ⑧ Zoom은 파형을 확대/축소하는 역할을 합니다.

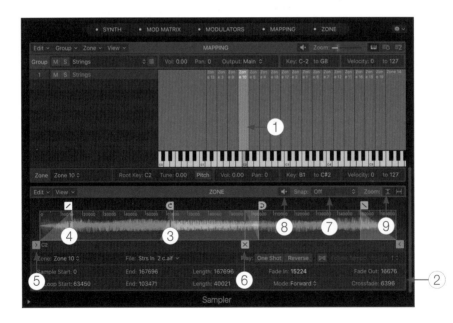

모드와 재생 옵션

샘플의 시작 및 끝 위치(Sample Start/End), 길이(Length), 페이드 인/아웃(Fade In/Out), 루프 시작 및 끝 위치(Loop Start/End), 길이(Length) 외에 ① Mode는 루프 구간의 재생 방향을 결정합니다. 기본적으로 Loop의 Start에서 End로 진행하는 Forward로 선택되어 있는데, 거꾸로 End에서 Start 로 재생되게 하는 Reverse, Forward와 Reverse를 반복하는 Alternate, 루프를 사용하지 않는 No Loop 중에서 선택할 수 있습니다. 그리고 Play to End on Release 옵션을 선택하면 건반을 놓았을 때 릴리즈 구간이 재생되도록 할 수 있습니다.

파라미터 상단의 ② Play는 샘플의 재생 방법을 결정합니다. One Shot은 샘플을 한 번만 재생되게 하는 것으로 드럼과 같은 타악기를 만들 때 자주 사용하며, Reverse는 샘플을 거꾸로 재생되게 하는 것으로 리버스 심벌과 같은 효과를 연출할 수 있습니다.

오디오 샘플은 Root Key에서만 원래의 속도로 재생되고 나머지 노트에서는 빨라지거나 느려집니다. 이것을 방지하고 싶다면 ③ Flex 버튼을 On으로 합니다. Flex 버튼이 On 되면, 샘플의 재생 속도를 프로젝트 템포에 맞출 수 있는 Follow Tempo와 재생 속도를 변경할 수 있는 Speed 파라미터가 활성화 됩니다. Speed는 원래 속도의 2, 4, 8배 또는 1/2, 1/4, 1/8 중에서 선택할 수 있습니다.

Logic Pro Level Up

샘플러 - 신디 파라미터

기본 파라미터

Synth 패널의 기본 파라미터는 음정을 조정할 수 있는 Pitch, 주파수를 차단하는 2개의 Filter, 볼륨과 팬을 조정할 수 있는 Amp 항목으로 구성되어 있습니다. 필터 사용 여부는 On/Off 버튼으로 결정하며, 타입은 Type 메뉴에서 선택합니다.

① Tune : 샘플러의 피치를 반음 단위로 조정합니다.

② Fine : 샘플러의 피치를 1/100 단위로 조정합니다.

③ Filter On/Off : 필터 사용 유무를 결정합니다.

④ Filter Type : 필터 타입을 선택합니다. 로우 패스(LP), 밴드 패스(BP), 하이 패스(HP)를 제공합니다.

⑤ Cutoff : 필터의 차단 주파수를 설정합니다.

⑥ Reso : 차단 주파수 대역의 영역을 증폭하는 레조넌스(Resonance) 입니다.

⑦ Drive : 입력 소스의 고음역을 증가시킵니다.

⑧ Filter Blend : 필터 1과 2를 직렬로 연결할 것인지, 병렬로 연결할 것인지를 선택합니다.
    아래쪽 노브는 각 필터의 적용 비율을 조정합니다.

⑨ Volume : 볼륨을 조정합니다.

⑩ Pan : 팬을 조정합니다.

세부 파라미터

오른쪽 상단의 ① Details 버튼을 클릭하면 좀 더 세부적인 설정이 가능한 세부 파라미터 창을 열 수
있습니다.

② Glide : 음과 음사이를 미끄러지듯 연주하는 글리산도 타임을 설정합니다.

③ Pitch Bend Up/Down : 피치 벤드 업/다운 폭을 설정합니다.

④ Coarse Tune Remote : 키보드로 제어되는 중심 노트를 선택합니다.

⑤ Transpose : 반음 단위로 조옮김 합니다.

⑥ Sample Select Random : 다중 레이어의 샘플이 무작위로 선택되게 합니다.

⑦ Velocity Random : 벨로시티 값이 무작위로 변하게 합니다.

⑧ Amp Velocity Curve : 샘플러가 벨로시티에 반응하는 감도를 설정합니다.

⑨ Velocity Offset : 벨로시티 값을 증/감합니다.

⑩ Ignore Release Velocity : 벨로시티 Off 샘플을 재생합니다.

⑪ Amp Key Scale : 노트 값에 따라 레벨 변조 양을 설정합니다.

⑫ Polyphony : 동시 발음 수를 설정합니다.

⑬ Mode : 샘플러의 반응 방식을 레가토, 모노, 폴리 포닉 중에서 선택합니다.

⑭ Unison : 보이스 수를 설정하거나 끕니다.

⑮ Random Detune : 유니즌이 2 이상인 경우에 각 보이스의 피치를 무작위로 변경되게 합니다.

⑯ Used Voices : 재생중인 보이스 수를 표시합니다.

Logic Pro Level Up

샘플러 - 모듈레이션

엔벨로프

Synth 패널의 기본 파라미터는 음정을 조정할 수 있는 Pitch, 주파수를 차단하는 2개의 Filter, 볼륨과 팬을 조정할 수 있는 Amp 항목으로 구성되어 있습니다. 필터 사용 여부는 On/Off 버튼으로 결정하며, 타입은 Type 메뉴에서 선택합니다.

① Tune : 샘플러의 피치를 반음 단위로 조정합니다.

② Fine : 샘플러의 피치를 1/100 단위로 조정합니다.

③ Filter On/Off : 필터 사용 유무를 결정합니다.

④ Filter Type : 필터 타입을 선택합니다. 로우 패스(LP), 밴드 패스(BP), 하이 패스(HP)를 제공합니다.

⑤ Cutoff : 필터의 차단 주파수를 설정합니다.

⑥ Reso : 차단 주파수 대역의 영역을 증폭하는 레조넌스(Resonance) 입니다.

⑦ Drive : 입력 소스의 고음역을 증가시킵니다.

⑧ Filter Blend : 필터 1과 2를 직렬로 연결할 것인지, 병렬로 연결할 것인지를 선택합니다.
 아래쪽 노브는 각 필터의 적용 비율을 조정합니다.

⑨ Volume : 볼륨을 조정합니다.

⑩ Pan : 팬을 조정합니다.

LFO

오른쪽 상단의 ① Details 버튼을 클릭하면 좀 더 세부적인 설정이 가능한 세부 파라미터 창을 열 수 있습니다.

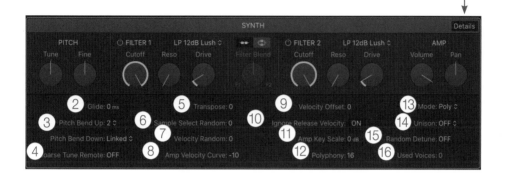

② Glide : 음과 음사이를 미끄러지듯 연주하는 글리산도 타임을 설정합니다.

③ Pitch Bend Up/Down : 피치 벤드 업/다운 폭을 설정합니다.

④ Coarse Tune Remote : 키보드로 제어되는 중심 노트를 선택합니다.

⑤ Transpose : 반음 단위로 조옮김 합니다.

⑥ Sample Select Random : 다중 레이어의 샘플이 무작위로 선택되게 합니다.

⑦ Velocity Random : 벨로시티 값이 무작위로 변하게 합니다.

⑧ Amp Velocity Curve : 샘플러가 벨로시티에 반응하는 감도를 설정합니다.

⑨ Velocity Offset : 벨로시티 값을 증/감합니다.

⑩ Ignore Release Velocity : 벨로시티 Off 샘플을 재생합니다.

⑪ Amp Key Scale : 노트 값에 따라 레벨 변조 양을 설정합니다.

⑫ Polyphony : 동시 발음 수를 설정합니다.

⑬ Mode : 샘플러의 반응 방식을 레가토, 모노, 폴리 포닉 중에서 선택합니다.

⑭ Unison : 보이스 수를 설정하거나 끕니다.

⑮ Random Detune : 유니즌이 2 이상인 경우에 각 보이스의 피치를 무작위로 변경되게 합니다.

⑯ Used Voices : 재생중인 보이스 수를 표시합니다.

Logic Pro Level Up

샘플러 - 모드 매트릭스

소스와 타깃

Mod Matrix는 샘플러 변조의 핵심 패널입니다. 내부 또는 외부의 거의 모든 소스를 사용하여 타깃의 범위와 깊이를 완벽하게 제어할 수 있습니다. 소스와 타깃은 하나의 라인으로 라우팅 되며, 최대 20개까지 추가할 수 있고, 하나의 타깃에 두 개 이상의 소스를 라우팅하거나 하나의 소스로 두 개 이상의 타깃을 컨트롤하는 것도 가능합니다.

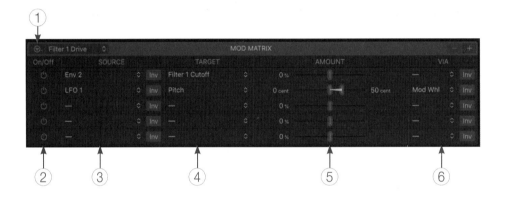

① Filter On/Off : 메뉴에서 선택한 기준과 일치하는 라인만 표시할 수 있습니다.

② On/Off : 변조 기능을 On/Off 합니다.

③ Source : 변조 소스를 선택합니다. Inv 버튼을 On으로 하면 값이 반대로 적용됩니다.

④ Target : 변조 대상을 선택합니다.

⑤ Amount : 변조 양을 설정합니다.

⑥ Via : Amount 값을 제어할 컨트롤러를 선택합니다. Inv 버튼을 On으로 하면 반대로 적용됩니다.

라우팅

모드 매트릭스에서의 연결 방법은 각 항목마다 동일합니다. 어떤 파라미터가 동작되게 할 것인지를 결정하는 타깃(Target), 무엇으로 동작되게 할 것인지를 결정하는 소스(Source), 얼만큼 동작되게 할 것인지를 결정하는 Amount, 그리고 Amount 컨트롤 대상을 결정하는 Via 입니다.

예를 들어 피치가 변조되게 하려면 ① Tartget에서 Pitch를 선택하고, LFO로 피치가 동작되게 할 것이라면 ② Source에서 LFO를 선택합니다. 그리고 ③ Amount에서 50Cent를 설정하면 LFO 파형의 모양대로 피치가 반음 단위로 오르락 내리락 하는 것입니다. 그리고 변조 값을 모듈레이션 휠로 컨트롤 하겠다면 ④ Via에서 Mod Whell을 지정하면 됩니다.

참고로 소스와 타깃은 중복이 가능하며, 최대 20개의 항목을 추가할 수 있기 때문에 사용자가 원하는 변조 효과를 다양하게 연출할 수 있습니다.

Logic Pro Level Up

퀵 샘플러 - ①

샘플 로딩

퀵 샘플러는 앞에서 살펴본 샘플러의 축소 버전으로 보일 수 있지만 실제로는 별도의 독립 샘플러이며, 단일 샘플로 구성된 악기를 빠르게 생성할 수 있습니다.

퀵 샘플러로 오디오 파일 및 리전을 로딩하는 방법은 샘플러와 동일합니다. 파일을 트랙의 ① 빈 공간으로 드래그하여 퀵 샘플러 트랙을 만들거나 퀵 샘플러 ② 디스플레이로 드래그하는 것입니다. 이때 샘플을 원본 그대로 로딩하는 ③ Original과 분석하여 배열하는 ④ Optimized를 선택할 수 있습니다. 일반적으로 드럼 샘플은 Original, 악기 샘플은 Optimized를 사용합니다.

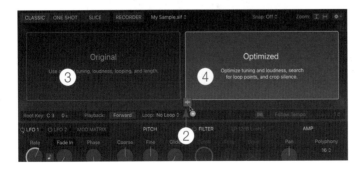

재생 모드 ①

퀵 샘플러는 Classic, One Shot, Slice, 그리고 Recorder의 4가지 재생 모드를 제공합니다.
첫 번째 Classic는 건반을 누르고 있는 동안에만 재생됩니다. 파형에 표시되는 마커와 아래쪽에 위
치한 파라미터의 역할은 다음과 같습니다.

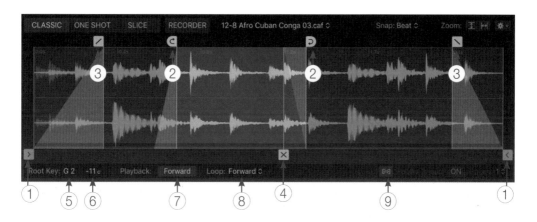

① 시작 및 끝 마커 : 재생이 시작점 및 샘플 길이를 조정합니다.

② 루프 시작과 끝 마커 : 건반을 누르고 있는 동안 반복되는 구간이며, 조정 가능합니다.

③ 페이드 인/아웃 마커 : 시작 및 끝 위치에 페이드 인/아웃 길이를 설정합니다.

④ 크로스페이드 마커 : 루프 시작 밑 끝 위치에 페이드 인/아웃 길이를 설정합니다.

⑤ Root Key : 샘플의 원본이 배치된 노트를 나타내며, 수정 가능합니다.

⑥ Tune : 샘플 음정을 100분의 1 단위로 조정합니다.

⑦ Playback : 순반향으로 재생되는 Forward와 거꾸로 재생되는 Reverse를 선택합니다.

⑧ Loop : ● No Loop : 루프 기능을 사용하지 않습니다.

　　　　　● Forward : 루프 구간이 순방향으로 반복 재생됩니다.

　　　　　● Reverse : 루프 구간이 반복될 때 거꾸로 재생됩니다.

　　　　　● Alternate : Forward와 Reverse 동작을 반복합니다.

　　　　　● Play to End on Release : 건반을 놓으면 루프 끝 지점으로 이동되게 합니다.

⑨ Flex : 플렉스 기능을 On/Off 합니다. On일 경우에 프로젝트 템포에 맞추는 Follow Tempo와
재생 속도를 조정할 수 있는 Speed 파라미터를 사용할 수 있습니다.

Logic Pro Level Up

퀵 샘플러 - ②

재생 모드 ②

두 번째 One Shot 모드는 건반을 누르면 손을 떼어도 전체 구간이 재생됩니다. 디스플레이에는 ① 시작과 끝 마커, ② 페이드 인/아웃 마커를 제공하며, 아래쪽 파라미터는 ③ Root Key, ④ Playback, ⑤ Flex가 있습니다. 역할은 Classic 모드에서와 동일합니다.

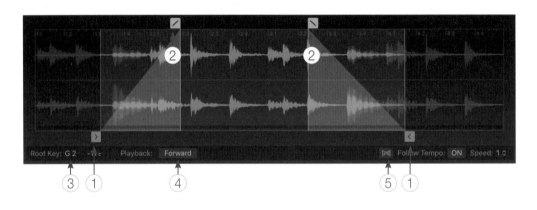

세 번째 Slice 모드는 샘플을 노란색 세로 라인의 ① 슬라이스 마커로 나누어 노트에 할당하며, 건반을 누르면 해당 노트의 구간이 재생됩니다. 슬라이스 마커는 디스플레이 공간을 클릭하여 추가할 수 있고, 드래그로 위치를 조정할 수 있습니다. 삭제할 때는 슬라이스 마커를 더블 클릭하거나 마우스 오른쪽 버튼을 클릭하여 바로 가기 메뉴를 열고, ② Delete Slice Marker를 선택합니다.

파라미터의 역할은 다음과 같습니다.

③ Mode : 슬라이스 마커의 생성 방법을 선택합니다.

● Transient : 파형이 시작되는 위치에 만들며, Sensitivity로 감도를 설정합니다.

● Beat : 비트 값으로 만들며, 단위는 Division으로 설정합니다.

● Equal : 전체 길이를 Slices에서 설정한 값으로 나누어 만듭니다.

● Manual : 사용자가 직접 만들 수 있게 합니다.

④ Start Key : 첫 번째 슬라이스의 노트를 결정하고, 반음 간격의 Chromatic 또는 흰 건반의 White, 검은 건반의 Black으로 매핑할 수 있습니다.

⑤ Gate : 건반을 놓을 때 Pitch, Filter, Amp 릴리즈 설정이 적용되게 합니다.

⑥ Play to End : 연주 노트의 슬라이스 구간을 끝까지 재생되게 합니다.

⑦ Flex : 플렉스 기능을 On/Off 합니다.

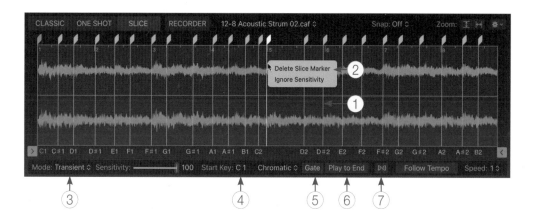

마지막 Recorder 모드는 사용자 연주를 직접 녹음하여 샘플링할 수 있습니다. ① Input 파라미터에서 입력 채널을 선택하고, ② 녹음 버튼을 클릭하면 됩니다. ③ Record Start에서 Wait for signal to pass Threshold를 선택한 경우에는 ④ Level Meter에서 설정한 레벨 이상이 수신될 때 녹음이 시작되게 할 수 있으며, ⑤ Monitor 버튼을 클릭하여 입력 사운드를 모니터할 수 있습니다.

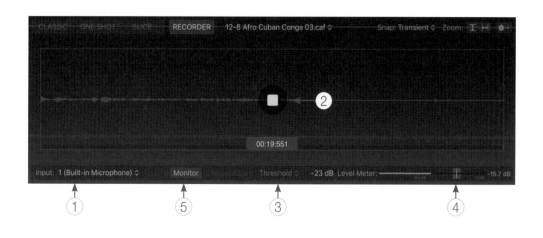

Logic Pro Level Up

드럼 머신 디자이너 - ①

DMD의 이해

Drum Machine Designer(DMD)은 인스트루먼트 슬롯에서 선택하지만 플러그인은 아닙니다. 트랙 스택을 사용하는 트랙 기반의 메타 악기로 ① 메인 트랙과 Quick Sampler가 로딩된 ② 서브 트랙으로 구성됩니다. 즉, 상단의 패드는 각각 개별적인 Quick Sampler 트랙이며, 패드를 선택하면 Quick Sampler와 동일한 ③ 메인(Q-Sampler Main) 화면과 ④ 디테일(Q-Sampler-Detail) 화면을 볼 수 있고, ⑤ Pad Controls과 ⑥ Kit Controls을 제공합니다.

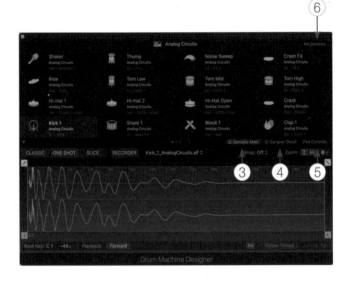

Drum Machine Designer은 패드 컨트롤러로 연주할 수 있습니다. 장치는 4x4 구성이 동일하기 때문에 효율적인 매핑 작업이 가능하고, 좀 더 효과적이고 재미있는 드럼 작업에 도움을 줄 수 있습니다.

Drum Machine Designer는 Quick Sampler에서 마우스 오른쪽 버튼을 클릭하여 단축 메뉴를 열고, ① Create Drum Machine Desinger Track을 선택하여 각 슬라이스 노트별로 구성되는 Drum Machine Desinger 트랙을 바로 만들 수 있습니다.

결국 패드는 각각 Quick Sampler가 로딩되어 있는 서브 트랙이므로, 서드파티 제품을 포함하여 사용자가 원하는 악기로 ② 대체할 수 있으며, 개별적인 이펙트 프로세싱이 가능합니다. Drum Machine Designer가 플러그인이 아니라 여러 대의 Quick Sampler가 묶여있는 Bus1 트랙이라는 것을 이해하고 있어야 사용자만의 드럼 킷을 디자인하거나 자유로운 믹싱이 가능합니다.

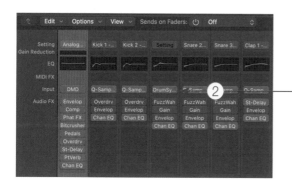

Logic Pro Level Up
드럼 머신 디자이너 - ②

사용자 라이브러리

Drum Machine Designer는 샘플러와 마찬가지고 샘플, 루프, 리전 등을 ① 트랙리스트로 드래그하여 로딩할 수 있으며, 각각의 ② 패드 마다 임포팅할 수 있습니다.

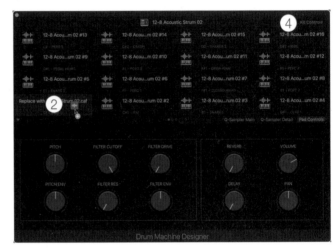

또한 패드를 선택하고 ③ 라이브러리 창을 열면 로직에서 제공하는 샘플을 바로 임포트시킬 수 있습니다.

④ Kit Control을 선택하면 라이브러리는 드럼 킷을 선택할 수 있는 항목으로 표시되어 전체 드럼 킷을 한 번에 변경할 수 있습니다. Drum Machine Designer 라이브러리는 ⑤ Electronic Drum Kit 목록입니다.

⑥

Drum Machine Designer 킷을 만든 경우에는 라이브러리 하단의 ⑥ Save 버튼을 클릭하여 저장할 수 있으며, 언제든 ⑦ User Patches 목록에서 선택하여 사용할 수 있습니다.

Logic Pro Level Up

드럼 머신 디자이너 - ③

Kit Controls

① Kit Controls에는 Drum Machine Designer 전체 사운드를 결정하는 파라미터를 제공합니다. 각 노브 오른쪽에는 기능을 ② On/Off 하는 버튼을 제공합니다.

1. High Tone : 고음역을 증/감합니다.

2. Low Tone : 저음역을 증/감합니다.

3. Drive : 오버 드라이브를 추가하여 따뜻한 음색을 만듭니다.

4. Crush : 비트 레졸루션을 감소시켜 거친 저음을 만듭니다.

5. Compressor : 컴프레서의 양을 조정합니다.

6. Transent : 사운드의 어택 레벨을 조정합니다.

7. Hi Cut Filter : 고음역을 차단합니다.

8. Lo Cut Filter : 저음역을 차단합니다.

9. Phaser : 사운드의 위상을 변조합니다.

10. Spring : 사운드의 타임을 변조합니다.

11. Delay : 딜레이 양을 조정합니다.

12. Reverb : 리버브 양을 조정합니다.

Pad Controls

① Pad Controls에는 선택한 패드의 톤과 타임을 조정할 수 있는 파라미터를 제공합니다. Q-Sampler Main과 Q-Sampler Detail은 Quick Sampler와 동일합니다.

1. Pitch : 음정을 조정합니다.

2. Envelope : 엔벨로프를 변조합니다.

3. Sub : 사인파 신호를 추가합니다.

4. Distortion : 디스토션을 추가하여 강렬한 음색을 만듭니다.

5. Body : 중음역을 증/감합니다.

6. Presence : 어택을 증/감합니다.

Logic Pro Level Up

오토 샘플러

하드웨어 악기 사용하기

하드웨어 악기 연주를 위한 External MIDI 트랙의 데이터는 반드시 오디오로 녹음을 해야 오디오 파일로 만들 수 있습니다. 트랙이 많으면 이 작업도 상당한 시간을 필요로 합니다. 로직에는 사용자가 가지고 있는 하드웨어 악기의 음색을 소프트웨어 악기로 바꾸어 사용할 수 있게 해주는 Auto Sampler 플러그인을 제공합니다. 이제 더 이상 하드웨어 악기의 연주를 녹음할 필요도 없고, 친구가 가지고 있는 몇 백만원짜리 악기도 마음만 먹으면 그대로 샘플링하여 사용할 수 있습니다.

External MIDI 트랙을 만들 때 ① Usae External Instrument plug-in 옵션을 체크하고, 하드웨어 악기의 라인 아웃이 연결되어 있는 오디오 인터페이스의 ② Audio Input을 선택합니다. Software Instrument 또는 External MIDI 트랙의 Instrument 슬롯에서 External Instrument를 로딩하여 ③ Input을 선택해도 좋습니다.

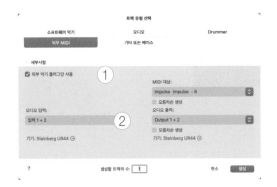

이펙트 슬롯에서 Auto Sampler를 로딩하고, ① Sample 버튼을 클릭합니다. ② 악기 이름을 입력하고 ③ Start 버튼을 클릭하면 기본적으로 할당되어 있는 C1-B5 범위(Range Start/End)에서 6 semi 간격의 C와 F# 노트(Sample Every)에 10초 길이(Sustain)의 샘플링 작업이 자동으로 진행됩니다.

샘플링 작업이 완료되면 샘플러(Sampler)의 프리셋 메뉴에 Auto Sampled 목록이 등록되고, 저장한 악기 이름을 선택하여 사용할 수 있습니다. 이제 더 이상 미디를 오디오로 녹음할 필요도 없고, 하드웨어 악기를 들고 다닐 필요도 없게 된 것입니다.

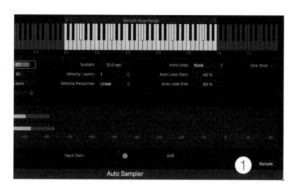

- Range Start/End : 노트의 범위를 설정합니다. 건반 그림 상단의 Sample Note Range 바의 좌/우 핸들을 드래그하여 조정할 수도 있습니다.
- Sample Every : 샘플링 할 노트의 간격을 조정합니다.
- Round Robin : 각 샘플이 녹음되는 횟 수를 선택합니다.
- Sustain : 샘플링 타임을 설정합니다.
- Velocity Layers : 벨로시티 간격을 최대 16단계로 구분할 수 있습니다.
- Velocity Response : 벨로시티 응압 곡선을 선택합니다. 선택한 곡선은 편집 가능합니다.
- Auto Loop : 루프 구간을 만듭니다.
- Auto Loop Start/End : 루프 구간을 만들 때의 범위를 퍼센트 단위로 설정합니다.
- One Shot : 반복 없는 원 샷 노트로 샘플링합니다.
- Input Gain : 샘플링 레벨을 조정합니다.

로직 사용 능력을 한 단계 올리는
로직 프로 레벨-업

07

라이브 루프

EMD이나 Hip-Hop 등의 루프 음악을 하는 사람
들은 큐베이스나 로직보다 루프를 다루기 편리한
에이블톤 라이브를 많이 사용하고 있고, 최근에
유행하는 음악이다 보니 사용자 층이 급증하고 있
습니다. 당연히 로직에서 이러한 사용자 층을 놓
치고 싶지 않았을 것이며, 버전 10.5에서부터 에
이블톤 라이브와 같은 방식으로 음악을 제작할 수
있는 Live Loops와 Step Sequencer 및 Remix
FX와 같은 디제잉 기능이 추가되었습니다.

Logic Pro Level Up

라이브 루프 그리드

시작하기

① '파일' 메뉴의 '템플릿으로부터 신규'를 선택하여 창을 엽니다.

② 목록에서 '기본 그리드'를 선택하고, 로직에서 제공하는 ③ 템플릿을 더블 클릭하여 엽니다. 다양한 샘플이 셀 타입으로 배치되어 있는 라이브 루프 그리드(Live Loops Grid) 창이 열립니다. 컨트롤 바에는 ④ 라이브 루프 그리드 창과 ⑤ 트랙 뷰 창을 열거나 닫을 수 있는 버튼을 제공합니다. 두 창은 하나로 동작하며 트랙 뷰의 8마디가 ⑥ 사이클로 지정되어 있습니다.

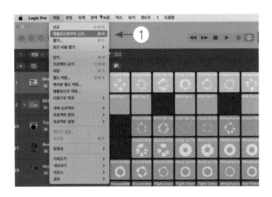

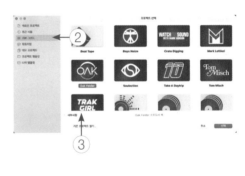

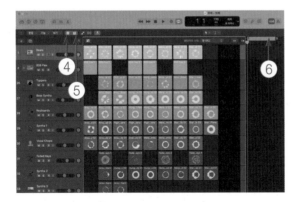

Option+V : 라이브 루프와 트랙 뷰 전환

Option+B : 라이브 루프와 트랙 뷰 열기

Option+L : 라이브 루프 열기

확대/축소

라이브 루프 그리드 창을 확대/축소하는 단축키는 트랙 뷰와 동일합니다.

Command+왼쪽/오른쪽 방향키 : 가로 확대/축소
Command+위/아래 방향키 : 세로 확대/축소
Z : 전체 화면에 맞춤

트랙과 씬

각 셀은 마우스 클릭으로 재생/정지할 수 있으며, 가로 트랙은 하나의 셀만 재생 가능합니다.

즉, ① A 셀이 재생 중일 때 같은 트랙의 ② B 셀을 클릭하여 재생하면 A 셀은 정지됩니다.

세로 셀은 씬(Scean)이라고 하며, 동시 재생이 가능합니다. 아래쪽의 ③ 트리거(Trigger) 버튼을 클릭하거나 방향키로 선택 후 return 키를 누르면 해당 씬의 모든 셀들이 동시에 재생됩니다.

정지할 때는 스페이스 바 키를 누릅니다. 이 때 재생되던 셀들은 깜빡이며 위치가 유지되고, 다시 스페이스 바 키를 누르면 멈추었던 위치에서 재생이 시작됩니다.

모든 셀을 완전히 정지하고 싶은 경우에는 command+return 키를 누릅니다.

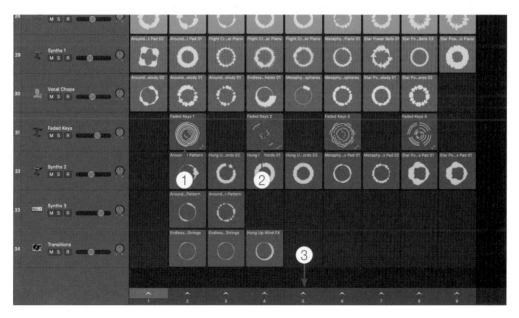

Logic Pro Level Up
셀의 구성 - ①

퀀타이즈 스타트

① '퀀타이즈 시작'는 씬이나 셀의 재생 시작 타임을 제어합니다. 예를 들어 '한 마디'가 선택되어 있고, ② 2번 씬을 재생하고 있는 상태에서 ③ 3번 씬을 트리거 하면, 3번 씬이 바로 재생되는 것이 아니라 2번 씬의 한 마디 연주가 끝난 다음에 3번 씬으로 넘어가는 것입니다. 이는 씬이나 셀을 이동할 때 마디 및 비트를 맞추기 위한 기능입니다. 퍼포먼스 연주를 위해 패드를 누르는 순간 바로 재생되게 하려면 '퀀타이즈 시작'을 '끔'으로 선택합니다.

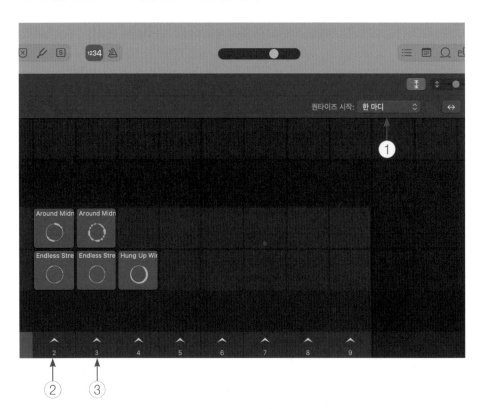

임포트 셀

① 루프 브라우저에서 샘플을 드래그하여 사용자만의 셀을 만들 수 있고, ② 유형 버튼에서 원하는 루프 샘플만 표시할 수 있습니다. 샘플을 빈 공간으로 드래그하면 자동으로 트랙이 생성되며, 사용자가 가지고 있는 샘플은 ③ Finder에서 드래그하여 가져다 놓을 수 있습니다.

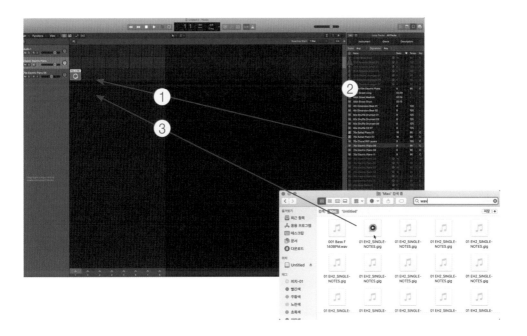

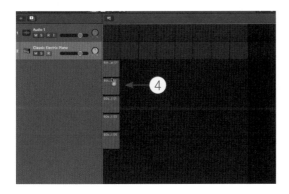

여러 개의 샘플을 동시에 가져올 때는 기본적으로 가로 배열의 트랙으로 배치되지만, Shift 키를 누르면 ④세로 배열의 씬으로 배치할 수 있습니다.

Logic Pro Level Up

셀의 구성 - ②

레코딩 셀

셀은 사용자 연주를 녹음하여 만드는 것도 가능합니다. 비어 있는 셀의 ① 레코딩 버튼을 클릭하여
녹음합니다. 이때 트랙의 ② 레코딩 활성 버튼이 On으로 되어 있어야 하며, 그렇지 않은 트랙의 셀
은 정지 버튼으로 동작합니다.

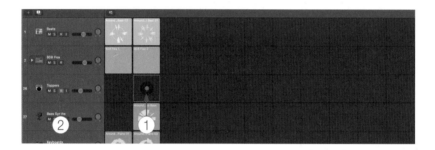

셀 편집

미디 셀을 더블 클릭하면 이벤트를 편집
할 수 있는 ③ 피아노 롤이 열립니다.

셀의 키

키가 다른 오디오 샘플은 인스펙터 창의
④ '트랜스포즈'로 조정합니다.

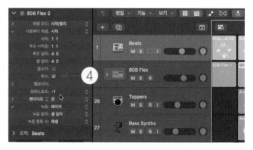

패턴으로 만들기

미디 트랙은 패턴 기능을 이용하여 셀을 만들 수 있습니다. 셀에서 마우스 오른쪽 버튼을 클릭하여 단축 메뉴를 열고, ① '패턴 셀 생성'을 선택하면 아래쪽에 에디터가 열립니다.
툴 바에서 ② 패턴 브라우저 버튼을 클릭하여 창을 열고, ③ 패턴을 선택하면 로직에서 제공하는 Bass, Drums, Melodic 패턴을 선택할 수 있습니다.

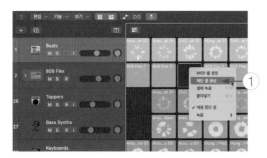

셀 복제

셀은 Option 키를 누른 상태로 드래그하여 원하는 위치로 복사하거나 Command +R 키를 눌러 ④ 복제 할 수 있습니다.

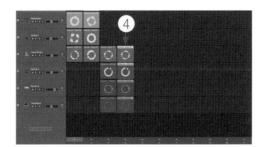

셀 뮤트

백스페이스 키를 눌러 삭제하거나 Control+M 키를 눌러 ⑤ 뮤트시킬 수 있습니다.
그냥 M 키를 누르면 트랙이 뮤트 됩니다.

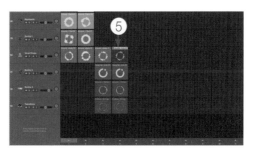

Logic Pro Level Up

씬의 구성

씬의 이름

셀은 오디오 및 미디 루프를 모두 사용할 수 있습니다. 단, 가로로 배치되는 셀은 트랙이기 때문에 씬이 달라도 모두 같은 채널입니다. 즉, 미디 트랙의 경우에는 셀 마다 악기를 다르게 설정할 수 없다는 의미이기 때문에 처음부터 셀을 배치할 때 Intro, Verse, Chours 등의 테마별로 씬을 구성하는 것이 좋습니다. 씬의 이름은 ① 번호를 더블 클릭하여 변경할 수 있습니다.

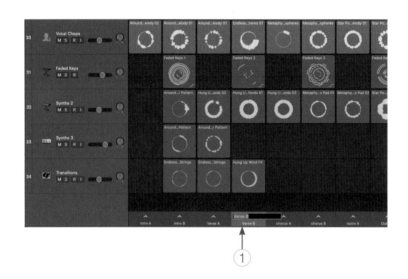

①

루프 끄기

Breakdown이나 Outro를 연주하는 씬의 경우에는 샘플을 반복시키면 안 될 것이므로, 인스펙터 창의 ② '루프' 옵션을 해제합니다.

퍼포먼스 레코딩

씬을 테마별로 구성한 다음에는 ① 퍼포먼스 레코딩 버튼을 On으로 하고, R 키를 눌러 씬 연주를 레코딩합니다. 레코딩이 끝나면 퍼포먼스 레코딩 버튼을 Off하고, ② 트랙 액티브 버튼을 클릭하여 트랙 뷰를 활성화 하여 곡을 완성합니다.

실제로 EDM이나 HIP HOP 음악을 하는 사람들이 곡을 만들 때 가장 많이 사용하는 방법이며, 이를 위해 Ableton Live를 선택하는 경우도 있는데, 로직에서도 같은 작업을 진행할 수 있습니다.

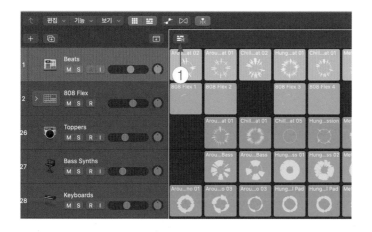

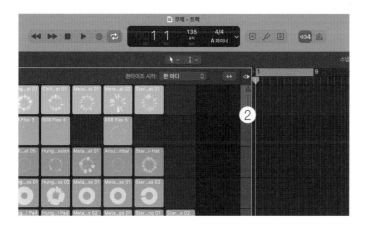

Logic Pro Level Up

재생 옵션 - ①

퀀타이즈 옵션

'퀀타이즈 시작'은 셀 및 씬이 연주되는 간격을 설정한다고 했습니다. 하지만, 연주를 하다 보면 짧게 반복되는 빌드 업을 비롯하여 퀀타이즈와 상관없이 연주해야 하는 세션이 필요합니다.

씬을 마우스 오른쪽 버튼으로 클릭하면 해당 씬에만 적용할 수 있는 ① Quantize Start 옵션 메뉴를 볼 수 있습니다. 기본적으로 툴 바의 퀀타이즈 값을 따르는 '글로벌'로 선택되어 있으며, 해당 씬만 다른 퀀타이즈를 적용할 수 있습니다.

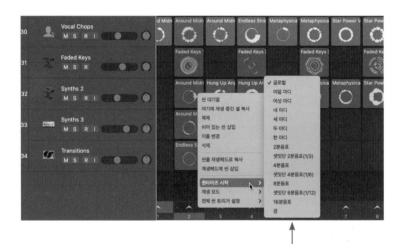

스마트 픽업

툴 바의 '퀀타이즈 시작'에서 ② '스마트 픽업' 을 체크하면 씬마다 다른 퀀타이즈를 사용할 때 비트가 어긋나는 것을 방지합니다.

플레이 모드

씬 또는 셀에서 마우스 오른쪽 버튼을 클릭하면 재생 방법을 결정할 수 있는 ① '재생 모드' 메뉴를 볼 수 있습니다.

시작/정지 : 클릭할 때마다 재생/정지를 수행 (셀의 기본 모드)

일시적 : 누르고 있는 동안에만 재생되고 놓으면 정지됨(퀀타이즈 1/4 Note에서 동작)

리트리거 : 클릭할 때마다 처음부터 재생 (씬 기본 모드)

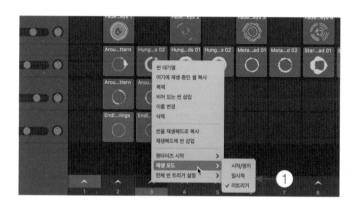

플레이 포지션

씬은 '재생 모드' 외에 재생 위치를 설정할 수 있는 4가지 ② '다음부터 재생' 옵션을 제공합니다.

시작 : 시작 위치에서 재생

정지 위치 : 정지한 위치에서 재생

연주 중인 셀 위치 :

이전 셀 연주 위치에서 재생

재생헤드 위치 :

트랙 뷰의 플레이헤드 라인 위치에서 재생

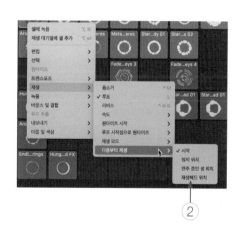

Logic Pro Level Up

재생 옵션 - ②

재생 방향

리버스 심벌 효과와 같이 거꾸로 재생되게 하고 싶은 셀은 단축 메뉴의 ① '리버스'를 선택합니다. 로직 루프가 아닌 경우에는 '리버스' 메뉴를 사용할 수 없는데, 이때는 해당 셀을 트랙 뷰로 드래그하여 가져다 놓고, 리전 인스펙터의 ② '리버스'를 적용한 다음에 Control+B 키를 눌러 ③ 바운싱하여 새로운 샘플을 만들어 사용합니다.

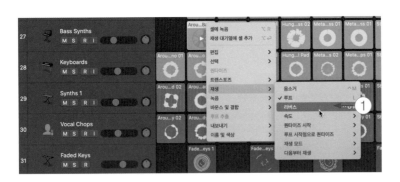

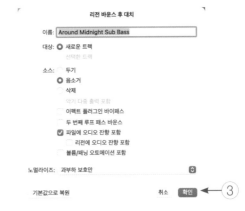

07 로직 프로 레벨-업 라이브 루프

재생 템포

샘플에 따라 템포가 두 배 느리거나 빠른 경우가 있습니다.
재생 속도를 조절하려면 단축 메뉴의 ① '속도'에서 선택합니다.

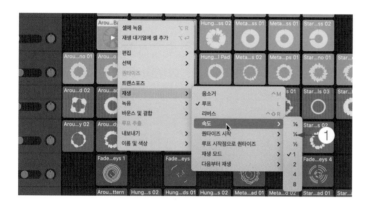

재생 길이

샘플을 한 박자나 절반 길이로 줄여서 재생
하고 싶을 때는 인스펙터의 ② '셀 길이'에
서 마디, 박자 단위로 설정합니다.

시작 위치

샘플의 시작 위치나 반복 위치를 변경하고
싶을 때는 인스펙터의 '시작' 또는 ③ '루프
시작점'에서 설정합니다.

Logic Pro Level Up

런치패드 사용하기 - ①

디바이스 설정

한 때 DJ들의 화려한 퍼포먼스로 인터넷을 뜨겁게 달구었던 Ableton Live 컨트롤러 중 하나인 런치패드를 로직에 라이브 루프 기능이 추가되면서 동일하게 사용할 수 있게 되었습니다. 런치패드는 USB 포트에 연결하면 자동으로 인식되며, '컨트롤 서피스 설정' 창이 열립니다. 자동으로 열리지 않는다면 Logic Pro 메뉴의 '컨트롤 서피스'에서 ① '설정'을 선택하여 수동으로 엽니다.

로직은 에이블톤 라이브와는 다르게 씬 버튼이 아래쪽에 있기 때문에 ② Device Rotaion 항목에서 90° Right로 변경하고, 런치패드 역시 오른쪽으로 90도 돌려서 사용합니다.

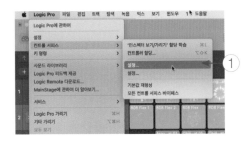

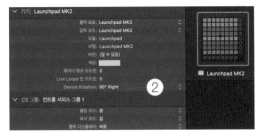

세션 모드

런치패드의 ③ Session 버튼을 선택하면 샘플이 배치되어 있는 패드에 불이 들어오고, 패드를 눌러 재생/정지시킬 수 있습니다. 씬은 아래쪽의 ④ 버튼으로 연주합니다.

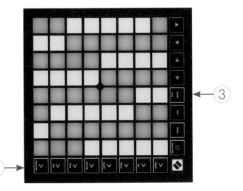

트랙 및 씬 이동

런치패드는 가로 8개, 세로 8개를 한 블록으로 컨트롤하며, 루프 그리드가 그 이상이라면 오른쪽 4개의 버튼을 이용하여 ① 좌/② 우 씬 및 ③ 위/④ 아래 트랙으로 이동합니다.

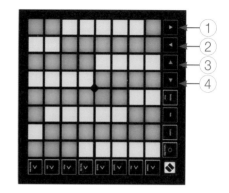

None으로 사용할 때

런치 패드의 컨트롤러 모드는 회전하지 않기 때문에 바로 놓고 사용하는 것이 편리합니다. 즉, 루프를 연주하는 Session 모드에서는 오른쪽으로 돌려서 사용하고 그 외, 컨트롤 모드에서는 다시 왼쪽으로 돌려서 사용하는 것입니다. 물론, '컨트롤 서피스 설정' 창의 Device Rotaion을 ⑤ None으로 사용해도 됩니다. 이 경우에는 런치 패드의 ⑥ 8번 트랙이 씬을 연주하고, 루프는 ⑦ 7개의 트랙으로 제한되지만, 모드에 상관없이 바로 놓고 사용할 수 있습니다.

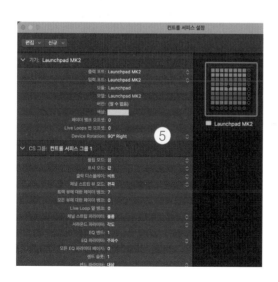

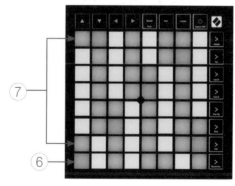

Logic Pro Level Up

런치패드 사용하기 - ②

드럼 및 멜로디

런치패드의 ① Note 버튼을 선택하면 로직의 Drummer를 비롯한 드럼 악기를 연주할 수 있게 ② 왼쪽 아래, 위, 오른쪽 아래, 위 순서로 노트가 4개씩 배정되고, ③ Custom 버튼을 선택하면 멜로디를 연주할 수 있게 맨 아래 ④ 왼쪽부터 위쪽으로 노트가 배정됩니다.

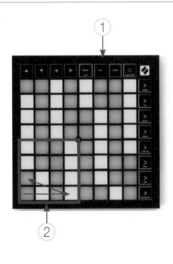

믹서

런치패드의 ⑤ Mixer 버튼을 선택하면, 오른쪽의 ⑥ Volume, Pan, Send 1/2, Mute, Solo, Record 버튼을 선택하여 믹서를 컨트롤할 수 있습니다.

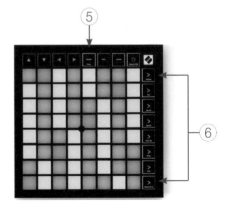

스마트 컨트롤

런치패드는 일반적인 미디 컨트롤러와 마찬가지고 사용자가 원하는 악기 및 이펙트의 파라미터를 컨트롤할 수 있습니다.

① components.novationmusic.com에 접속하여 사용하고 있는 제품의 모델을 선택합니다.

② Create Custom Mode를 선택합니다.

③ Widgets 패널에서 원하는 컨트롤 타입을 드래그하여 패드에 배치합니다.

④ 배치한 패드를 선택하면 컨트롤 번호와 색상을 설정할 수 있는 Settigns 패널이 열립니다.

⑤ 설정이 완료되면 Send 버튼을 클릭하여 전송합니다.

런치 패드의 Custom 모드에서 로직의 파라미터를 컨트롤할 수 있습니다. 연결 방법은 오토메이션 학습편에서 살펴본 스마트 컨트롤 연결과 동일합니다.

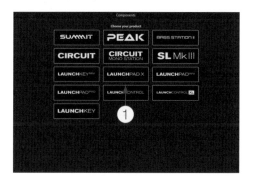

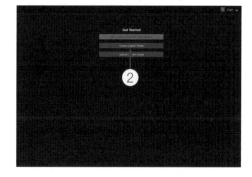

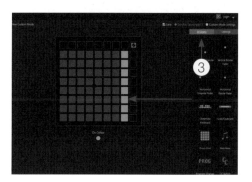

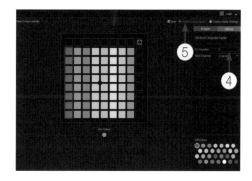

Logic Pro Level Up

아이패드 사용하기

로직 리모트

iPad 및 iPhone 사용자라면 앱 스토어에서 ① Logic Remote를 무료로 다운받아 로직을 자유롭게 컨트롤할 수 있습니다. ② 설정 버튼을 클릭하여 메뉴를 열고, 와이파이 및 USB로 연결되어 있는 ③ 사용자 맥을 선택합니다. Mac에서 연결 요청 창이 열리면 연결을 클릭합니다.

보기 전환

④ 보기 버튼을 클릭하면 로직 리모트에서 제어할 수 있는 컨트롤 목록이 열립니다. ⑤ Live Loops를 선택합니다.

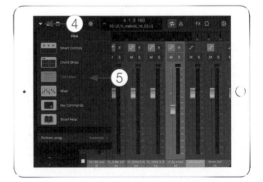

Remix FX

셀과 씬을 제어할 수 있는 라이브 루프 창이 열립니다. 그리고 ① FX 버튼을 누르면 디제잉 연출이 가능한 Remix FX를 열 수 있습니다.

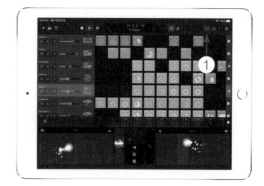

루프 추가하기

아이패드에서도 Mac과 동일한 편집이 가능합니다. ② 루프 버튼을 클릭하여 브라우저를 열고, 샘플을 슬라이드하여 셀에 배치할 수 있습니다.

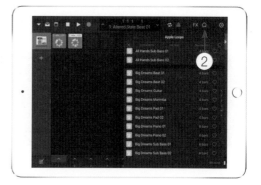

셀 편집

③ 편집 버튼을 누르면 셀을 편집하거나 재생 옵션을 설정할 수 있는 ④ 팝업 메뉴가 열립니다. 그 외, 라이브 루프 컨트롤 방법은 Mac에서와 동일합니다.

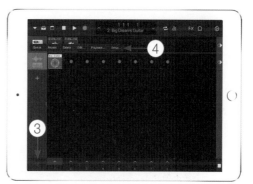

Logic Pro Level Up

리믹스 효과

Filter : 필터를 적용합니다. X는 컷오프 주파수, Y는 레조넌스.

Wobble : 빈티지 스타일의 필터 효과로 오디오 신호를 변조합니다. X는 변조 속도, Y는 변조 정도.

Orbit : 플랜저 및 페이저 효과로 오디오 신호를 변조합니다. X는 변조 속도, Y는 변조 정도.

Repeater : 반복 효과를 생성합니다. X는 반복 속도, Y는 믹스 정도.

Reverb : 오디오 신호에 리버브를 추가합니다. X는 리버브 타임, Y는 믹스 정도.

Delay : 오디오 신호에 딜레이를 추가합니다. X는 딜레이 타임, Y는 피드백 정도.

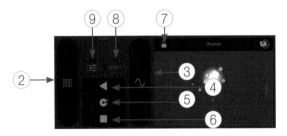

② Gater : 오디오 신호에 게이트 스타일 효과를 적용합니다.

③ Downsampler : 비트크러셔 효과와 같이 오디오의 해상도를 낮추어 왜곡합니다.

④ Reverse : 오디오를 반대로 재생합니다.

⑤ Scratch : 디제잉 스크래치 효과를 줍니다.

⑥ Stop : 오디오 속도를 늦추거나 중단하는 효과를 줍니다. Reverse, Scratch, Stop 버튼은 왼쪽과 오른쪽으로 구분되며, 왼쪽은 터치 강도에 따라 변조됩니다.

⑦ Lock : 패드 터치를 중단할 때 현재 X/Y 값의 효과를 고정시킵니다. X/Y 패드를 잠그면 동일한 패드에서 다른 X/Y 효과를 선택하고 잠긴 효과와 조합하여 사용할 수 있습니다. 두 가지 X/Y 패드에 동일한 효과를 선택할 수 없습니다.

⑧ Reset : Lock 버튼을 잠금 해제하지 않고 잠긴 효과를 재설정하여 패드를 계속 터치하지 않아도 쓸어넘겨서 다시 효과를 잠글 수 있습니다.

⑨ Settings : 선택된 효과의 추가 매개변수를 표시합니다.

Filter, Orbit, Downsampler 효과에서는 ⑩ 모드를 선택할 수 있고, Wobble, Repeater, Delay, Gater, Reverse, Scratch, Stop 효과에서는 ⑪ 비트를 선택합니다. Gater의 경우에는 ⑫ Noise On/Off 스위치로 노이즈를 추가할 수 있습니다.

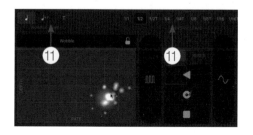

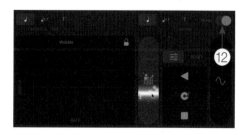

Logic Pro Level Up

스텝 시퀀서

스텝 시퀀서 열기

스텝 시퀀서는 기본적으로 단축키가 설정되어 있지 않습니다. 빈 셀에서 마우스 오른쪽 버튼을 클릭하여 단축 메뉴를 열고, ① '패턴 셀 생성'을 선택하여 만들고, 패턴 셀을 더블 클릭하여 엽니다. 단축키를 사용하고 싶다면 Option+K 키를 눌러 '키 명령 할당' 창을 열고, "스텝 시퀀서 보기/가리기"를 검색하여 설정합니다.

패턴 길이

패턴은 기본적으로 16비트의 16 스텝 길이로 열리며, 필요하다면 오른쪽 상단의 ② 패턴 길이'에서 64 스텝까지 선택할 수 있습니다.

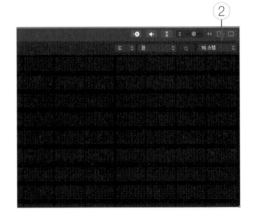

패턴 선택

노트는 마우스 클릭으로 입력하거나 삭제할 수 있으며, ① 브라우저 버튼을 클릭하면 로직에서 제공하는 Bass, Drums, Melodic 패턴을 선택할 수 있습니다.

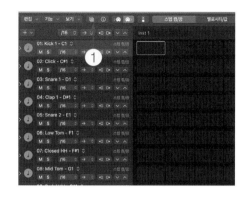

노트 추가

패턴에서 노트를 추가하고자 한다면 ② '행 추가' 버튼을 클릭하여 메뉴를 열고, '노트'에서 선택합니다.

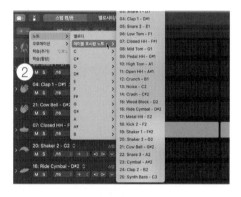

피치 변경

드럼 악기 및 노트의 피치는 ③ 노트 이름을 클릭하여 변경할 수 있으며, 베이스 및 멜로디의 키는 셀 인스펙터의 ④ '트랜스포즈'에서 조정할 수 있습니다.

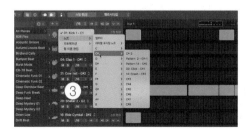

Logic Pro Level Up

드럼 패턴 - 사용자 템플릿

드럼 맵 만들기

Drums Kit Designer, Drum Machine Designer 등, 로직에서 제공하는 드럼 외, Addictive Drums, Battery 등, 패치가 다른 서드 파티 제품을 로딩한 트랙에서 패턴 셀을 만들면 C Major 스케일의 노트로 구성된 스텝 시퀀서가 열립니다. 당연히 원치 않는 맵일 것이므로, 백스페이스 키로 삭제합니다. 그리고 ① '행 추가' 버튼을 클릭하여 메뉴를 열고, '노트'에서 하나씩 추가해도 좋지만, '학습'을 선택하여 미디 건반 혹은 드럼 패드를 눌러 추가하는 것이 편리합니다. 노트를 모두 추가한 후에는 ② '학습' 버튼을 Off 하여 실수로 추가되지 않게 합니다.

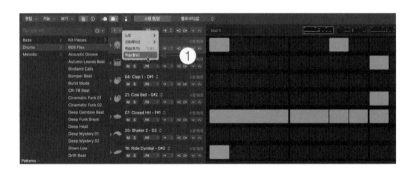

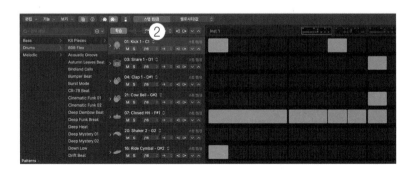

아이콘 및 색상

노트 이름 왼쪽의 ① 음표 아이콘을 마우스 오른쪽 버튼으로 클릭하면 사용자가 원하는 그림
으로 대체할 수 있는 창이 열립니다. 로우 트랙에 색상을 부여하겠다면 ② View 메뉴의 Show
Row Colors를 선택하여 ③ 팔레트를 열고, 원하는 색상을 노트마다 지정합니다.

템플릿으로 저장

매번 이 과정을 반복할 수 없으므로, 템플릿으
로 저장해두는 것이 좋습니다. ④ '메뉴' 버튼을
클릭하여 열고, '템플릿 저장'을 선택하여 저장
합니다. 사용자가 만든 리듬 패턴은 '패턴 저장'
을 선택하여 저장할 수 있습니다.

Logic Pro Level Up

드럼 패턴 - 연주 길이 설정

스텝과 패턴 길이

① '패턴 스텝 속도'는 노트의 길이, ② '패턴 길이'는 마디의 길이입니다. '스텝 속도'와 '패턴 길이'가 모두 16인 기본 설정은 16비트 16개 이므로, 1마디 길이가 되는 것이며, '스텝 속도'를 8로 변경하면, 8비트 16개이므로, 2마디 길이가 되는 것입니다. 12/8 박자 Rock 비트를 연주하겠다면 '스텝 속도'에서 8T를 선택하고 '패턴 길이'에서 12, 24, 36,48 스텝을 선택하여 1-4 길이의 패턴을 만들 수 있습니다.

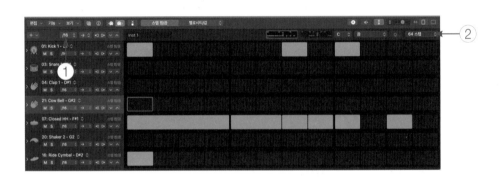

스윙 리듬

8비트 및 16 비트 스윙 리듬을 만들겠다면, ③ '로컬 인스펙터' 버튼을 클릭하여 창을 열고, ④ '스윙' 항목에서 업 비트를 얼마나 지연시킬 것인지를 설정합니다.

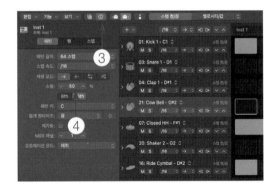

로우 스텝과 루프 길이

노트마다 스텝과 연주 길이를 다르게 설정할 수 있습니다. 인스펙터의 ① '행' 탭을 선택하여 열면, 노트 길이를 설정하는 ② '스텝 속도'와 연주의 시작과 끝 위치를 설정하는 ③ '루프 시작점' 및 '루프 끝점' 항목을 볼 수 있습니다. '스텝 속도'는 ④ 트랙에서도 선택할 수 있습니다.

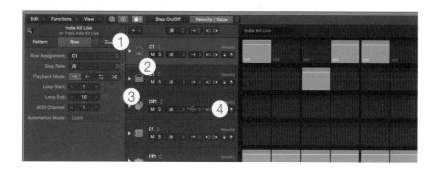

벨로시티와 노트 길이

'벨로시티/값'으로 선택되어 있는 ⑤ '모드' 버튼을 클릭하면 각 스텝을 드래그하여 벨로시티를 조정할 수 있습니다. '모드'에서 ⑥ '게이트'를 선택하면 각 스텝을 드래그하여 연주 길이를 줄일 수 있으며, ⑦ '붙임줄'로 선택하면 오른쪽 스텝과 연결하여 길이를 늘릴 수 있습니다.

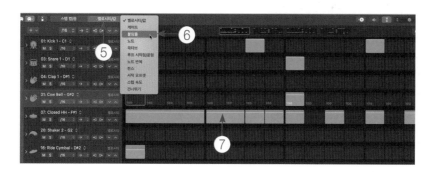

Logic Pro Level Up

드럼 패턴 - 연주 노트의 변화

비트 쪼개기

① '모드'에서 '노트 반복'을 선택하면
② 스텝을 위/아래로 드래그하여 연주
노트의 비트를 최대 16개까지 쪼갤 수
있습니다.

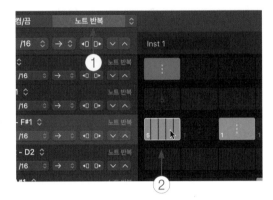

연주 비율 설정하기

① '모드'에서 '찬스'를 선택하면 ② 스텝을 위/아래로 드래그하여 연주 비율을 설정
할 수 있습니다. 50%면 패턴이 두 번 반복될 때 한 번 연주되는 비율입니다. 비트를
쪼개고 연주 비율을 설정함으로써 인간적인 그루브를 연출할 수 있는 것입니다.

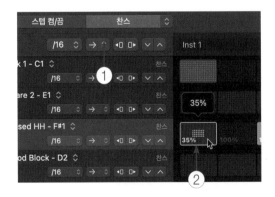

연주 길이 조정하기

① '모드'에서 '스텝 속도'를 선택하면
② 스텝을 위/아래로 드래그하여 연주
길이를 조정할 수 있습니다. 결과적으
로 해당 로우의 길이가 달라지기 때문
에 패턴이 반복될 때 마다 리듬이 달라
지는 효과를 만들 수 있습니다.

연주 건너뛰기

① '모드'에서 '건너뛰기'를 선택하면
② 스텝 연주를 건너뛰게 할 수 있습
니다. '스텝 속도'와 혼합하여 다양한
아이디어를 얻을 수 있습니다.

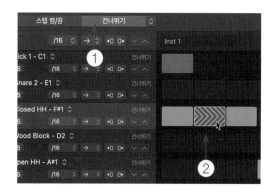

연주 타이밍 조정하기

① '모드'에서 '시작 오프셋'을 선택하
면 ② 스텝을 드래그하여 노트의 연주
타이밍을 조정할 수 있습니다. 휴머니
즘을 연출할 때 핵심적인 모드입니다.

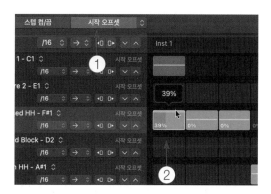

Logic Pro Level Up

드럼 패턴 - 로우 패턴의 변화

루프 길이 조정하기

① '모드'에서 '루프 시작점/끝점'을 선택하면 로우 라인에 ② 사각 프레임이 보이며, 시작 및 끝 부분을 드래그하여 반복 구간을 설정할 수 있습니다.

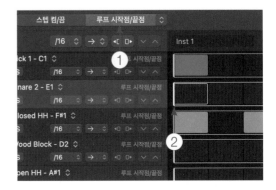

연주 방향 설정하기

'재생 모드'에서 ③ 패턴 및 ④ 로우의 진행 방향을 선택할 수 있습니다. 기본적으로 오른쪽으로 정진행하는 →가 선택되어 있고, ←를 선택하면 왼쪽으로 역진행을 하며, ⇄를 선택하면 정진행과 역진행을 순차적으로 반복합니다. 그리고 ✕를 선택하면 무작위로 연주됩니다.

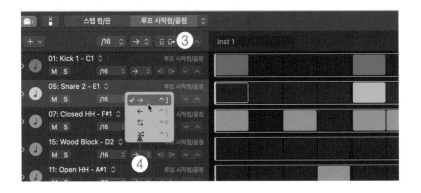

스텝 이동하기

'재생 모드' 오른쪽에 ① '행 스텝 회전' 버튼을 이용하여 해당 로우의 스텝을 오른쪽 또는 왼쪽으로 이동시킬 수 있습니다.

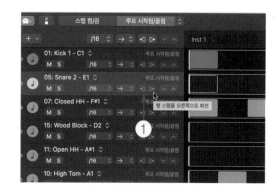

서브 로우

지금까지 살펴본 모드는 연주를 다양하게 변화시키고 휴머니즘을 연출하는데 유용한 기능이며, 작업을 할 때는 두 가지 이상의 모드를 열어놓고 진행해야 하는 경우가 많습니다. 로우 왼쪽에 ② 삼각형 모양의 버튼을 클릭하면 서브 로우를 열 수 있으며, ③ + 기호를 클릭하여 추가할 수 있습니다. 그리고 각 서브 로우의 편집 모드는 ④ 오른쪽 메뉴에서 선택할 수 있습니다. 서브 로우를 제거할 때는 ⑤ x 버튼을 클릭합니다.

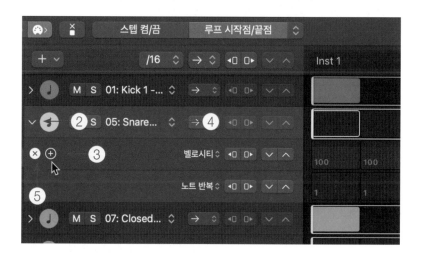

Logic Pro Level Up

멜로디 패턴

스케일

악기 트랙에서 패턴 셀을 만들면 기본적으로 한 옥타브 범위의 C 메이저 스케일이 만들어집니다. 스케일은 ① 패턴 브라우저 버튼을 클릭하여 창을 열고, ② Templates 목록에서 선택하여 변경할 수 있습니다. 이때 2옥타브 범위로 생성되는데, 필요 없다면 ③ 행을 선택하고, 백스페이스 키를 눌러 삭제합니다.

키

키는 ④ 인스펙터 버튼을 클릭하여 창을 열고, ⑤ '패턴 키' 항목에서 선택합니다. ⑥ '음계 퀀타이즈'에서 스케일 선택이 가능하며, 노트가 입력되어 있는 경우에 여기서 선택한 스케일로 변경됩니다.

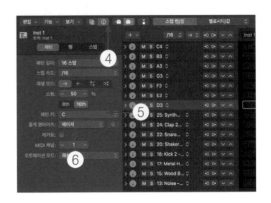

노트

개별적인 노트는 로우 트랙의 ① 노트 이름 항목을 클릭하여 변경할 수 있습니다.

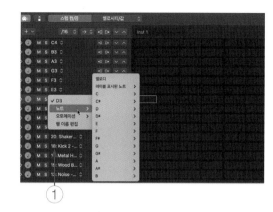

멜로딕

노트를 변경하거나 ② 모드에서 '노트'를 선택하면 로우 노트는 피치를 변경할 수 있는 ③ '멜로디' 로우로 변경되며, ④ 노트의 피치를 2옥타브 범위로 조정할 수 있습니다.

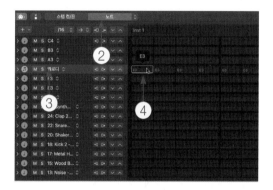

옥타브

2 옥타브 이상의 변조가 필요하다면 ⑤ 모드에서 '옥타브'를 선택합니다. 실제로 작업을 할 때는 ⑥ '노트'와 '옥타브'를 서브로 열고 진행하면 편리합니다.

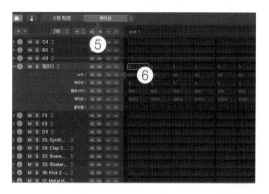

Logic Pro Level Up
퍼모먼스 레코딩

루프 연주 녹음하기

① 트랙 뷰 버튼 또는 Option+B 키를 눌러 어레인지 창을 열고, Control+P 키를 눌러 ② 퍼포먼스 레코딩 버튼을 On으로 합니다. ③ 루프 기능이 활성화되어 있다면 C 키를 눌러 Off합니다. 그리고 ④ 레코딩 버튼 또는 R 키를 눌러 레코딩을 진행하고, 아이패드 및 런치패드와 같은 컨트롤러를 이용해서 루프를 연주하면 어레인지 창에 기록됩니다.

레코딩이 완료되면 스페이스 바 키를 눌러 정지하고, ⑤ 트랙 활성 버튼을 클릭합니다.

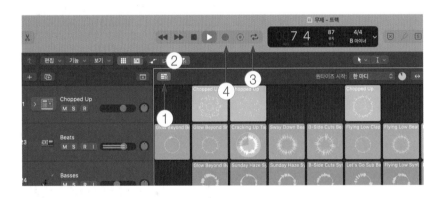

오토메이션

인스펙터 창에서 마우스 오른쪽 버튼을 클릭하여 단축 메뉴를 열고, ① '출력 트랙 보기'를 선택하거나 Shift+Command+M 키를 눌러 마스터 트랙을 표시합니다. A 키를 눌러 오토메이션 트랙을 열고, ② Touch를 선택합니다. 그리고 Remix FX를 컨트롤하면 모든 움직임이 오토메이션으로 기록됩니다.

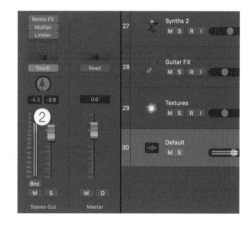

수동으로 기록하기

씬에서 마우스 오른쪽 버튼을 클릭하여 단축 메뉴를 열고, ③ '씬을 재생헤드로 복사'를 선택하여 수동으로 기록할 수 있습니다. 이때 씬의 이름이 마커로 기록되어 편리합니다.

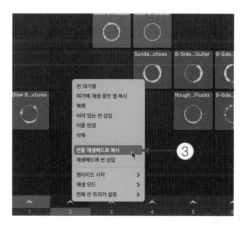

로직 사용 능력을 한 단계 올리는
로직 프로 레벨-업

보컬 레코딩

팝에서 가장 중요한 트랙은 보컬입니다. 실제로 전
체 음악의 퀄리티를 결정하는 요소이기도 합니다.
완벽한 믹싱 결과를 얻기 위해서는 레코딩부터 실
수가 없어야 합니다. 보컬에게 어울리는 마이크를
선택하고, 파열음과 치찰음이 발생하지 않도록 배
치하는 것에서부터 테이크 및 펀치 기능을 이용한
적절한 레코딩, 좋은 소스를 골라내는 편집, 그리
고 EQ, 컴프레서, 리버브를 비롯한 다양한 이펙트
의 처리 등, 보다 좋은 결과를 얻기 위해 많은 시
간을 투자해야 할 것입니다.

Logic Pro Level Up

보컬 마이킹

전형적인 마이킹

보컬은 마이크를 20-30Cm 거리로 가까이 사용하는 편이고, 치읓이나 시옷 발음에서 발생하는 치찰음을 최소화할 수 있게 가수의 눈높이에서 입술 방향을 향하도록 하고, 피읖이나 비읍 발음에서 발생하는 파열음을 최소화할 수 있게 팝 필터를 장착하는 것이 일반적입니다.

팝 필터

다이내믹 마이크

파워풀한 록 보컬의 현장감을 살려 레코딩하고 싶은 경우에는 다이내믹 마이크를 사용하는 경우가 있습니다. 다이내믹 마이크는 특성상 보컬을 향해 정면으로 설치하고, 가급적 가깝게 배치하는 것이 일반적입니다. 결국, 파열음이 발생하기 쉽기 때문에 톤이 얇아지지 않는 한도로 팝 필터에서 거리를 좀 둬야 하는 경우도 있습니다. 보컬에 따라 정면에 설치하기 어려운 경우가 있다면 콘덴서와 같이 위쪽 또는 아래쪽에서 입술 방향을 향하도록 설치해보는 것도 좋습니다.

톤이 얇은 보컬

음색이 얇은 보컬이라면 흉성이 좀 더 크게 수음될 수 있도록 마이크를 바로 세워 입술 아래쪽에서 입술 방향으로 설치하는 경우도 있습니다. 크게 위, 정면, 아래의 3가지 설치 타입을 살펴보았는데, 이는 보컬에 의해서 결정되는 것입니다. 간혹, 마이크를 미리 세팅해 놓고, 별다른 체크 없이 레코딩을 진행하는 스튜디오가 있는데, 조금 귀찮더라도 마이크도 교환을 해보고, 방향도 조정을 해보면서 가수에게 가장 어울리는 배치를 찾아보는 습관을 갖는 것이 좋습니다.

마이크의 선택 -1

개인이 마이크를 다양하게 준비해 놓는 것은 어려운 일이겠지만, 홈 스튜디오를 운영할 계획이라면, 보컬에 따라 큰 차이를 보이는 것이 마이크이기 때문에 형편이 되는대로 준비하는 것이 좋습니다. 최소한 콘덴서와 다이내믹으로 특성이 다른 마이크를 2개 이상 준비하고, 독자의 작업실에서 처음 녹음을 하는 가수라면 각각의 마이크로 테스트를 하여 그나마 나은 것을 선택할 수 있어야 합니다. 간혹, 최상의 보컬 녹음을 하려면 값비싼 Neumann U47이나 AKG C12를 사용해야 한다는 고정 관념을 가지고 있는 경우가 있는데, 이것은 정말 오래전 이야기이고, 요즘에는 10분의 1이 안 되는 가격대의 마이크로도 얼마든지 좋은 녹음을 할 수 있는 제품들이 많이 있습니다. 즉, 마이크는 비싼 것이 좋은 게 아니라 가수와 어울리는 것이 좋은 것입니다.

콘덴서 마이크로 많이 사용하는 제품으로는 Neumann U87과 AKG C414가 있습니다. 그 외에도 튜브 타입으로는 Neumann U47, AKG C12, Telefunken M251 등이 있으며, 다이내믹 타입으로는 Shure SM7B, EV RE20 등을 많이 사용합니다. 그리고 이들 제품을 복각하여 저렴하게 출시되고 있는 FLEA 47, Peluso P12, Warm Audio Wa-47, T&L A67, Lawson L251과 같은 제품을 사용하는 스튜디오도 많습니다. 물론, 개인 작업자는 복각 제품조차 부담스러울 수 있겠지만, 마이크와 보컬과의 궁합은 결과를 결정하는 핵심 요소이므로, 가급적 다양하게 준비하는 것이 좋습니다.

Neumann U87

아무리 부정을 하고 싶어도 Neumann U87 콘덴서 마이크가 팝 레코딩에 많이 사용되었다는 것은 틀림없는 사실입니다. 그 만큼 품질이 보증되어 있고, 대부분의 가수에 어울린다는 것을 입증하는 결과입니다. 그래서 이를 복각한 제품들이 여러 회사에서 출시되어 있고 많이들 사용하지만, 짝퉁은 짝퉁일 뿐입니다. 물론, 짝퉁이라고 해서 나쁘다는 것은 아니지만, 원본과 비슷한 사운드를 기대하는 것이라면 무리가 있습니다.

▲ Neumann U87

▲ Warm Audio Wa-87 (U87 Clone)

Neumann U47

Neumann 마이크는 튜브 타입의 U47과 U67 모델도 많이 사용됩니다. 튜브 타입은 진공관을 내장하고 있어 음색이 부드러운 발라드 보컬 녹음에 많이 사용합니다. U47 역시 FLEA47이나 Warm Audio Wa-47 등의 복각 제품이 있고, 실제로 좋은 평가를 받고 있습니다. U67를 복각한 제품은 T&L A67이 유명하지만, 국내 판매처가 없어 매장에서 테스트하기는 어렵습니다.

진공관

▲ Neumann U47

▲ Warm Audio Wa-47 (U47 Clone)

Logic Pro Level Up

마이크의 선택 -2

AKG C414 XL-II/B-ULS

어느 분야든 양대 산맥이 존재하듯이 마이크에 있어서도 Neumann과 쌍벽을 이루는 회사가 있습니다. 바로 AKG이며, 일반인들에게는 헤드폰으로 유명합니다. 일부에서는 Neumann은 평탄하지만, AKG는 미들 음역이 풍부하여 R&B나 HIP-HOP 음악에서는 단연 으뜸이라고 주장하기도 하고, 또 일부에서는 Neumann은 여성 보컬에 어울리고, AKG는 남성 보컬에 어울린다고 선을 그어 구분하는 경우도 있습니다. 하지만, 이러한 고정 관념을 가지는 순간 보컬 레코딩의 시작부터 오류를 범할 수 있기 때문에 반드시 직접 테스트를 해보고 가수마다 전혀 다른 결과가 될 수 있다는 것을 명심해야 할 것입니다.

보컬 마이크 하면 거의 표준으로 거론되는 것이 Neumann U87과 AKG C414이지만, 제품을 음악 장르나 성별로 구분하는 것은 사실 말이 안 됩니다. 마이크는 보컬과의 궁합이 중요하며, 스튜디오를 운영한다면 두 제품을 모두 갖추는 것이 정답입니다. 다만, 개인에게는 꿈 같은 일이기 때문에 아쉬운 대로 이를 복각한 제품이나 보급형이 대안입니다. AKG C414의 보급형으로는 C214가 있고, Neumann U87의 보급형으로 TLM 1030이 있으며, 튜브 타입으로 유명한 AKG C12의 복각 제품으로는 Peluso P12가 유명합니다.

▲ AKG C414 XL-II/B-ULS

▲ AKG C214

▲ Peluso P12

Shure SM7B

록 보컬의 경우에는 현장감을 만들기 위해서 다이내믹 마이크를 사용하는 경우가 있습니다. 많이 사용하는 모델로는 Shure SM7B, Sennheiser 421U/441, Beyer D160, EV RE20 등이 있습니다. 콘덴서보다 저렴한 편이기 때문에 특별히 알려진 복각 제품은 거의 없습니다. 친구들과 록 밴드를 하고 있는 경우라면 하나 정도는 준비를 하는 것이 좋습니다.

▲ Shure SM7B

Highpass Filter

대부분의 콘덴서 마이크에는 저음역을 차단하는 하이패스 필터(HPF) 스위치가 있습니다. '보컬의 저음역은 어차피 믹싱 과정에서 차단될 것이므로, 동작시키는 것이 좋다.' '아니다 레코딩 과정에서 저음역을 차단하면 복구가 안 되기 때문에 동작 시키지 않는 것이 좋다' 라는 찬반 의견이 팽팽합니다. 사실은 두 의견이 모두 맞을 것입니다. 다만, 믹싱과 모니터링에 초점을 맞추고

있다는 오류가 있습니다. 마이크는 녹음 공간에 큰 영향을 받기 때문에 자신의 환경에 따라 선택을 해야 합니다. 보통 공간 폭에 따라 2-4배의 주파수가 증가하게 되는데, 폭이 1m라면 100Hz-200Hz, 2m라면 50Hz-100Hz의 주파수가 증가합니다. 즉, 공간이 좁다면 하이패스 필터를 동작시켜야 위상 변위를 차단할 수 있고, 공간이 크다면 믹싱 과정에서 처리하는 것이 좋습니다. 하지만, 이것도 정사각형을 기준으로 설정된 값이고, 공간의 구조나 벽의 재질에 따른 변수가 있기 때문에 반드시 모니터를 해보면서 결정해야 합니다.

남성 보컬의 EQ 와 Comp -1

콘덴서 마이크는 진동판이 얇고 트랜션트 응답이 우수하기 때문에 섬세한 음 변화에 신속하게 대응하고 주파수 응답 범위가 넓습니다. 그래서 큰 소리에 쉽게 과부하가 걸려 사운드가 왜곡되거나 거칠어 질 수 있기 때문에 하일라이트 부분에서 -3dB이 넘지 않도록 레벨을 설정합니다. 그리고 마이크가 작동될 때는 외부 먼지를 흡착하기 때문에 시간이 지나면 고음역이 조금씩 감소하게 됩니다. 그래서 다른 장비는 몰라도 마이크만은 중고 구입을 권장하지 않으며, 사용 후에는 반드시 케이스에 습기 제거제와 함께 보관하는 것이 좋습니다. 즉, 보컬의 음역과 특징은 물론이고, 마이크 상태에 따라 EQ를 설정해야 하는 것입니다. 단, 믹싱을 하는 과정이 아니므로, 가수가 자기의 목소리를 선명하게 모니터할 수 있게 해주는데 초점을 맞춥니다.

일반적으로 콘덴서 마이크의 공진 주파수는 8-12KHz 대역입니다. 그러므로 이 대역을 Shelf 타입으로 살짝 올려주면 모음 레벨이 커지는 것을 경험할 수 있습니다. 흔히 잘 빠진다고 표현합니다. Insert에 EQ를 로딩하고, ① High Shelf 포인트를 10dB 이상 올립니다. 그리고 오른쪽 끝에서부터 왼쪽으로 포인트를 조금씩 이동시켜 보컬의 모음이 빠지는 주파수를 찾습니다. 흔히 "쉑" 하는 소리라고 표현을 하는데, 극명하게 들리기 때문에 입문자도 쉽게 찾을 수 있을 것입니다. 그리고 포인트를 조금씩 아래로 내려 지나치지 않은 레벨로 설정합니다. 콘덴서는 3-4dB 정도면 충분하며, 다이내믹은 조금 더 올립니다.

미들 음역은 반주가 집중되어 있는 구간이기 때문에 보컬이 반주에 묻히기 쉽습니다. ② Bell 타입의 포인트를 10dB 이상으로 올립니다. 그리고 미들 음역을 드래그 하면서 보컬의 음성이 가장 선명해지는 위치를 찾습니다. 남성의 경우 1-2KHz 대역이 많고, 여성의 경우에는 2-4KHz 대역이 많지만, 보컬마다 차이가 있습니다. 위치를 찾았다면 3-4dB 정도로 포인트를 내리고, ③ 대역폭(Q)을 조정합니다.

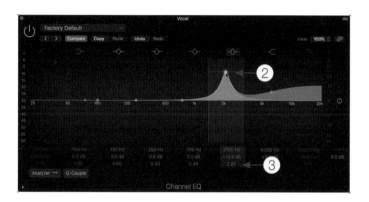

남성 보컬의 주 음역은 100-400Hz 정도입니다. 이 구간을 강조하여 남성 특유의 존재감을 드러내고 싶다면 ④ Bell 타입의 포인트를 10dB 이상으로 올리고, 주 음역대를 이동하면서 톤이 굵어지는 위치를 찾습니다. 그리고 3-4dB 정도로 포인트를 낮춥니다. 단, 주 음역은 공진음이 발생할 수 있기 때문에 주의가 필요하며, 경험이 적은 입문자에게는 권장하지 않습니다.

Logic Pro Level Up

남성 보컬의 EQ 와 Comp -2

콘덴서 마이크의 대부분은 필요 없는 저음역을 차단할 수 있는 HPF 스위치가 있습니다. 녹음 공간이 작아서 위상 변조가 발생하는 경우에는 스위치를 On하여 저음역을 차단하는 것이 좋습니다. 하지만, 큰 문제가 없다면 스위치를 Off하고, EQ로 처리하는 것이 유리합니다. ① Low Cut 타입 포인트를 왼쪽에서 오른쪽으로 조금씩 이동시키면서 가장 낮게 노래하는 구간의 소리가 얇아지지 않는 위치로 설정합니다.

보컬이 노래를 할 때 저음역에서 마이크에 다가가고, 고음역에서 떨어져지는 동작을 하게 됩니다. 이는 자연스러운 현상이지만, 이동 폭이 너무 크다면 잡음은 둘째 치고, 톤이 변하는 최악의 결과가 됩니다. 가수의 이동 폭을 최소화하기 위해서는 작은 소리와 큰 소리의 레벨 변화가 작게 컴프레서를 적절히 걸어줘야 합니다. 만일 가수에게 움직이지 말아 달라고 요청한다면, 오히려 안 좋은 결과가 될 수 있으므로, 컴프레서를 이용해서 편안하게 노래할 수 있도록 해야 합니다.

디지털 사운드는 무조건 크게 녹음하는 것이 좋습니다. 하지만, 0dB을 넘어가는 클리핑 현상이 발생하면 아예 기록을 못하거나 잡음으로 취급하기 때문에 컴프레서를 걸기 전에 하일라이트 부분이 -6dB에서 -3dB를 넘지 않게 입력 레벨을 체크합니다.

보컬에 따라 다르겠지만, 레코딩을 할 때는 압축 비율을 설정하는 ② Ratio는 4dB 정도를 기준으로 시작합니다. 그리고 ③ Threshold를 천천히 내리면서 ④ Gain Reduction 레벨 미터가 -3dB에서 -5dB 정도가 되게 조정합니다. 컴프레서는 레벨이 큰 고음역 구간을 모니터하면서 진행합니다.

⑤ Attack 노브를 완전히 올렸다가 천천히 내리면서 게인 리덕션이 앞에서 모니터 했던 값을 유지할 수 있을 정도로 조정합니다. 일반적으로 부드러운 음색은 20ms 이상으로 어택을 살려주고, 파워 보컬의 경우에는 20ms 이하로 설정합니다. 릴리즈 타임 역시 컴프레서에서 중요한 역할을 하지만, 입문자는 기본적으로 설정되어 있는 ⑥ Auto 모드를 사용해도 좋습니다.

로직의 컴프레서는 7가지의 모델을 재현하고 있으며, 같은 값이라도 각 ⑦ 모델에 따라 전혀 다른 사운드를 만들기 때문에 하나씩 선택을 해보고 어떤 것이 어울리는지 찾아보기 바랍니다.

Logic Pro Level Up
여성 보컬의 EQ 와 Comp

남성이든 여성이든 EQ와 컴프레서를 이용한 프로세싱은 녹음한 사운드를 컨트롤하는 것일 뿐 음색을 결정하는 근본은 레코딩 입니다. 그 중에서 가장 핵심적인 역할을 하는 것이 마이크 이므로, 가수마다 적합한 마이크를 선택할 수 있도록 준비하고, 좋은 소리를 수음할 수 있도록 끊임없이 연구하고 실험해 봐야 할 것입니다.

여성 보컬이라고 해서 EQ 설정이 달라지는 것은 아닙니다. ① High Shelf 포인트를 10dB 이상 올립니다. 그리고 오른쪽 끝에서부터 왼쪽으로 포인트를 조금씩 이동시켜 보컬의 모음이 빠지는 주파수를 찾습니다. 포인트를 조금씩 아래로 내려 지나치지 않은 레벨로 설정합니다.

Low Cut 타입 포인트를 왼쪽에서 오른쪽으로 조금씩 이동시키면서 필요 없는 저음역을 차단합니다. 여성의 경우에는 ② 48dB/Oct로 조금 가파르게 차단해도 좋습니다. 여성 보컬은 고음역을 올리고, 필요 없는 저음역을 차단하는 것만으로도 충분하지만, 조금 약하다 싶으면 반주에 묻히기 쉬운 ③ 미들 음역을 3-4dB 정도 올려줍니다.

컴프레서 역시 성별을 구분하지는 않습니다. 다만, 남성보다는 음압이 약하기 때문에 Make Up을 수동으로 조정해야 원하는 레벨을 얻을 수 있는 경우가 많습니다. ④ Ratio를 4:1 정도로 설정하고, ⑤ Threshold를 천천히 내리면서 ⑥ 게인 리덕션이 -5dB 정도가 되게 합니다.

⑦ 어택과 ⑧ 릴리즈도 남성 보컬과 마찬가지의 방법으로 설정하고 ⑨ Auto Gain을 Off합니다. 그리고 클리핑이 발생하지 않는 한도내로 ⑩ Make Up을 올려 원하는 다이내믹을 얻습니다.

Logic Pro Level Up
록 보컬의 EQ 와 Comp

록 보컬을 비롯하여 성량이 큰 가수의 경우에는 EQ와 컴프레서를 살짝만 걸어줘도 잘 들립니다. 다만, 클리핑이 발생하기 쉬우므로, 레벨을 체크하면서 프로세싱 합니다.

EQ는 필요 없는 저음역을 ① 24dB/Oct 타입으로 차단하고, ② 고음역을 6-9dB 정도로 조금 과하게 올립니다. 그리고 ③ 레벨을 2-3dB 정도 내려주면, 반주와 부딪힐 수 있는 미들 음역이 감소되어 전체적으로 깔끔하고 선명한 록 보컬 사운드를 만들 수 있습니다.

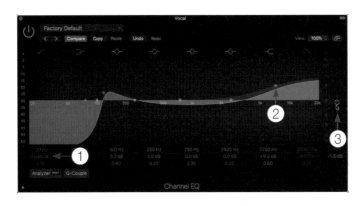

록 보컬의 컴프레서는 두 개의 장치를 EQ 전/후로 사용하는 경우가 많습니다. 첫 번째 것은 Ratio를 작게하여 전체적인 볼륨을 다듬는 역할이고, 두 번째 것이 실제로 적용하는 컴프레서입니다. 약간의 왜곡이 발생할 수 있기 때문에 발라드나 댄스에서는 전혀 어울리지 않지만, 록 음악에서는 자주 사용하는 기법입니다. 하지만, 이것은 믹싱 과정에서 고민할 일이고, 레코딩 과정에서는 가수가 스스로의 목소리를 편안하게 모니터할 수 있게 하는 것이 우선입니다. 여기서 경험이 부족한 엔지니어의 경우에는 컨트롤 룸에서 모니터 스피커로 듣는 소리와 가수가 헤드폰으로 듣는 소리가 같을 것이라고 착각하는 것입니다. 아무리 시스템이 좋아도 모니터 환경이 다른 두 소리가 같을 수는 없습니다. 그러므로 보컬의 능력을 최상으로 담고 싶다면, 노래를 잘하든 못하든 직접 헤드폰을 쓰고, 불러보면서 모음은 잘 빠지는지, 다이내믹은 적당한지 등의 여부를 반드시 체크해봐야 할 것입니다.

컴프레서를 적용하는 방법은 동일합니다. 다만, 음압이 센 록 보컬의 경우에는 EQ 전에 입력 사운 드의 레벨을 다듬는 경우가 있습니다. 이때는 ① Ratio를 2-3 정도로 작게 하고, ② Attack 타임을 20ms 이하로 짧게 설정하여 다이내믹을 제어할 수 있도록 합니다.

EQ 다음에는 성격이 다른 모델을 사용합니다. ③ Ratio는 6-8 정도로 높게 설정하고, ④ Threshold 는 10dB 이상으로 크게 압축될 수 있도록 조정합니다. 그리고 ⑤ Attack 타임을 20ms 이상으로 길 게 설정하고, ⑥ Distortion을 Hard로 선택하여 록 보컬 특유의 파워를 담아냅니다.

Logic Pro Level Up
디에서

마이크를 정면에 두지 말고, 입술 위나 아래에서 설치를 하면, 'ㅊ'이나 'ㅅ' 발음에서 발생하기 쉬운 치찰음(Sibilance)을 예방할 수 있고, 마이크 거리를 두거나 팝 필터를 사용하면 'ㅂ'이나 'ㅍ'에서 발생하기 쉬운 파열음(Plosives)을 예방할 수 있습니다. 하지만, 레코딩을 진행하다 보면, 보컬이 움직이기 때문에 테스트 과정에서는 문제없던 치찰음이 유입되는 경우가 있습니다. 심한 경우라면 녹음을 다시 해야 하지만, 미세한 경우라면 디에서(DeEsser)라는 장치를 이용해서 제거할 수 있습니다.

디에서는 지정된 주파수 대역을 압축하는 역할을 하는 것으로 EQ와 컴프레서를 동시에 사용하는 것과 같은 역할입니다. 그래서 제거하고자 하는 주파수 대역과 압축 비율을 최소로 해야 원음이 손실되는 오류를 피할 수 있습니다. 로직의 DeEsser 2는 제거할 주파수 대역을 솔로로 모니터 해볼 수 있는 ① Filter Solo 기능을 제공합니다. 이것을 On으로 놓고, ② Frequency를 조정하면서 치찰음이 발생하는 주파수 대역을 정확하게 찾는 것이 중요합니다.

③ Threshold로 검출 레벨을 설정합니다. ④ Detection 레벨 미터를 보면서 치열음이 발생할 때만 노란색으로 표시되는 값을 찾는 것이 요령입니다.

⑤ Max. Reduction으로 제거 값을 설정합니다. ⑥ Reduction 레벨 미터를 보면서 Detection에서 검출한 레벨을 넘지 않도록 설정합니다.

Logic Pro Level Up

보컬 헤드폰 모니터

스튜디오 컨트롤 룸의 모니터 시스템과 동일한 아웃을 가수의 헤드폰으로 연결하면, 노래를 하고 있는 가수는 본인의 목소리를 모니터하기 어려울 수 있습니다. 그래서 헤드폰으로 전송하는 소리는 보컬 트랙의 볼륨을 조금 크게 하는 것이 일반적인데, 홈 스튜디오에서 이러한 시스템 환경을 구현하려면 4채널 이상의 아웃을 지원하는 오디오 인터페이스와 헤드폰 앰프가 필요합니다.

오디오 인터페이스의 아웃(3-4)을 헤드폰 앰프 In에 연결하고, 헤드폰은 헤드폰 앰프 Out에 연결합니다. 기타, 베이스, 드럼 등의 연주자들과 함께 멀티 레코딩을 진행하는 경우에는 오디오 인터페이스와 헤드폰 앰프도 인원 수만큼의 아웃/인 채널이 필요합니다.

오디오 인터페이스 Out(3-4)

헤드폰 앰프 In   Out

채널 아웃 선택

믹서에서 보컬에게 들려줄 트랙을 모두 선택하고, ① 센드 슬롯에서 헤드폰 앰프가 연결되어 있는 아웃 풋(Output 3-4)을 선택합니다.

센드 레벨

② 센드 슬롯에서 Option 키를 누른 상태로 Pre Fader를 선택하고,

③ 센드 레벨을 0dB로 조정합니다.

보컬 레벨 조정

④ Sends on Faders 버튼을 On으로 하고, ⑤ 메뉴에서 보컬 헤드폰으로 연결한 아웃풋을 선택합니다. 헤드폰으로 전송하는 볼륨을 별도로 조정할 수 있는 상태가 됩니다. ⑥ 보컬 트랙의 볼륨 페이더를 올리거나 반주 트랙을 내려 가수가 모니터를 편하게 할 수 있게 합니다.

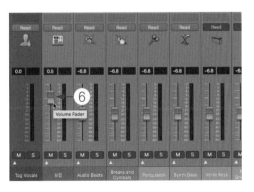

Logic Pro Level Up

보컬 레코딩 - 1

기본 레코딩

로직의 레코딩 단축키는 R 키 입니다. 녹음을 시작할 위치에서 4마디 정도 앞에 재생헤드를 가져다 놓고, R 키를 눌러 녹음을 진행합니다. 같은 과정을 반복하여 녹음하면 ① 기존 리전 위에 ② 새로운 리전이 테이크로 기록되며, 재생을 하면 새로 녹음한 리전이 재생됩니다.

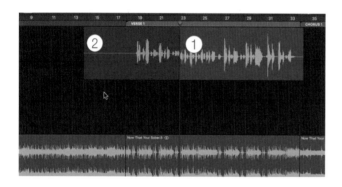

일부 레코딩

일부분을 다시 녹음할 때는 재생을 하다가 원하는 위치에서 R 키를 누릅니다. 언제나 ③ 새로운 테이크로 기록됩니다.

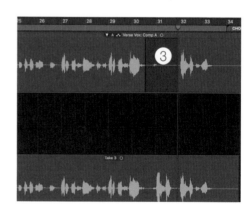

테이크

테이크는 ④ 아래에서 ⑤ 위로 배열되며,
가장 위쪽에 있는 테이크가 재생됩니다.
일부분을 다시 녹음한 경우에는 해당 구간
이 테이크로 존재하며, 파란색으로 표시되
어 있는 테이크 ⑥ ⑦ ⑧ 가 재생됩니다.

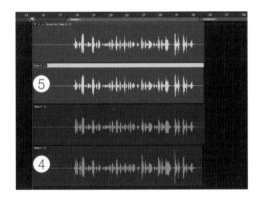

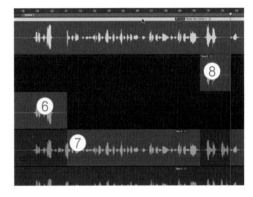

트랙으로 만들기

만일, 녹음되는 리전마다 트랙으로 만들
고 싶은 경우에는 Logic Pro X 메뉴의
'설정'에서 '녹음'을 선택하여 창을 열고,
⑨ '오디오' 항목에서 '새로운 트랙 생성'
을 선택합니다.

Logic Pro Level Up

보컬 레코딩 - 2

펀치 레코딩

일부분을 수정할 때 구간을 선택하여 자동으로 진행되게 할 수 있습니다.

① 컨트롤 막대에서 마우스 오른쪽 버튼을 클릭하여 단축 메뉴를 열고, '컨트롤 막대 및 디스플레이 사용자화'를 선택합니다.

② '모드 및 기능' 목록에서 '오토 펀치'를 선택합니다.

③ 컨트롤 막대에 표시되는 오토 펀치 버튼을 On으로 하면 룰러 라인 아래쪽에 오토 펀치 라인이 표시되며, ④ 마우스 드래그로 녹음할 구간을 선택할 수 있습니다.

⑤ 선택 구간 2-4 마디 앞에서 재생을 하면 선택 구간에서 자동으로 녹음이 진행됩니다.

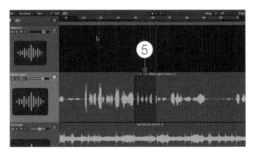

테이크 선별

마음에 드는 보컬 녹음을 위해서는 수 많은 테이크를 생성하게 될 것입니다. 녹음이 끝나면 마음에 드는 테이크를 ① 마우스 드래그로 선택합니다. 이때 ② 루프 구간을 프레이즈 단위로 설정해 놓고, 진행하면 보다 빠른 선별이 가능합니다.

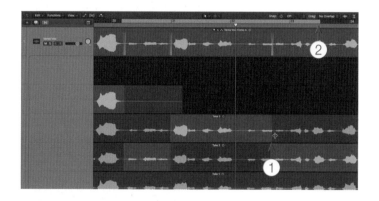

테이크 정리

③ 테이크 폴더 메뉴를 열고, '평탄화하고 병합'을 선택하면, 선별한 테이크를 하나로 정리할 수 있습니다.

261

Logic Pro Level Up
보컬 튜닝

플렉스 모드

리전을 더블 클릭하여 트랙 에디터를 열고, ① Flex 보기 버튼을 On으로 합니다. 그리고 오른쪽 메뉴에서 ② Flex Pitch 모드를 선택하면 오디오가 분석되어 미디 에디터와 같은 모습으로 표시됩니다.

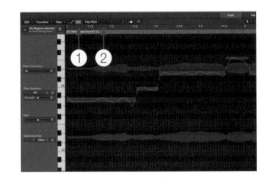

피치 조정

피치는 분석된 노트를 위/아래로 ③ 드래그하여 조정할 수 있습니다. 노트를 더블클릭하면 가장 가까운 피치에 자동으로 교정됩니다.

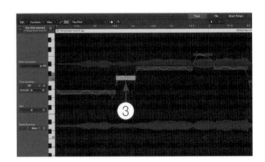

노트 나누기

노트는 하나로 분석되었지만, 피치가 반음 이상 변하는 경우도 있습니다. 이때는 ④ 가위 툴을 이용하여 노트를 둘로 나누는 것이 효과적입니다.

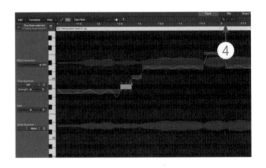

일괄 수정

피치를 한 번에 조정하려면 Command+A
키로 모든 노트를 선택하고, ① '피치 수
정' 슬라이드를 드래그합니다. 일반적으로
100% 교정은 부자연스러울 수 있기 때문
에 권장하지 않습니다.

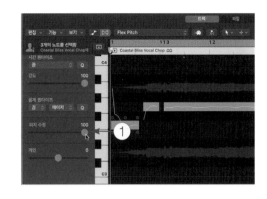

핫 스팟

노트에는 6개의 핫 스팟이 있으며 각각 다음과 같은 역할을 합니다.

① Fine Pitch : 상단 중앙에 있는 Fine Pitch는 피치를 100% 범위에서 미세하게 조정합니다.

② Pitch Drift : 상단 왼쪽과 오른쪽 모서리에 있는 Pitch Drift는 피치의 변화 과정을 표시하고
있는 실선을 조정합니다. 실제로 노래하는 피치입니다.

③ Vibrato : 하단 중앙에 있는 Vibrato는 비브라토 폭을 조정합니다.

④ Gain : 하단 왼쪽 모서리에 있는 Gain은 레벨을 조정합니다.

⑤ Formant Shift : 하단 오른쪽 모서리에 있는 Formant Shift는 톤을 조정합니다. 피치를 과하
게 변화시켰을 때 발생하는 톤의 변화를 보정할 때 많이 사용합니다.

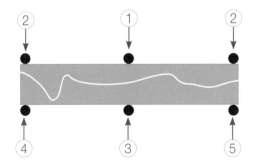

보정한 피치의 결과가 마음에 들지 않는
경우에는 노트를 삭제하여 복구하는 것
이 현명합니다.

Logic Pro Level Up

인풋 이펙트

하드웨어 인서트

프로 스튜디오에서는 하드웨어 EQ 및 컴프레서 등을 인서트하여 어느 정도 다듬어진 사운드를 레코딩 합니다. 어차피 레코딩 후에 다듬어도 되기 때문에 필요 없다고 주장하는 사람도 있지만, 대부분 경험이 없는 방구석 뮤지션인 경우가 많고, 불필요한 사운드를 사전에 차단하는 것은 믹싱 결과를 더 좋게 만들 수 있는 좋은 방법입니다. 필요 없는 작업을 위해 수 백만 원씩 투자하는 바보는 없습니다. 하지만, 홈 스튜디오에서는 현실적으로 부담되는 세팅이기 때문에 소프트웨어로 이를 대신할 수 있는 방법을 알아보겠습니다.

Aux 채널 만들기

믹서의 '옵션' 메뉴에서 ① '새로운 보조 채널 스트립 생성'을 선택하여 입력 신호를 받을 Aux 채널을 만듭니다.
새로 만든 Aux 채널의 ② '입력' 항목에서 마이크가 연결되어 있는 입력 단자를 선택합니다.

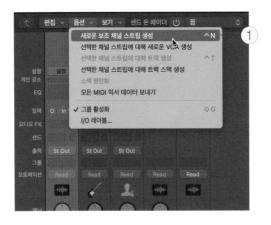

Bus 설정

Aux 채널의 ① '출력'에서 Bus 채널을 선택하고, 실제로 녹음할 트랙의 ② '입력'에서 Aux 채널의 Bus를 선택합니다. 입력 신호가 Aux 채널을 통해서 오디오 트랙 인풋으로 들어오게 만드는 것입니다.

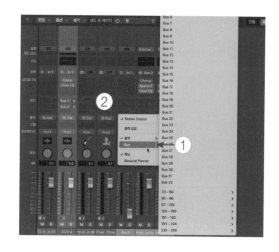

소프트웨어 인서트

오디오 트랙의 ③ '입력 모니터링' 버튼을 On으로 하고, Aux 채널의 ④ '오디오 FX'에서 Channel EQ와 Compressor를 인서트 합니다. 실제 하드웨어 EQ와 컴프레서를 사용하는 것과 동일하게 보컬 음색을 튜닝하여 레코딩을 진행할 수 있게 됩니다.

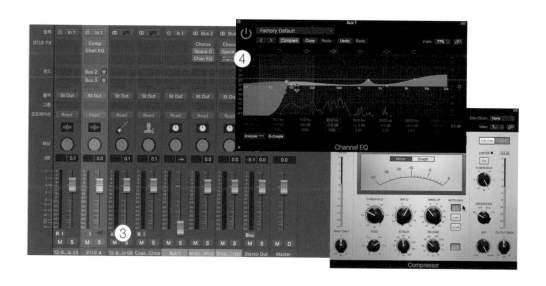

Logic Pro Level Up
하모니 만들기

트랙 복사

하모니를 가장 완벽하게 구현하는 방법
은 실제로 녹음을 하는 것입니다. 그러나
계획에 없던 하모니를 녹음이 다 끝난 후
에 추가할 필요가 있다면 보컬 트랙을 복
사하여 구현하는 방법도 있습니다. ① 트
랙 복사 버튼을 클릭하여 선택한 보컬 트
랙과 동일한 세팅을 가진 트랙을 만듭니
다. 그리고 Option 키를 누른 상태로 보
컬 리전을 ② 드래그하여 복사합니다.

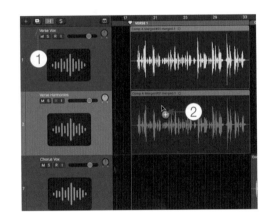

플렉스 모드

복사한 리전을 더블 클릭하여 트랙 에디
터를 열고, ③ Flex 보기 버튼을 On으로
합니다. 그리고 오른쪽 메뉴에서 ④ Flex
Pitch 모드를 선택합니다.

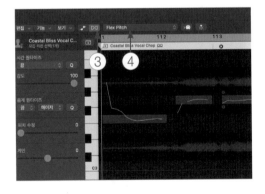

키 설정

① '음계 퀀타이즈'에서 작업한 곡의 키를 선택합니다. 실제로는 스케일 설정을 하지 않는 것이 편하지만, 이론이 약한 입문자에게는 유리한 방법입니다.

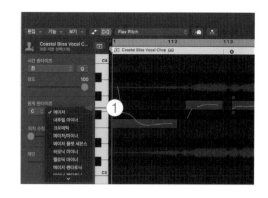

노트 이동

하모니는 3도 간격이 가장 자연스럽습니다. 하모니를 만들고자 하는 노트들을 마우스 드래그로 선택하고, ② 근음에 해당하는 노트를 2칸 올려 3음으로 이동시키거나 3칸 내려 5음으로 이동시킵니다. 아니면 4칸 올려 5음으로 이동시키거나 5칸 내려 3음으로 이동시켜도 좋습니다. 이동 폭은 가급적 가까운 것이 좋지만, 경우에 따라 옥타브 위/아래로 만드는 경우도 많으므로 모니터를 해보면서 결정합니다. 간혹, 스케일 설정 때문에 원치 않는 자리에 배치되는 노트는 1칸 위/아래로 이동시켜 수정하면, 꽤 그럴싸한 하모니를 간단하게 만들 수 있습니다.

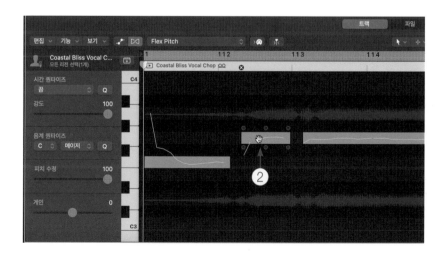

Logic Pro Level Up

하모니 믹싱

리전 정리

① 가위 툴을 이용하여 하모니를 만든 구간의 리전을 정리합니다.

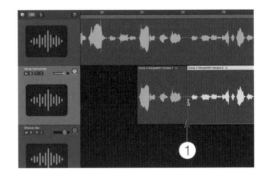

EQ 컨트롤

하모니는 고음역이 리드와 충돌하는 경우가 많으므로, Channel EQ를 열어 ② 고음역을 차단하는 것이 효과적입니다. 그리고 미들 음역을 강조하기 위해 ③ 저음역을 차단하는 것도 일반적인 테크닉 입니다.

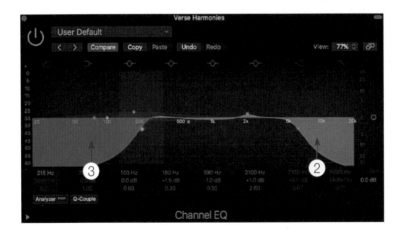

바운스

정리한 하모니 리전을 모두 선택하고 Control+B 키를 눌러 바운싱 합니다. ① '이름'은 구분하기 쉬운 이름으로 변경하고, ② '이펙트 플러그인 바이패스' 옵션을 체크하여 이펙트는 적용되지 않게 합니다.

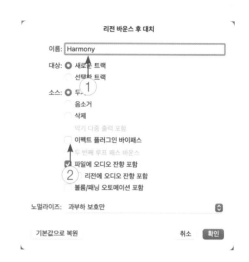

팬과 볼륨 조정

③ 3도 간격으로 하모니를 만들고, 각각의 ④ 팬을 조정하여 좌/우로 이동시킵니다. 그리고 ⑤ 볼륨을 조금 낮추어 자연스럽게 믹스되도록 합니다. 특히, 리드 보컬을 복사하여 만든 하모니는 아무래도 기계적으로 들릴 수 있기 때문에 부각되지 않도록 하는 것이 요령입니다.

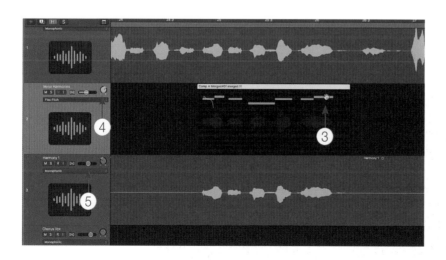

Logic Pro Level Up

음성 프로세싱

노이즈 게이트

음성 레코딩 후 첫 번째로 시행하는 작업은 귀에 거슬리는 호흡을 제거하는 것입니다. 단, 리전을 잘라내면 부자연스럽기 때문에 보통은 노이즈 게이트를 이용합니다. ① Reduction을 -12dB로 작게 설정하고, ② Threshold로 음성이 끝나는 지점을 찾습니다.

EQ 컨트롤

그 다음으로 EQ를 이용해서 음색을 보정합니다. 음성은 ③ 80Hz 이하의 저주파를 차단하고, ④ 7K 이상의 고음역을 올리는 것이 기본입니다. 여기에 보다 뚜렷한 음성을 만들기 위해 남성은 ⑤ 100Hz, 여성은 200Hz 또는 가장 잘 들리는 ⑥ 2-4KHz 대역을 증가시키기도 합니다.

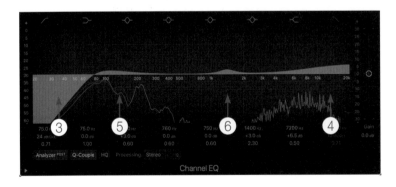

컴프레서

마지막으로 컴프레서를 이용하여 음성이 일정하게 들리게 만듭니다. ② Ratio는 2-4 정도로 높게 설정하지 않습니다. ② Knee 값을 올리고, ③ Attack을 조금 느리게 설정하여 가공된 느낌이 들지 않게 합니다. 그리고 ④ Auto Gain을 Off로 하여 ⑤ Make up을 수동으로 조정합니다.

편집과 정리

잠시 쉬고 있는 부분이나 오독이 있었던 부분을 가위 툴로 모두 잘라내고, Option+[키를 눌러 붙입니다. 그리고 인스펙터의 ⑥ '유형'에서 '크로스페이드'를 선택하고, ⑦ '페이드 아웃' 값을 적당히 입력하여 각 리전이 자연스럽게 연결되도록 합니다.

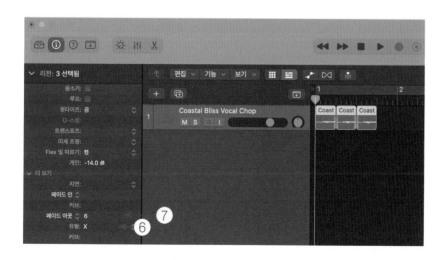

로직 사용 능력을 한 단계 올리는
로직 프로 레벨-업

09

믹싱

로직은 자체적으로 음악을 만들고 사운드를 디자인할 수 있는 다양한 플러그인을 제공합니다. 그 중에서 믹싱과 마스터링 작업에 필수적으로 사용되는 EQ와 컴프레서의 사용법과 실무 테크닉을 공개합니다. 물론, 믹싱과 마스터링은 창작 작업으로 보기 때문에 정해진 규칙이나 이론은 존재하지 않지만, 볼륨 컨트롤에서부터 다이내믹 확보 방법까지 전반적인 기초 지식을 갖출 수 있는 시간이 될 것입니다.

레벨 조정

믹싱의 시작은 볼륨 밸런스이며, 가장 기본적인 요소입니다. 물론, 믹싱 이전에 편곡과 레코딩이 잘 되어 있어야 하지만, 이는 당연한 얘기이므로 이론적인 내용은 생략합니다. 하지만, 자신이 만든 곡이 아니라면 믹싱을 하기전에 최소한 악기 편성이 어떻게 되어 있는지, 같은 주파수 대역에서 연주되는 악기는 어떤 것들이 있는지 정도는 파악을 해야 합니다.

악기의 구성이 정리되면 베이스와 드럼 같은 리듬악기, 패드와 스트링 같은 백그라운드 악기, 솔로 및 리드 악기, 그리고 보컬과 코러스 등으로 그룹을 나눕니다.

그룹을 나눈 후에는 각 그룹마다 악기의 거리감을 결정합니다. 가까운 거리의 소리는 크게 들리고, 멀면 작게 들립니다. 즉, 악기의 거리감을 결정하는 것은 레벨이며, 믹싱의 3대 요소인 〈높이, 넓이, 깊이〉 중에서 깊이를 조정하는 것입니다.

곡의 깊이를 어느 정도로 할 것인지는 음악 장르나 악기 수에 따라 천차만별이기 때문에 정해진 규칙은 없지만, 일반적으로 3-5단계로 하며, 각 단계의 레벨차는 -3dB 정도입니다. 예를 들어 범위를 4단계로 결정했다면 가장 전면에 있어야 할 킥과 베이스 또는 보컬을 기준으로 가장 뒤쪽에 배치되는 악기가 -9dB 정도 작아지는 것입니다.

여기서 가장 큰 문제는 믹서의 레벨 미터에 표시되는 볼륨과 사람이 인지하는 볼륨에 차이가 있으며, 주파수 대역마다 다르다는 것입니다. 특히, 개인의 취향에 따라 완전히 다른 견해를 가지고 있기 때문에 믹싱을 이론적으로 접근하는 것은 불가능하며, 오랜 훈련과 경험으로 익혀야 하는 창작 분야로 간주됩니다. 결국, 무작정 해보는 수밖에 없는데, 이것보다 무성의한 조언은 없을 것입니다.

본서는 자신만의 노하우가 생기길 때까지 믹싱 연습을 할 수 있는 최소한의 가이드 라인이 필요한 입문자들을 위해 대부분의 엔지니어들이 접근하는 방법으로 최소한의 기준을 제시하겠습니다.

기준 레벨 정하기

디지털 레코딩은 가급적 크게 하는 것이 좋습니다. 하지만, 클리핑이 발생해서는 안 됩니다. 그래서 -6dB에서 -3dB 정도의 헤드룸을 가질 수 있게 하는 것이 일반적이며, 이것은 믹싱에서도 마찬가지입니다. 믹싱 이후에 주파수 밸런스 및 라우드니스를 다듬는 마스터링 작업을 진행해야 하기 때문에 믹싱의 최종 레벨 역시 -6dB에서 -3dB 정도의 헤드룸을 확보하는 것이 좋습니다. 다만, 레코딩을 할 때는 Peak를 기준으로 하지만, 믹싱은 RMS를 기준으로 한다는 차이가 있습니다.

믹싱 레벨을 결정할 때 기준이 되는 악기는 음악 장르나 개인마다 차이가 있지만, 대부분은 가장 전면에 배치되는 킥 드럼이나 베이스 또는 보컬이나 리드 악기가 될 것이며, 가장 많이 선택하는 것이 킥 드럼입니다. 즉, 킥 드럼을 기준으로 하여 나머지 악기를 조정하는 것인데, 기준이 되는 킥 드럼을 -15dB에서 -12dB 정도로 설정합니다.

작업은 모든 악기 트랙의 볼륨 슬라이더를 내려 놓거나 킥 드럼을 Solo로 놓고, ① 레벨 미터가 -15dB에서 -12dB 정도가 되게 조정하는 것입니다. 보통 악기가 적으면 -12dB 정도로 하고, 많으면 -15dB 정도로 하는데, 킥 드럼을 기준으로 나머지 트랙을 조정했을 때 ② 마스터 레벨이 -6dB에서 -3dB 정도의 헤드룸을 갖게 하는 것이 목적입니다. 만일, 믹싱 작업을 진행하면서 마스터 레벨이 -3dB을 넘어간다면 전체 트랙을 선택하여 조금 더 낮춰야 할 필요가 있습니다.

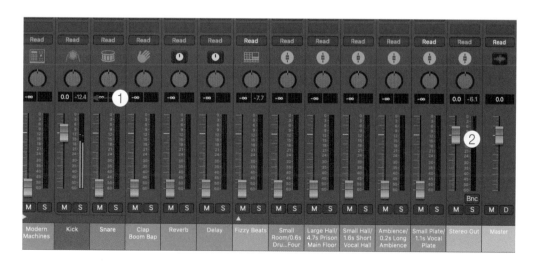

Logic Pro Level Up
팬 조정

믹싱의 3대 요소는 〈높이, 넓이, 깊이〉라고 했습니다. 레벨로 깊이가 결정되었다면 두 번째 작업은 팬으로 넓이를 결정하는 것입니다.

팬 컨트롤의 기본 목적은 중앙에 배치되는 보컬과 같은 주파수 대역에서 연주되는 악기를 좌/우로 이동시켜 음의 명료도를 향상시키는 것입니다. 가수마다 음역은 다르지만, 일반적으로 남성은 110Hz-350Hz이고, 여성은 180Hz-520Hz 범위인데, 대부분의 악기가 이 주파수 대역에서 연주됩니다. 결국, 킥과 베이스, 그리고 전주와 간주에서 연주되는 리드 악기 등을 제외한 모든 트랙은 팬을 조정하여 좌/우로 배치해야 한다는 것입니다.

여기서 한 가지 주의할 사항은 팬은 사운드 자체를 좌/우로 이동시키는 것이 아니라 반대편 채널의 볼륨을 줄여 밸런스를 조정하는 것입니다. 모노 소스의 경우에는 좌/우 소리가 똑같기 때문에 기본 설정의 Blance 모드 그대로 사용해도 상관없지만, 드럼의 오버헤드나 피아노와 같이 좌/우가 다른 스테레오 소스는 어느 한쪽 사운드가 소멸되는 결과를 만드는 것입니다. 그러므로 스테레오 소스 채널은 ① 팬 노브에서 마우스 오른쪽 버튼을 클릭하여 단축 메뉴를 열고, '스테레오 패닝'으로 모드를 변경합니다. 그러면 스테레오 폭과 좌/우 채널을 개별적으로 조정할 수 있습니다.

Pan Law

모노 채널의 Pan이나 스테레오 채널의 Blance 모드는 반대편 채널의 볼륨을 줄이는 방식이라고 했습니다. 즉, 팬을 완전히 돌렸을 때 볼륨이 반으로 줄어들게 됩니다. 레벨로는 -3dB인데, 볼륨이 작아지면 사운드가 뒤로 물러나는 문제가 발생합니다. 그래서 로직은 기본적으로 팬을 완전히 돌렸을 때 +3dB을 보상하여 밸런스가 무너지지 않게 합니다.

이렇게 팬을 돌렸을 때 레벨을 유지할 수 있게 정해 놓은 것이 패닝 규칙(Pan Law)이며, DAW 프로그램마다 기본 설정이 다릅니다. 본인이 만든 음악을 믹싱할 때는 아무런 문제가 없지만, 다른 프로그램에서 작업한 음악을 로직에서 불러오면 입체감이 완전히 달라지는 것입니다. 그래서 서로 다른 프로그램을 사용하는 친구들과 공동 작업을 할 때는 사전에 패닝 규칙 값을 통일시켜야 하며, 개인 작업이라도 스피커의 특성이나 공간에 따라 다르기 때문에 팬을 돌렸을 때 악기가 뒤로 밀리는 느낌이 있다면 패닝 규칙의 기본설정 값을 바꾸는 것이 좋습니다.

'파일' 메뉴의 '프로젝트 설정'에서 '오디오'를 선택하여 창을 열면 ① '패닝 규칙'을 설정할 수 있는 항목을 볼 수 있습니다. 목록은 가운데 레벨을 -3dB, -4.5dB, -6dB 내리는 것과 좌/우 레벨을 올리는 -3dB, -4.5dB, -6dB 보정이 있습니다. ② 스테레오 밸런서에 패닝 규칙 보정 적용 옵션을 체크하면 스테레오 채널의 '밸런스' 모드에서도 패닝 규칙 설정을 적용할 수 있는데, 스테레오 소스는 좌/우 채널이 다르기 때문에 믹싱을 할 때는 해제하는 것이 좋습니다.

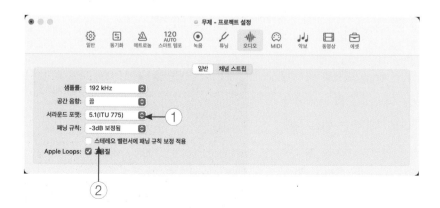

Logic Pro Level Up

이퀄라이징

모니터 스피커의 높이

믹싱의 3대 요소인 〈높이, 넓이, 깊이〉 중에서 높이를 결정하는 것이 EQ입니다. 저음은 아래쪽에서 들리고 고음은 위쪽에서 들리기 때문입니다. 이를 위해 모니터 스피커의 높이는 1KHz가 귀 높이에서 들릴 수 있게 세팅하는 것이 좋습니다. Audio FX의 Utility에서 ① Test Oscillator를 선택하여 열면 1KHz의 사인파가 재생됩니다. 사운드가 귀 높이에서 들리게 세팅합니다. 모니터 스피커의 높낮이를 조정할 수 없는 상태라면 살짝 기울이는 방법도 있습니다.

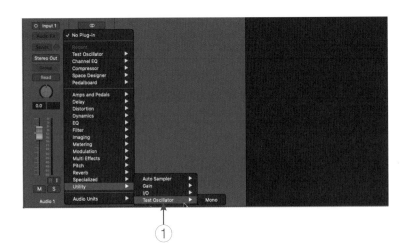

세팅이 완료되면 ② Frequency 노브를 움직여 2KHz, 4KHz, 8KHz는 어느 정도의 높이에서 들리는지, 500Hz, 250Hz, 120Hz는 어느 정도의 높이에서 들리는지 대략적인 위치를 확인합니다. EQ 작업을 할 때는 물론이고 믹싱을 연습할 때도 많은 도움이 됩니다.

이큐잉의 기본

EQ의 기본은 잡음이나 공간의 울림으로 만들어지는 공진음 등의 불필요한 주파수를 제거하는 것에서부터 시작하는 것입니다. 이를 찾는 방법은 ① 포인트를 올리고 휠을 돌려 Q 폭을 줄입니다. 그리고 좌/우로 천천히 이동하면서 모니터하는 것입니다. 불필요한 소리를 찾았다면 톤이 얇아지지 않는 지점까지 Command 키를 누른 상태로 포인트를 내리거나 ② Gain 값을 내려 제거합니다.

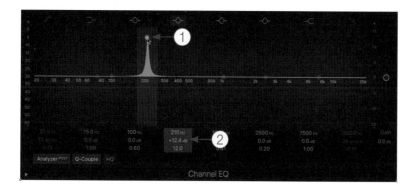

톤을 개선하고자 할 때는 반대로 포인트를 내려 찾습니다. ③ 포인트를 내리고, 좌/우로 움직이면서 사운드가 명료해지는 주파수를 찾습니다. 그리고 톤이 변하지 않는 지점까지 Gain 값을 천천히 올리는 방법입니다. 일반적으로 400-800Hz를 줄이면 사운드가 명료해지고, 1-4KHz를 증가시키면 선명해지고, 5-10KHz를 증가시키면 생동감이 생기고, 10-15KHz를 증가시키면 밝아집니다.

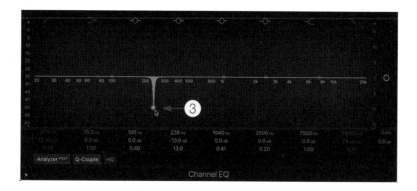

Logic Pro Level Up

킥 드럼 이퀄라이징

킥 드럼

킥 드럼은 일반적으로 홀에 넣어 어택을 수음하는 인 마이크와 전면에서 울림을 수음하는 아웃 마이크로 세팅 되는 경우가 많습니다. 즉, 인 마이크는 어택을 살리고, 아웃 마이크는 울림을 살리는 것이 킥 드럼 이큐잉의 포인트입니다.

킥 드럼을 부각시키기 위해서 실음역의 게인을 올리는 것 보다는 다른 악기의 저음역을 차단하는 것이 효과적인 경우가 많습니다. 실제로 킥과 베이스 기타를 제외한 대부분의 악기에서 저음역은 사운드를 둔탁하게 만드는 원인이 되기 때문에 일거양득의 효과를 얻을 수 있는 기법입니다. 킥 드럼에서도 사운드를 단단하게 만들기 위해 ① 40-50Hz 이하를 차단하는 방법을 많이 사용합니다. 특히, 아웃 마이크는 ② 실음역을 올려 울림을 증가시키는 경우가 많은데, 이때 저음역을 차단하면 좀 더 깔끔한 울림을 얻을 수 있습니다.

다른 악기 트랙의 저음역을 모두 차단하고, 킥을 디자인할 때의 첫 번째 포인트는 공진음을 제거하는 것입니다. 공진음이 발생하는 주파수 대역은 녹음 공간에 따라 달라지지만, 대부분 50-130Hz 부근에서 나타납니다. 포인트를 10dB 이상 올리고, 좌/우로 이동시켜 보면서 사운드가 길게 늘어지는 위치를 찾습니다. 그리고 게인을 천천히 낮춰 제거합니다. 만일 다듬어진 샘플을 사용하는 경우라면 이미 공진음이 제거되어 있을 수 있지만, 확인해보는 습관을 갖습니다.

공진음이 과하게 제거되면 사운드가 얇아질 수 있습니다. 이 경우에는 공진음 바로 아래 주파수를 올려 보강합니다. 만일, 킥 드럼이 보컬을 방해한다면 보컬 배음역에 해당하는 ③ 400-700Hz 부근을 살짝 줄입니다. 울림이 큰 아웃 마이크는 Q 대역을 조금 넓게 설정합니다.
드럼의 어택이 필요하다면 ④ 1-3KHz 부근을 살짝 올리고, ② 5KHz 이상을 증가시켜 사운드를 밝게 만듭니다. 간혹, 킥 드럼의 고음역은 필요 없다고 무조건 차단하는 경우가 있는데, 이는 배음에 대한 이해가 부족하기 때문입니다. 모든 사운드는 배음을 가지고 있으며, 이큐잉을 할 때는 실음역 보다 배음역을 조정하여 원하는 사운드를 만들 수 있어야 합니다. 다만, 울림이 큰 아웃 마이크는 ⑥ 고음역을 차단하여 다른 악기를 방해하지 않게 하는 것이 좋습니다.

이큐잉을 하고 나면 킥 드럼 트랙의 볼륨이 커집니다. 무슨 프로세싱이든 볼륨의 변화가 크다면 믹싱을 처음부터 다시 해야 하므로, ⑦ 아웃 게인을 낮춰서 이큐잉 전과 비슷하게 만들어야 합니다. 이큐잉 전/후의 사운드는 ⑧ On/Off 버튼을 클릭하여 비교할 수 있습니다. 참고로 울림이 있어야 하는 발라드 곡이라면 인 마이크의 게인을 조금 더 낮추고, 어택이 필요한 댄스 곡이라면 아웃 마이크의 게인을 조금 낮춰서 밸런스가 유지될 수 있게 합니다.

09 로직 프로 레벨-업 믹싱

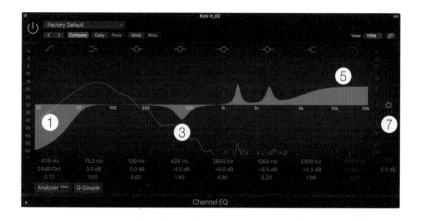

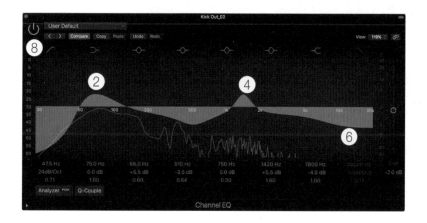

Logic Pro Level Up

스네어 및 탐 이퀄라이징

스네어 드럼

스네어 드럼도 탑 헤드와 보텀 헤드쪽에 마이크를 위치하여 2트랙으로 녹음을 하며, 킥 드럼과 마찬가지로 공진음이 존재합니다. 대부분의 스네어 공진음은 200Hz 부근에 존재하는데, 이는 실음역이므로, 사운드를 빈약하게 만들 수 있다는 것에 주의합니다. 그리고 ① 60Hz 이하의 저음역을 차단하여 킥 드럼의 간섭을 피하고, ② 2.5KHz 부근을 올려 어택을 살립니다. 필요하다면 ③ 6-16KHz 부근을 올려 사운드를 밝게 만들고, 이로인해 시끄러워진다면 ④ 15KHz 이상의 고음역을 차단합니다. 그리고 ⑤ Gain을 낮춰 프로세싱 전과 비슷한 레벨로 조정합니다.

보텀 헤드 트랙은 EQ를 복사하거나 ⑥ 프리셋으로 저장하여 사용합니다.

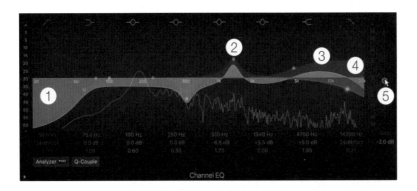

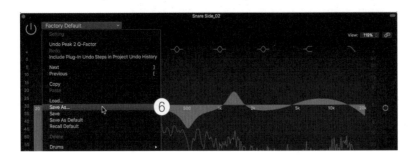

탐

탐은 기본적으로 3개에서 6개까지 연주자마다 구성이 다르고, 마이크도 악기 수대로 설치를 하기 때문에 손이 많이 가는 작업으로 오해하기 쉽습니다. 하지만, 개별적인 컨트롤 보다는 하이/로우 정도로 접근하는 것이 좀 더 효과적으로 안정적인 사운드를 만들 수 있습니다. 일단 하이 패스 필터로 ① 70Hz 이하를 차단하여 킥과 스네어 드럼의 간섭음을 줄이고, ② 3-5KHz 이상을 쉘빙 타입으로 올려 밝기를 증가시킵니다. 하이패스 필터로 저음이 부족하다면 ③ 200Hz 부근을 조금 올리고, 근접 마이크로 탁한 소리가 난다면 ④ 500-1000Hz 부근을 줄입니다. 그리고 이것을 로우 탐 트랙으로 복사하여 ⑤ 포인트를 조금씩 낮춰서 사용합니다.

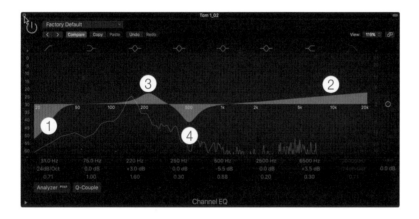

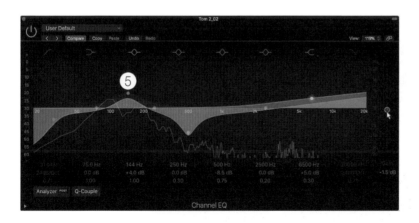

Logic Pro Level Up
마스터링 EQ

페더링 테크닉

마스터링은 개별 트랙을 컨트롤하는 믹싱 테크닉으로 접근해서는 안 되고, 여러 대역을 나누어 조금씩 컨트롤하는 방식으로 접근해야 합니다. 예를 들어 100Hz 대역의 저음역을 6dB 정도 올려야 한다면 100Hz를 3dB 정도만 올리고 그 주변의 80과 120Hz 대역을 1.5dB정도로 보충하는 것입니다. 이것을 페더링 테크닉(Feathering Technique)이라고 하며, 위상 변위를 줄이면서 다양한 레벨에서 밸런스를 유지할 수 있는 마스터링 이큐잉의 기본 테크닉입니다.

그리고 마스터링에서 주파수 밸런스의 중심은 보컬입니다. 물론, 믹싱에서도 보컬을 기준으로 트랙을 하나씩 더하는 경우도 있지만, 대부분 저음역의 킥을 중심으로 악기를 쌓아 놓고, 보컬을 얻는 방식으로 진행하는 경우가 많습니다. 그러므로 마스터링을 할 때는 항상 보컬을 중심으로 시작하는 것이 좋습니다. 예를 들어 밝고 선명한 음색을 만들기 위해서 고음역을 증가시켜야 할 필요가 있다면 고음역을 직접 컨트롤하기 전에 보컬 음역을 낮춰보는 것입니다. ① 보컬 음역을 2-3dB 정도 낮추고, ② 고음역을 1-2dB 정도로 조금 증가시키면, 전체 밸런스를 유지한 상태에서 고음역을 3-5dB 증가시킨 효과를 얻을 수 있고, 감소된 보컬 음역은 ③ 그 이하를 차단하는 것으로 해결합니다.

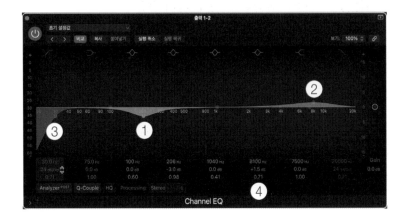

마스터링에서 EQ를 조정할 때는 ④ 대역폭(Q)을 1 이하로 넓게 설정하는 것이 좋습니다. 이를 Low-Q라고 하며, 자연스러운 음을 제공하기 때문에 마스터링 작업에서 많이 사용합니다. 반대로 2 이상의 좁은 대역폭을 Hi-Q라고 하며, 불필요한 잡음을 제거하거나 특정음을 강조하는 믹싱 작업에서 많이 사용합니다.

Linear Phase EQ

어떤 장치든 사용을 하면 음색 변화가 발생합니다. 그래서 믹싱과 마스터링 구분없이 꼭 필요한 장치가 아니라면 사용을 자제하는 것이 원칙입니다. 특히, EQ나 컴프레서와 같은 장치는 음색의 특성을 나타내는 위상이 변하기 때문에 매우 신중한 결정이 필요합니다. 여기서 EQ는 주파수가 꺾이는 부분에서 위상이 찌그러지는 현상이 발생하는데, 이러한 찌그러짐이 발생하지 않게 선형으로 처리하는 EQ를 리니어 타입이라고 합니다. 마스터링 작업을 할 때 주로 사용하며, 로직에서 제공하는 것이 ⑤ Linear Phase EQ가 이름 그대로 리니어 타입입니다. 다만, 지연 현상이 발생한다는 문제점이 있기 때문에 무조건 마스터링을 할 때는 Linear Phase EQ를 사용해야 한다는 선입견은 갖지 않는 것이 좋습니다.

다행이 로직은 Channel EQ와 Linear Phase EQ의 설정을 공유할 수 있기 때문에 ⑥ FX 슬롯에서 장치를 변경해보는 것 만으로도 각각의 특성을 쉽게 모니터할 수 있다는 것입니다. 반드시 모니터를 해보고 장치 사용을 결정하기 바랍니다.

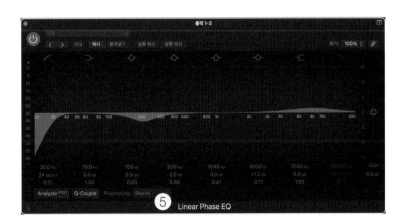

Logic Pro Level Up

빈티지 EQ -1

Vintage Tube EQ

로직은 과거 음향계를 평정했던 하드웨어 EQ를 그대로 복각하여 소프트웨어로 구현하고 있는 빈티지 스타일의 3가지 EQ를 제공합니다. 첫 번째 Vintage Console EQ는 70년대 전 세계 녹음 스튜디오 표준으로 여겨지던 Wessex A88 콘솔의 Neve 1073을 복각한 제품입니다.

▲ Neve 1073

Neve 1073은 저음역을 차단하는 Low Cut 필터와 3밴드 EQ로 구성되어 있습니다.

- In : 장치를 On/Off 합니다.
- Low Cut : 50Hz에서 300Hz 이하의 저음역을 차단하는 필터입니다. Slope는 18dB/Oct 입니다.
- Low Gain/Freq : 35Hz에서 220Hz 이하의 저음역을 증/감하는 쉘빙 타입입니다.
- MID Gain/Freq : 360Hz에서 7.2KHz 범위를 증/감하는 벨 타입입니다.
- High Gain : 12KHz 이상을 증/감하는 쉘빙 타입입니다.

Vintage Graphic EQ

두 번째 Vintage Graphic EQ는 60년대 후반 전설적인 녹음
시스템으로 알려진 API 콘솔에서 사용되던 500시리즈 그래
픽 타입의 EQ로 복각 모델은 API 560입니다.

▲ API 560

▲ API Console

API 560 역시 Neve 1073과 마찬가지로 아직도 많은 사랑을 받고 있는 제품입니다. 밴드가 고정되어 있는 그래픽 타입이기 때문에 손쉽게 사용할 수 있다는 장점이 있고, ① Tune을 조정하여 16Hz에서 32KHz 대역까지 각 밴드의 주파수 값을 조정할 수 있습니다.

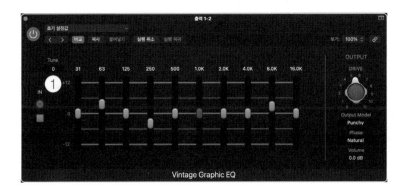

Logic Pro Level Up

빈티지 EQ -2

Vintage Tube EQ

파란색으로 유명한 Pultec EQP-1A와 MEQ-5를 복각하고 있는 제품입니다. 50년대부터 지금까지 Pultec이 없으면 녹음실 취급도 받지 못할 만큼 필수적인 장치로 인식되고 있으며, 저음과 고음역에 특화된 EQP-1A와 미들 음역에 적합한 MEQ-5가 콤비로 사용됩니다.

▲ Pultec EQP-1A

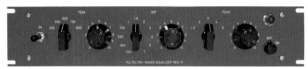

▲ Pultec MEQ-5

로직의 Vintage Tube EQ는 2단으로 구성되어 있으며, 상단이 EQP-1A, 하단이 MEQ-5를 시뮬레이션 합니다. EQP-1A는 쉘빙 타입의 Low와 High Atten, 그리고 피크 타입의 High로 구성되어 있으며, MEQ-5는 3밴드 모두 피크 타입입니다.

● EQP-1A

Low Boost : Low Freq에서 설정한 저음역 이하를 증가시킵니다.

Low Atten : Low Freq에서 설정한 저음역 이하를 감소시킵니다.

Low Freq : 저음역 쉘빙 주파수 대역을 20Hz에서 100Hz 범위로 설정합니다.

High Boost : High Freq에서 설정한 주파수를 중심으로 증가시킵니다.

High Bandwidth : 고음역 대역폭을 조정합니다.

High Freq : 조정할 고음역의 중심 주파수를 1KHz에서 16Hz 범위로 설정합니다.

High Atten : High Atten Sel에서 설정한 고음역 이상을 감소시킵니다.

High Atten Sel : 고음역 주파수 대역을 5KHz에서 20KHz 범위로 설정합니다.

● MEQ-5

Low Freq : 저음역 중심 주파수를 200Hz에서 1KHz 범위로 설정합니다.

Low Peak : 저음역을 증가시킵니다.

Dip Freq : 중음역 중심 주파수를 200Hz에서 5KHz 범위로설정합니다.

Dip : 중음역을 감소시킵니다.

High Freq : 고음역 중심 주파수를 1.5KHz에서 5KHz 범위로 설정합니다.

High Peak : 고음역을 증가시킵니다.

● OUTPUT

3가지 Vintage EQ OUTPUT에는 출력 게인 및 모델을 선택할 수 있는 파라미터를 제공합니다.

Drive : 입력 게인을 높여 아날로그 특유의 색감을 추가합니다.

Output Model : 출력 모델을 선택합니다.

Silky(Tube EQ), Punchy(Graphic EQ), Smooth(Console EQ)이며, EQ와 일치하는 모델을 사용하거나 다른 장치를 선택할 수 있습니다.

Phase : 위상 처리 모드를 선택합니다.

일반(Natural)과 리니어(Linear) 방식을 제공합니다.

Volume : 출력 볼륨을 설정합니다.

Logic Pro Level Up
매칭 및 싱글 EQ

Match EQ

Match EQ는 사용자가 만든 곡의 주파수 밸런스를 사용자가 좋아하는 곡과 동일하게 맞춰주는 기능을 갖추고 있어 초보자도 손쉽게 전문가급 마스터링 작업을 할 수 있게 해줍니다. 사용법은 간단합니다. 사용자가 좋아하는 곡을 ① Reference로 가져다 놓고, 사용자가 만든 곡은 ② Current로 가져다 놓습니다. 그리고 ③ Match 버튼을 클릭하면 됩니다. 바운싱을 하지 않은 곡이라면 Current의 ④ Learn 버튼을 On으로 놓고, 프로젝트를 끝까지 재생하여 분석합니다.

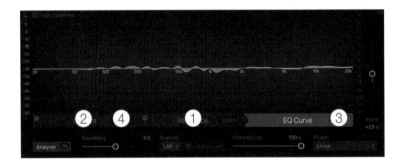

● Fade Extremes : 100Hz 이하의 저음역과 10KHz 이상은 고음역을 제외시킵니다. 핸들을 드래그하여 범위를 조정할 수 있으며, 트레숄드보다 높거나 낮은 신호는 서서히 0으로 사라집니다.

- Analyzer : 분석 주파수 전(Pre)/후(Post) 신호를 디스플레이에 표시합니다.
- Smoothing : EQ 조정 라인을 조정합니다.
- Channel : 채널을 선택합니다.
- Hide Orders : 개별 채널을 선택한 경우 다른 채널을 가리거나 표시합니다.
- Channel Link : 채널 설정을 세분화합니다. 100%는 모든 채널이 공통 커브로 표시되며, 0%는 각 채널이 별도로 표시됩니다. 0~100% 사이는 각 채널의 변경 사항이 혼합되어 표시됩니다.
- Phase : 필터 커브의 작동 원리를 선택합니다.

  Linear - 위상이 변경되는 것을 방지하지만 지연 시간이 길어집니다.

  Minimal - 위상은 변경되지만 지연 시간이 줄어듭니다.

  Minimal, Zero Latency - 지연 시간은 추가되지 않지만 CPU 사용량이 높습니다.
- Apply : 필터 커브가 신호에 미치는 영향을 결정합니다. 100% 이상이면 확대되고, 100% 미만이면 감소합니다. 음수 값은 커브를 반전시키고, 100%는 필터 커브에 영향을 주지 않습니다.

Single Band EQ

Low Cut, Low Shelf, Parametric, High Shelf, High Cut 모드 중에서 한 가지를 선택하여 사용할 수 있는 싱글 밴드 EQ입니다. 마스터링은 주로 쉘빙 타입 하나로 해결할 수 있는 경우가 많으며, 클럽 음악의 로우 및 하이 컷 필터 효과를 연출하는 등 실제로 활용도가 매우 높은 장치입니다.

Logic Pro Level Up

다이내믹

컴프레서 타입

다이내믹은 큰 소리와 작은 소리의 차이를 말하며, 최근 믹싱의 추세는 다이내믹 범위를 줄이는데 초점을 맞추고 있습니다. 일부에서는 감동이 없는 음악이라고 비난하는 경우도 있지만, 출시와 동시에 다른 음악과 비교되는 온라인 음악 시장에서는 어쩔 수 없는 선택입니다.

기본적으로 레벨 변화가 큰 리얼 연주나 보컬에서 레벨을 균일하게 유지할 수 있도록 하는 것이 목적이지만, 다이내믹 장치는 엔벨로프 디자인에 의한 음색 변화에도 영향을 주기 때문에 미디 및 샘플 트랙에서도 많이 사용합니다. 특히, 같은 레벨에서도 입체감에 변화를 주기 때문에 믹싱 작업에서 많은 부분을 고려해야 하는 장치입니다. 그리고 EQ 전에 사용할 것인지, 후에 사용할 것인지도 판단을 할 수 있어야 하는데, 일반적으로 EQ로 사운드를 정리한 후에 사용하지만, 레벨 변화가 심한 트랙의 경우에는 EQ 전에 레벨을 다듬어야 좋은 결과를 얻을 수 있습니다. 단, 이것은 어디까지나 이론이기 때문에 컴프레서를 EQ 슬롯 위/아래로 옮겨가면서 사운드를 직접 체크하고 결정하는 습관을 갖는 것이 중요합니다.

컴퓨터에서 실행되는 플러그인들은 과거에 유명했던 아날로그 장비를 디지털로 시뮬레이션한 것들입니다. 물론, 제품마다 확연한 차이를 보이는 실제 하드웨어만큼은 아니지만, 플러그인 역시 제조사나 모델 마다 고유한 색깔이 있습니다. 똑같은 값으로 프로세싱을 하더라도 제품에 따라 결과물이 달라진다는 의미입니다. 그래서 악기마다 여러가지 제품을 사용해보고 자신의 취향에 맞는 제품을 고르는 것조차 일입니다. 그런데 로직의 컴프레서는 총 7가지의 타입을 하나의 장치에서 제공하고 있기 때문에 악기에 어울리는 모델을 손쉽게 테스트해볼 수 있다는 장점이 있습니다.

① 타입은 Digital, VCA 3개, FET 2개, Opto로 총 7가지가 시대별로 배열되어 있으며, Digital은 로직 제작사에서 개발한 디지털 버전이고, 나머지 6개가 하드웨어 제품을 시뮬레이션한 것입니다.

VCA는 전압 제어 증폭기(Voltage Controlled Amplifier)로 소리를 전압 신호로 처리하는 방식입니다. 대표적인 하드웨어 장치는 Focusrite의 Red Compressor가 있으며, 주로 어택이 강한 저음역 악기에 많이 사용합니다.

▲ Focusrite Red Compressor

FET는 필드 이펙트 트렌지스터(Field Effect Transistors)로 소리를 트렌지스터 회로로 처리하는 방식입니다. 대표적인 하드웨어 장치는 Universal Audio의 1176 Compressor가 있으며, 진공관 타입을 시뮬레이션하는 장치이기 때문에 흔히 따뜻하다고 표현하는 아날로그 고유의 색체가 묻어난다는 특징이 있습니다.

▲ 1176 Compressor

Opto(Optical)은 소리를 빛의 신호로 처리하는 방식입니다. 대표적인 하드웨어 장치는 Universal Audio의 LA-2A Compressor가 있으며, 주로 버스 트랙이나 마스터링 작업을 할 때 많이 사용합니다.

▲ LA-2A Compressor

Logic Pro Level Up

컴프레서 파라미터 1

Threshold, Ratio, Attack, Release

컴프레서는 큰 소리를 줄이는 장치입니다. 이때 얼마나 큰 소리를 줄일 것인지를 결정하는 것이 트레솔드(Threshold)이고, 얼마나 줄일 것인지를 결정하는 것이 레시오(Ratio) 입니다. 그리고 동작 타임을 결정하는 어택(Attack)과 릴리즈(Release)를 포함하여 총 4가지가 파라미터가 상호 작용을 합니다. 여기서 어택과 릴리즈는 음색에 큰 영향을 주기 때문에 오랜 경험과 연습이 필요합니다.

① 트레솔드(Threshold)

어느 정도의 큰 소리를 줄일 것인지를 결정합니다. 장치를 로딩하면 기본적으로 -20dB로 설정되어 있습니다. 20dB이 넘는 소리가 발생했을 때 컴프레서가 동작을 하게 되며, 그만큼의 볼륨을 더 올릴 수 있는 헤드룸을 확보할 수 있게 되는 것입니다. 결국, 좀 더 좁은 다이내믹을 가진 사운드를 만들 수 있게 되는 것입니다. 다이내믹이 줄면 같은 레벨이라도 좀 더 힘있고 크게 들리며, 흔히 댐핑(Damping) 또는 입체감 있다고 표현하는 사운드를 만들 수 있습니다.

② 레시오(Ratio)

트레숄드에서 설정한 레벨 이상을 얼만큼 줄일 것인지를 설정합니다. 값은 2:1, 3:1...의 비율로 표시되며, 최대 30:1까지 지원합니다. 2:1로 설정하면 트레숄드 이상의 레벨을 절반으로 줄이고, 3:1로 설정하면 3분의 1로 줄이는 것입니다. 일반적으로 10:1이 넘어가면 피크 방지를 위한 리미터(Limiter)로 취급하며, ⑥ 미터(Meter) 디스플레이를 통해 실제로 얼만큼의 레벨이 줄고 있는지 실시간으로 확인할 수 있습니다.

③ 어택(Attack)

컴프레서의 동작 시작 타임을 설정합니다. 트레숄드에서 설정한 레벨 이상이 감지되었을 때 레시오에서 설정한 비율로 레벨을 줄이는 것이 컴프레서인데, 이때 바로 동작하는 것이 아니라 어택 파라미터에서 설정한 타임이 지난 후에 동작합니다. 엔벨로프의 어택은 음색을 결정하는 주요 구간이기 때문에 컴프레서의 어택 타임은 엔벨로프의 어택 구간이 지난 후에 동작하도록 설정하는 것이 일반적입니다. 다만, 너무 길면 피크를 제어할 수 없기 때문에 컴프레서의 사용 목적을 이룰 수 없습니다. 실제로 컴프레서를 다루는데 있어서 가장 어려운 부분이며, 오랜 경험이 필요한 파라미터입니다.

어택 타임을 설정하는 요령은 타임을 아주 느리게 설정한 상태에서 천천히 줄이면서 ⑥ 미터(Meter)의 바늘이 사운드의 어택 보다 조금 느리게 반응하는 지점을 찾는 것입니다. 말은 쉽지만, 익숙해지는데 오랜 연습이 필요한 사항입니다.

④ 릴리즈(Release)

컴프레서의 동작이 멈추는 타임을 설정합니다. 컴프레서가 동작을 하고 있다가 트레숄드에서 설정한 레벨 이하로 떨어지면 릴리즈(Release) 파라미터에서 설정한 타임이 지난 후에 동작을 멈추게 됩니다. 일반적으로 릴리즈 타임이 빠를 수록 다이내믹이 증가하지만, 컴프레서를 사용하기 전에 들리지 않았던 보컬의 호흡 소리나 악기의 잡음 등이 증가하는 현상이 발생할 수 있기 때문에 주의해야 합니다. 입문자는 릴리즈 타임이 자동으로 조정되는 ⑤ Auto 기능을 사용하는 것이 좋습니다.

릴리즈 타임을 설정하는 요령은 타임을 아주 빠르게 설정한 상태에서 천천히 올리면서 ⑥ 미터(Meter)의 바늘이 사운드의 릴리즈 보다 조금 빠르게 복구되는 지점을 찾는 것입니다.

Logic Pro Level Up

컴프레서 파라미터 2

Make up, Knee, Limiter, Distortion, Side Chain

로직의 컴프레서는 Threshold, Ratio, Attack, Release의 4가지 주요 파라미터 외에 Make up, Knee, Diostortion 등의 부가적인 기능을 갖추고 있습니다. 이것들 역시 레벨과 악기 음색에 영향을 주는 파라미터이기 때문에 각각의 역할을 정확하게 알고 있어야 합니다. 참고로 타입마다 Knee, Attack, Release 파라미터가 없는 경우도 있습니다.

① 메이크 업(Make Up)

컴프레서는 큰 소리를 줄이는 장치입니다. 결국 전체 레벨이 감소되는데, 이를 보충하기 위해 출력 레벨을 올리는 파라미터가 Make Up 노브입니다. 그리고 오른쪽의 Auto Gain은 감소된 만큼 자동으로 레벨을 올려주는 역할을 하며, 최대 0dB 또는 -12dB의 제한을 둘 수 있습니다. 하지만, Auto Gain을 Off로 하고, 왼쪽의 ⑥ Input Gain과 오른쪽의 ⑦ Output Gain 레벨 미터를 확인하면서 조정하는 것이 좋습니다. 그리고 ⑧ Mix 노브를 이용하여 입/출력 비율을 조정합니다.

② 니(Knee)

Threshold 이상의 레벨이 줄어들 때의 반응 속도를 조정합니다. ⑨ Graph 디스플레이를 선택하면 왼쪽에서 Knee 곡선을 확인할 수 있습니다. 타임이 짧으면 급격하게 압축되므로 과격한 음색 효과를 제공하고, 타임이 길면 트레숄드 이전부터 압축이 진행되어 부드러운 음색 변화를 제공합니다.

③ 리미터(Limiter)

리미터는 클리핑을 완전히 차단할 수 있도록 높은 압축률을 제공하는 컴프레서 계열의 장치입니다. 로직의 컴프레서는 이러한 리미터 기능을 함께 제공하고 있어 컴프레서의 트레숄드를 낮게 설정하고, 리미터의 트레숄드를 높게 설정하여 피크 성분을 줄이면서 평균 레벨을 올릴 수 있습니다. 리미터의 사용 여부는 On 버튼으로 결정할 수 있고, Threshold에서 설정한 레벨 이상의 피크는 절대 발생하지 않게 합니다.

④ 디스토션(Distortion)

트레숄드를 초과하는 레벨의 압축 강도를 설정합니다. 부드럽게 압축하는 Soft와 강하게 압축하는 Hard, 그리고 절대 초과되지 않게 하는 Clip 중에서 선택할 수 있습니다. 사운드가 찌그러지는 현상이 발생할 수 있는데, 아날로그의 따뜻함이 느껴진다고 해서 의도적으로 적용하는 경우가 있습니다.

⑤ 사이드 체인(Side Chain)

컴프레서를 다른 트랙의 오디오 신호에 의해 동작되게 합니다. DJ가 말을 할 때 음악이 줄어들게 하는 더킹 효과나 킥 드럼이 연주될 때 베이스가 압축되는 EDM 사운드를 만들 때 많이 사용하는 기법으로 소스 트랙은 오른쪽 상단의 사이드 체인 목록에서 선택합니다.

파라미터는 검출 방식을 선택하는 Detection과 주파수 대역을 조정할 수 있는 Filter가 있습니다.

● Detection : 스테레오 채널에서 하나의 채널(Max)이 트레숄드를 초과할 때 반응하게 할 것인지, 두 채널의 합(SUM)이 초과할 때 반응하게 할 것인지를 결정하며, 레벨 검출 방식을 Peak와 RMS 중에서 선택할 수 있습니다.

● Filter : 컴프레서가 특정 주파수 대역에서 동작할 수 있도록 필터를 걸 수 있습니다. On 버튼을 클릭하면 필터가 동작하고, 중심 주파수를 결정하는 Frequency, 타입을 선택하는 Mode, 폭을 선택하는 Q 노브를 제공합니다. 소스 레벨을 조정하는 Gain은 ParEQ 및 HS 모드에서 사용할 수 있으며, Listen 버튼을 클릭하면 소스 사운드를 모니터할 수 있습니다.

Logic Pro Level Up

킥 드럼 컴프레싱

킥 드럼

음악 장르에 따라 다르겠지만, 저음역을 담당하는 악기는 킥 드럼과 베이스가 유일합니다. 그래서 대부분의 믹싱 엔지니어는 킥 드럼의 어택을 강조하는 타입으로 컴프레싱을 적용하며, 반응 속도가 빠른 FET 타입을 주로 사용합니다. 로직은 ① Studio FET와 Vintage FET가 있는데, 음악 스타일이나 자신의 취향에 맞는 것을 선택합니다.

컴프레싱을 하는 과정은 악기별로 구분되어 있지 않습니다. 다만, 킥 드럼의 공진음이 길게 남아 있으면 전체 사운드의 명료도를 감소시키는 요인이 되기 때문에 컴프레싱 전에 EQ를 이용하여 불필요한 공진음부터 제거하는 것이 좋습니다.

다음은 일반적인 컴프레싱 과정입니다. 그러나 소스와 음악 장르 및 템포에 따라 다르기 때문에 예로 든 값은 아무런 의미가 없습니다. 직접 사운드를 모니터하면서 조정할 수 있길 바라며, 제시되는 값은 참고 정도만 합니다.

② Ratio 비율을 10:1 이상으로 높게 설정합니다.

③ Attak 타임을 느리게 ④ Release 타임을 빠르게 설정합니다.

⑤ 디스플레이의 게인 리덕션 바늘이 -10dB 이상 압축되게 ⑥ Threshold를 낮춥니다. 여기까지 컴프레싱을 위한 준비입니다.

③ 느리게 설정해 놓은 Attack 타임을 천천히 낮추면서 ⑤ 게인 리덕션 바늘의 반응 속도를 킥의 비트가 들리는 소리 보다 조금 늦게 움직이도록 합니다.

④ Release 타임은 비트보다 짧게 설정하는 것이 일반적입니다. 하지만, 너무 짧으면 보컬의 호흡 소리나 악기의 잡음이 갑자기 커지는 브리딩(Breating) 현상이나 트랜지언트가 감소되는 펌핑(Pumping) 현상이 발생할 수 있기 때문에 이론적인 수치보다 직접 모니터하면서 컨트롤하거나 Auto 기능을 사용합니다. 수동으로 설정할 때는 빠르게 설정해 놓은 Release 타임을 천천히 올리면서 ⑤ 게인 리덕션 바늘의 복구 속도가 사운드의 레벨 변화 보다 살짝 빠르게 움직이도록 합니다.

② Ratio 비율은 일반적으로 4:1을 기본으로 레벨을 일정하게 유지하면서 밝은 음색이 필요한 댄스 음악에서는 8:1까지 높게 설정하기도 하고, 명료도와 무게감이 필요한 음악에서는 2:1까지 낮게 설정하기도 합니다. 다만, 같은 비율이라도 어택과 릴리즈 타임에 따라 전혀 다른 결과가 만들어진다는 것을 알고 있어야 합니다.

⑤ 게인 리덕션이 -6dB 정도 되게 ⑥ Threshold를 조정합니다.

⑦ Auto Gain을 Off로 하고 ⑧ Input Gain 레벨 미터와 ⑨ Output Gain 레벨 미터가 비슷해지도록 ⑩ Make Up 레벨을 조정합니다.

⑪ Distortion을 적용하여 피크 레벨이 처리되게 합니다.
⑫ Mix 값을 조정하여 마무리합니다.

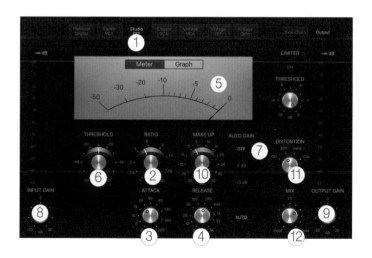

Logic Pro Level Up

스네어 및 탐 컴프레싱

스네어

컴프레서는 원하는 음색에 따라 달라집니다. 예를 들어 부드러운 스네어를 원한다면 어택을 2ms 이하로 빠르게 하고 레시오 비율을 높입니다. 그리고 릴리즈 타임을 1초 이상으로 느리게 설정하면 드럼의 트랜션트는 탄탄해지고 레벨을 올려도 피크가 적게 발생합니다. 반대로 단단한 스네어 드럼이 필요하다면 ① 어택을 5-15ms 정도로 느리게 설정하고, ② 레시오 비율을 2:1이나 3:1로 낮게 설정합니다. 그리고 ③ 릴리즈 타임을 200ms 이하로 빠르게 설정하면 다이내믹한 스네어 사운드를 만들 수 있습니다. ④ Mix는 In/Out 레벨 변화가 크지 않게 설정하고, ⑤ Distortion을 적용하여 아날로그의 따뜻함을 유지합니다.

탐

탐은 레시오 비율을 5:1 정도로 높게 설정하고 릴리즈 타임을 200-500ms 정도로 길게 하여 하이, 미들, 로우 다이내믹을 비슷하게 만든다는 것 외에 스네어 세팅과 크게 다르지 않습니다. 다만 탐은 오버헤드에도 포함되어 있고, 스테레오 마이크로 세팅을 하기 때문에 ① 위상이 반대로 겹치는 경우가 발생합니다. 이 경우에는 Utiltiry 폴더의 Gain에서 ② Phase Invert를 활성화하여 위상을 반대로 뒤집어 주는 방법으로 해결합니다.

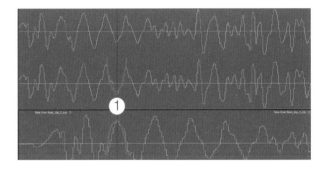

Enveloper

스네어는 킥, 하이-햇, 심벌 등의 간섭음이 많습니다. 그래서 노이즈 게이트 및 EQ를 조금 과하게 사용할 수밖에 없는데, 여기에 컴프레서까지 적용하면 스네어의 어택이 많이 줄어듭니다. 이는 로직에서 제공하는 다이내믹 계열의 엔벨로퍼(Enveloper)에서 왼쪽의 ① 어택 게인(Gain)을 올리고, 오른쪽은 릴리즈 ② 게인(Gain)을 줄이면 보강할 수 있습니다. 각각의 ③ 타임(Time)도 조금씩 줄이고, 이로 인해 증가된 ④ 아웃 레벨(Out Level)도 줄입니다.

Logic Pro Level Up
오버헤드 컴프레싱

위상 문제

스테레오로 레코딩 되는 오버헤드는 마이크 간격으로 인한 ① 위상차가 발생할 수 있습니다. 이는 어마 어마한 드럼 사운드를 손실시키는 원인이 되므로, 반드시 프로젝트를 확대하여 확인하고, 정확하게 맞춰야 한다는 것을 잊지 말기 바랍니다. 이부분을 확인하지 않고 답답한 드럼 사운드를 해결하기 위해 2-3겹으로 레이어를 쌓아 사운드를 지저분하게 만드는 경우를 많이 봅니다.

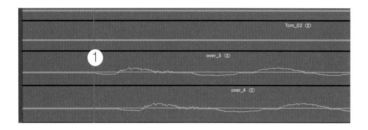

만일, 스테레오 트랙으로 녹음을 한 경우라면 ② 브라우저 버튼을 클릭하여 창을 열고, 오버헤드 파일에서 마우스 오른쪽 버튼을 클릭하여 단축 메뉴를 엽니다. 그리고 ③ 파일 복사/변환을 선택하여 창을 열고, ④ 스테레오 변환에서 인터리브에서 분할로를 선택하여 저장합니다. 이렇게 두 채널로 분리된 파일을 프로젝트로 가져와 사용하면 됩니다.

프로세싱

심벌에 초점을 맞추어 이큐잉을 하면 킥과 스네어의 간섭음이 커질 수 있으므로 전체적인 공간감을 형성하는 느낌으로 접근하는 것이 좋습니다. 하이패스 필터로 ① 저음역(50Hz)을 제거하고 피킹으로 ② 스네어와 탐을 보강합니다. 간섭음이 크다면 반대로 줄여야 할 수도 있습니다. 그리고 ③ 2KHz 대역을 증가시켜 어택을 강조하고, ④ 10KHz 이상에서 밝기를 조정합니다.

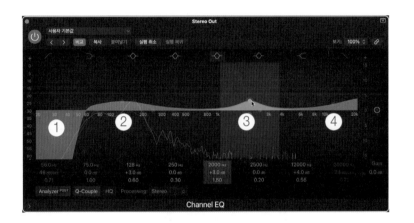

드럼의 개별적인 작업은 악기음이 명확하게 들리도록 하는데 초점을 맞추고 있습니다. 그래서 전체적으로 음장이 부족하거나 심하면 분리되는 현상이 발생할 수 있습니다. 이러한 문제를 해결하는 것이 오버헤드입니다. 그래서 컴프레서를 압축 목적으로 사용하기 보다는 전체 사운드를 다듬

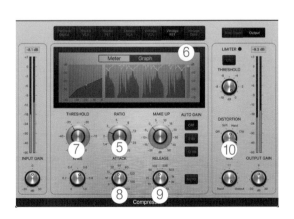

는다는 느낌으로 접근합니다. ⑤ Ratio를 2.5:1에서 3:1 정도로 설정하고, ⑥ Reduction이 5dB 정도로 움직일 수 있게 ⑦ Threshold를 설정합니다. ⑧ Attack은 조금 느리게 20ms 정도, ⑨ Release는 100ms 정도로 설정합니다. 그리고 ⑩ Distortion을 Hard로 설정하여 평탄함을 유지할 수 있게 합니다.

Logic Pro Level Up

일렉 기타와 베이스

리듬 기타

일렉 기타와 베이스는 연주자가 앰프 설정뿐만 아니라 이펙트까지 처리를 하기 때문에 별다른 조치를 하지 않아도 완성된 믹싱 사운드를 얻을 수 있는 경우가 대부분입니다. 특히, 리듬 기타는 컴프레서만 살짝 걸어도 충분한 경우가 많습니다. 따라서 믹싱을 할 때는 음색의 명료도와 다이내믹에 초점을 맞추어 접근하는 것이 좋습니다. 예를 들어 ① 1-3KH의 MID로 비트를 강조하고, ② 200-300Hz의 Low로 무게감을 만들어도 좋지만, 반대로 800Hz-1KHz의 MID를 낮추고, ③ High를 살짝 올리는 기법이 더 효과적일 수 있습니다.

컴프레서는 ④ Threshold를 가급적 높게 설정하고, 게인 리덕션이 살짝 걸리도록 ⑤ Ratio를 설정합니다. 그리고 ⑥ Attack은 피킹 음을 유지할 수 있는 한도 내에서 가급적 짧게 설정합니다. 그러면 연주자의 세팅을 크게 손상시키지 않으면서 자연스러운 음색을 유지할 수 있을 것입니다.

일렉 베이스

베이스는 노이즈 게이트를 이용하여 공백 구간에서 발생하는 잡음을 제거하고 이큐잉을 시작하는 것이 좋습니다. ① Open과 Close를 관찰하면서 ② Threshold를 설정합니다.

EQ 역시 ③ Dip Freq/Dip 파라미터를 조정하여 공진음을 먼저 제거합니다. 이로 인해 부족한 저음은 ④ Low Boost/Freq 파라미터로 보강하고, ⑤ High Freq/Peak 파라미터를 이용하여 밝기를 조정합니다. 즉, 잡음을 제거하고 불규칙한 레벨 변화를 일정하게 만드는데 초점을 맞추는 것입니다. 그래서 컴프가 필요 없는 경우도 있을 수 있지만, 펀치력 있는 음색이 필요하다면 4:1 이하의 낮은 비율로 피크만 제어한다는 느낌으로 접근합니다. 일반적으로 어택 타임은 조금 느리게 설정하고, 릴리즈 타임은 손가락 잡음이 들리지 않는 한도내에서 가능한 빠르게 설정하면, 레벨이 일정하게 유지되면서 단단하게 연주되는 베이스 음색을 만들 수 있습니다.

Logic Pro Level Up

건반 및 리드 악기

건반 악기

피아노 계열의 건반 악기는 다른 악기에 비해 뒤로 밀리기 쉽습니다. 그래서 조금 과하다는 느낌이 들도록 ① 고음역을 쉘빙으로 들어주는 것만으로도 충분한 효과를 볼 수 있습니다.

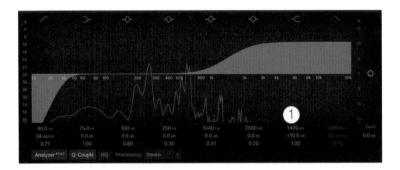

건반 악기는 리듬과 멜로디가 혼합되기 마련입니다. 물론, 각각의 연주 타입별로 트랙을 구분하는 경우도 있지만, 혼합되어 있는 경우라면 ② Attack을 20ms 이하로 조금 빠르게 설정하고, Ratio와 Threshold는 ③ 게인 리덕션이 -5dB 폭으로 조정되게 설정합니다. 그리고 Release 타임은 ④ Auto 모드를 사용하고, ⑤ Distortion을 Soft로 선택하여 피크를 제한합니다.

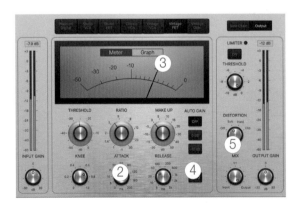

패드 및 스트링 계열의 건반 악기는 백그라운드로 사용되는 경우가 많기 때문에 가볍게 취급하는 경우가 많습니다. 하지만 뒤에서 살펴볼 리버브와 딜레이를 걸었을 때 자칫하면 사운드가 날카롭고 빈약해질 수 있기 때문에 ① High Gain으로 고음역을 약간 올려주는 것이 좋습니다. 음색에 따라 ② Low 및 MID 음역을 보충하거나 빼고 ③ Drive를 조금 과하게 주면 아날로그 세츄레이션 효과가 더해져 잔향을 걸었을 때 부드럽고 따뜻한 사운드를 연출할 수 있습니다.

리드 악기

리드 악기를 신디나 일렉 기타 계열로 녹음했을 때는 지금까지의 이큐잉과 크게 다르지 않습니다. 다만, 사전 이펙트 과정으로 충분한 존재감을 가지고 있는 트랙이라면 ③ Drive를 살짝 줄여주는 것이 효과적일 수 있습니다. 그 외, 색소폰과 같은 실제 어쿠스틱 악기를 리드로 사용할 때는 다이내믹 변화가 보컬만큼이나 심한 경우가 대부분이기 때문에 컴프레서의 사용은 거의 필수적입니다. 그러나 어쿠스틱 악기들은 동일한 마이크와 연주자마다 완전히 달라지기 때문에 악기 컴프레싱으로 접근하는 것은 무리가 있고, 보컬로 취급하는 것이 옳습니다. 특히 색소폰은 다이내믹 범위가 매우 넓고, 트랜지언트가 매우 강하기 때문에 10ms 이하의 빠른 어택에 6:1 이상의 높은 압축 비율로 거의 모든 음이 압축될 수 있게 Threshold를 조정하는 것이 일반적입니다. 이는 다소 인위적인 사운드로 들릴 수 있지만, 계속해서 살펴보는 리버브와 딜레이를 이용한 잔향을 첨가하면 매우 자연스러운 믹스 결과물을 얻을 수 있습니다. 릴리즈 타임은 연주 스케일이 빠르면 작은 음의 손실을 막기 위해 빠르게 설정하지만, 연주 레벨과 호흡 소리를 줄이기 위해서 가능한 길게 설정하는 것이 일반적입니다. 그리고 보컬과 마찬가지로 호흡도 음악이기 때문에 특별한 잡음이 없다면 노이즈 게이트는 사용하지 않는 것이 좋습니다.

로직 사용 능력을 한 단계 올리는

로직 프로 레벨-업

10

마스터링

마스터링은 믹싱이 끝난 스테레오 음원을 출시하기 전에 마지막으로 한 번 더 주파수 밸런스와 다이내믹을 체크하고 보정하는 과정입니다. 결국, 주파수 밸런스를 조정하기 위한 EQ와 다이내믹을 보정하기 위한 Compressor의 사용법은 동일합니다. 그러므로 여기서는 믹싱과 마스터링 학습의 연장으로 앞에서 다루지 못했던 리버브와 딜레이의 사용법과 마스터링 과정에서 체크해야 할 사항들을 정리합니다.

Logic Pro Level Up

타임 베이스

Aux 트랙

스튜디오 음향은 근접 마이킹과 룸 튜닝으로 인해 매우 데드한 사운드로 레코딩 되기 때문에 공간 감이 전혀 없습니다. 그래서 믹싱 과정에서 공간감을 자연스럽게 만들어주는 작업이 필요한데, 이때 주로 사용되는 것이 리버브와 딜레이와 같은 타임 계열의 장치입니다.

온라인으로 서로 다른 장소에서 합주가 이루어지는 시대이지만 한 공간에서 어우러지는 음향만큼 자연스럽지는 않습니다. 공간의 크기와 구조 또는 벽면의 재질 등으로 만들어지는 반사음이 서로 다 르기 때문입니다. 모든 트랙의 반사음은 한 공간에서 연주되는 것처럼 자연스러워야 하기 때문에 리 버브와 딜레이 등의 타임 계열 장치는 억스(Aux) 트랙에서 사용하는 것이 일반적입니다.

Aux 트랙은 채널 스트립의 ① 센드 슬롯에서 bus#를 선택하는 방법과 믹서의 옵션 메뉴에서 ② 새 로운 보조 채널 스트립 생성을 선택하여 만드는 방법이 있습니다. 센드 슬롯에서 Bus#을 선택하면 해당 트랙의 입력이 설정된 Aux 트랙이 자동으로 생성되고, 옵션 메뉴를 이용해서 Aux 트랙을 만든 경우에는 원하는 트랙의 센드 슬롯에서 해당 Aux 트랙을 선택해서 연결한다는 차이점이 있습니다.

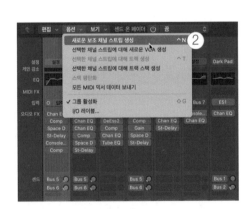

Aux 트랙에 로딩되는 리버브와 딜레이는 ③ Dry를 Mute로 하고 ④ Wet를 100%로 사용하는 것이 일반적이며, 각 트랙의 이펙트 양은 센드 슬롯의 ⑤ 볼륨 노브를 이용해서 조정합니다.

Sends 경로

Aux로 전송되는 오디오 신호는 기본적으로 팬 노브 이후(포스트 패닝)이며, ⑥ 센드 슬롯을 누르고 있으면 볼륨 페이더 이후(포스트 페이더) 또는 볼륨 페이더 전(프리 페이더)로 변경할 수 있습니다. 기본 설정의 포스트 패닝은 볼륨 페이더와 팬 노브의 영향을 받고, 포스트 페이더는 볼륨만 영향을 받습니다. 그리고 프리 페이더는 볼륨과 팬 노브의 영향을 받지 않습니다. 만일, 트랙의 팬이 조정되어 있거나 볼륨 오토메이션이 기록되어 있다면 Aux 채널로 전송되는 신호에도 영향을 주기 때문에 포스트 페이더 또는 프리 페이더로 변경할 필요가 있습니다.

Logic Pro Level Up

Space Designer - 1

글로벌 파라미터

로직의 대표적인 Space Designer는 실제 공간의 잔향을 녹음한 임펄스 응답 샘플 파일을 불러와 리버브를 생성하는 컨볼루션 타입의 장치로 매우 사실적인 공간감을 만들어냅니다. ① 팝업 메뉴의 Load IR을 선택하여 임펄스 파일을 불러올 수 있지만, 사용자가 직접 잔향을 녹음하여 사용할 일은 없을 것이므로, ② 프리셋에서 선택하는 것이 일반적입니다.

③ Input : 스테레오 신호 처리 방식을 결정합니다. 상단은 원래 신호의 스테레오 밸런스를 유지하며, 중간은 모노로 처리되고, 하단은 신호가 반전되어 처리됩니다.

④ Predelay : 첫 번째 반사음의 발생 시간을 설정합니다. 음표 모양의 동기화 버튼을 On으로 하면 비트 단위로 설정할 수 있습니다.

⑤ Length : 잔향의 길이를 조절합니다. Size 값의 영향을 받습니다.

⑥ Size : 공간의 크기를 조절합니다. 100%인 경우에 디케이는 불러온 임펄스 응답의 전체 길이가 되며, Lo-Fi에서는 400%, Low에서는 200%가 전체 길이입니다.

⑦ X-Over : Lo 및 Hi Spread의 중심 주파수를 설정합니다.

⑧ Lo/Hi Spread : 각각 스테레오 필드의 인식된 너비를 설정합니다.

⑨ Dry/Wet : 원음(Dry) 및 리버브(Wet) 신호의 출력 레벨을 설정합니다.

볼륨 엔벨로프

볼륨 엔벨로프는 리버브 초기 레벨을 설정하고 시간에 따른 볼륨 변화를 제어합니다. 값의 조정은 포인트를 드래그하거나 하단의 수치 값을 직접 입력해도 됩니다. ① 라인 조정 핸들(Bezier)은 ②동작 메뉴의 Show Bezier Handles을 선택하여 표시합니다.

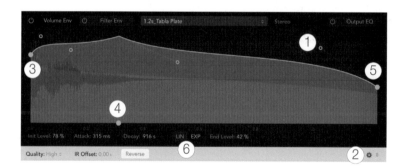

③ Init Level : 초기 볼륨 값을 설정합니다.

④ Attack : 볼륨 엔벨로프의 디케이 페이즈가 시작되기 전 시간을 설정합니다.

⑤ Decay : 수평으로 드래그하여 디케이 페이즈의 길이를 설정합니다. 수직으로 드래그하면 종료 레벨 값(End Level)을 설정할 수 있습니다.

⑥ Exp/Lin : 볼륨 엔벨로프의 디케이 커브 생성 방법을 선택합니다.

Space Designer - 2

필터 파라미터

시간에 따른 필터 컷오프 주파수를 제어할 수 있습니다. 필터 유형은 로우 패스(LP)와 밴드 패스(BP) 및 하이 패스(HP)를 제공하며, 필터 설정을 변경하면 임펄스 응답을 다시 계산합니다.

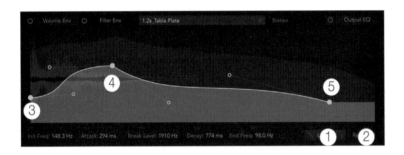

① Type : 필터 모드를 선택합니다.

② Resonance : 컷오프 주파수 주변을 강조합니다. 레조넌스 값이 사운드에 미치는 영향은 선택한 필터 모드에 따라 달라지며, 필터 슬로프가 가파를수록 음색 변화가 두드러집니다.

③ Init Freq : 필터 엔벨로프의 초기 컷오프 주파수를 설정합니다.

④ Attack/Break Level : 수평으로 드래그하여 Break Level에 도달하는 데 걸리는 시간을 결정합니다. 수직으로 드래그하면 Break Level 값이 설정됩니다.

⑤ Decay/End Freq : 수평으로 드래그하여 브레이크 레벨 지점 이후 종료 주파수 값에 도달하는 데 걸리는 시간을 결정합니다. 수직으로 드래그하면 End Frequency가 설정됩니다.

EQ

리버브에 EQ를 적용할 수 있습니다. 2개의 필터, 2개의 쉘빙, 2개의 피크 타입으로 총 6밴드로 구성되어 있으며, 포인트를 드래그하여 시각적인 편집이 가능합니다.

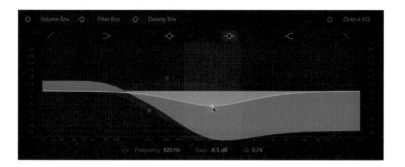

Density Env

Synthesized IR 모드에서는 리버브의 밀도를 조정할 수 있는 Density Env을 사용할 수 있습니다. 밀도 엔벨로프는 시간에 따른 합성 임펄스 응답의 평균 반사 횟수를 제어합니다.

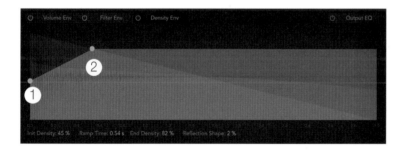

① Init Density : 리버브의 초기 밀도를 설정합니다. 밀도가 낮으면 가청 반사 패턴과 개별 에코가 생성됩니다.

② Ramp Time/ End Density : 수평으로 드래그하여 초기 밀도 레벨과 종료 밀도 레벨 사이의 시간을 조절합니다. 수직으로 드래그하면 End Density 레벨이 설정됩니다.

Logic Pro Level Up

ChromaVerb

Main 파라미터

ChromaVerb는 마치 실제 공간에서처럼 사운드가 점차 흡수되는 원형 구조의 원리를 바탕으로 14 개의 개별 공간 ① 유형 알고리즘을 제공합니다.

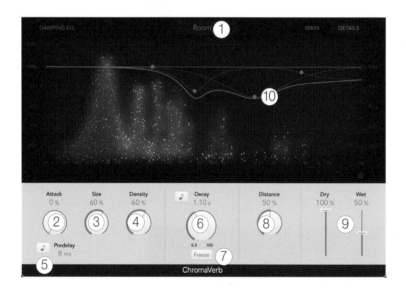

② Attack : 리버브의 어택 페이즈를 설정합니다. 선택한 공간 유형에 따라 볼륨 또는 밀도 증가 시 간에 영향을 미칩니다.

③ Size : 공간의 치수를 정의합니다. 값이 높을수록 공간이 더 커집니다.

④ Density : 공간 유형에 따라 초기 및 후기 반사의 밀도를 동시에 조정합니다.

⑤ Predelay : 초기 반사음 타임을 설정합니다. 동기화 버튼을 On으로 하면 비트 단위로 설정할 수 있습니다.

⑥ Decay : 디케이 시간을 설정합니다. 특정 주파수의 디케이는 댐핑 값에 따라 달라집니다.

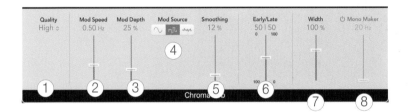

⑦ Freeze : 선택한 공간 유형 내에서 신호를 무한대로 재순환하려면 켭니다.

⑧ Distance : 초기 및 후기 에너지를 변경하여 소스로부터 인식된 거리를 설정합니다.

⑨ Dry/Wet : 소스(Dry) 및 이펙트 신호(Wet)의 레벨을 설정합니다.

⑩ Damping EQ : 디스플레이에 표시되며 디케이 신호의 주파수를 조정합니다. 2개의 쉘빙과 2개의 피크 밴드로 구성되어 있습니다. 각 포인트를 수평으로 드래그하여 Frequency를 조정하고, 수직으로 드래그하여 Ratio(디케이 타이밍 비율)를 조정하며, 휠을 돌려 Q 값을 조정할 수 있습니다.

Detail 파라미터

출력 EQ(6밴드) 및 세부 설정을 할 수 있는 파라미터를 제공합니다.

① Quality : 음질을 선택합니다.

② Mod Speed : 내장 LFO의 속도를 설정합니다.

③ Mod Depth : LFO 모듈레이션의 폭을 설정합니다. 범위는 선택한 공간 유형에 따라 결정됩니다.

④ Mod Source : LFO 파형을 선택합니다. 사인파, 무작위파, 노이즈파를 제공합니다.

⑤ Smoothing : LFO 파형의 모양을 변경합니다. 무작위 파형은 부드러워지고 사인 파형 및 노이즈 파형은 포화 상태가 됩니다.

⑥ Early/Late : 초기 및 후기 반사음 비율을 설정합니다. Distance 값에 따라 달라집니다.

⑦ Width : 리버브의 스테레오 폭을 설정합니다.

⑧ Mono Maker : On/Off로 설정된 주파수 아래의 스테레오 정보를 제거합니다. 이는 전체 저음역대 주파수 범위에서 인식되는 레벨 손실을 보정합니다.

Logic Pro Level Up

Delay Designer

메인 디스플레이

Delay Designer는 각 에코 탭 마다 레벨, 패닝, 피치, 필터 등을 편집할 수 있는 고급 딜레이 장치이며, 최대 26개의 탭(A-Z)을 제공합니다. 화면은 메인 디스플레이, 탭 파라미터, 탭 패드, Sync, 마스터의 5가지 섹션으로 구성되어 있습니다.

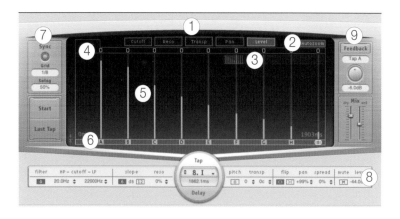

① View : 탭 디스플레이에 표시할 파라미터(Cutoff, Reso, Transp, Pan, Level)를 선택합니다.

② Autozoom : 모든 탭이 한 화면에 표시될 수 있게 확대합니다.

③ Overview: 수직으로 드래그하여 확대/축소하거나 수평으로 드래그하여 이동할 수 있습니다.

④ Toggle : Cutoff는 필터 On/Off, Reso는 슬로프 6dB/12dB 전환, Pitch는 피치 트랜스포지션 On/Off, Pan은 플립 모드 간의 전환, Level은 Mute On/Off 입니다.

⑤ Tap Display : 각 탭을 음영 처리된 선으로 표시하며, 마우스 드래그로 값을 조정할 수 있습니다. Cutoff는 필터 주파수, Reso는 슬로프 곡선, Transp는 피치, 그리고 Pan과 Level 값 입니다.

⑥ ID : 각 탭을 구분할 수 있는 문자(A-Z)와 시간 위치를 표시합니다. 탭을 드래그하여 위치를 이동시키거나 빈 공간을 클릭하여 추가할 수 있습니다. 삭제는 백 스페이스 키입니다.

⑦ Sync 섹션

Sync : 동기화 기능을 On/Off 합니다.

Grid : 동기화 기능이 On일 때의 정렬 기준을 선택합니다.

Swing : 동기화 기능이 On일 때 업 비트를 밀어 스윙 리듬을 만듭니다.

Start/Last Tap : Start 버튼을 클릭하면 Tap으로 변경되며 패드를 클릭하여 탭을 추가할 수 있습니다. 종료할 때는 Last Tap 패드를 클릭합니다.

⑧ 탭 파라미터

Filter On/Off : 하이패스 및 로우패스 필터를 켜거나 끕니다

Cutoff HP/LP : 하이패스 및 로우패스 필터에 대한 컷오프 주파수를 설정합니다.

Slope : 하이패스 및 로우패스 필터 슬로프의 기울기를 결정합니다.

Reso(nance) : 하이패스 및 로우패스 필터의 레조넌스 정도를 설정합니다.

Tap Delay : 선택한 탭의 번호와 이름은 상단에 표시되고 딜레이 타임은 하단에 표시됩니다.

Pitch On/Off : 피치 트랜스포지션을 켜거나 끕니다.

Transp(ose) : 왼쪽 필드를 드래그하여 반음 단위로 피치를 트랜스포즈합니다. 오른쪽 필드는 각 반음 단계를 센트 단위(반음의 1/100)로 미세하게 조정합니다.

Flip : 스테레오 또는 서라운드 이미지의 왼쪽과 오른쪽을 서로 바꿉니다. 버튼을 클릭하면 탭 위치가 왼쪽에서 오른쪽으로 또는 그 반대로 바뀝니다.

Pan : 모노 신호용 패닝 위치, 스테레오 신호용 스테레오 밸런스 또는 서라운드 구성에서 사용하는 서라운드 각도를 설정합니다.

Spread : 선택한 탭의 스테레오 스프레드 폭을 설정합니다

Mute : 선택한 탭을 음소거하거나 해제합니다.

Level : 선택한 탭의 출력 레벨을 설정합니다.

⑨ 마스터 섹션

Feedback : 피드백 탭을 켜거나 끕니다.

Feedback Tap : 피드백 탭을 선택합니다.

Feedback Level : 피드백 탭 출력 레벨을 설정합니다. 값이 0%이면 피드백이 없는 것과 같고, 값이 100%이면 피드백 탭이 최대 볼륨으로 입력에 다시 전송됩니다.

Mix : 원음(Dry)과 딜레이 신호(Wet)의 레벨을 설정합니다.

Logic Pro Level Up
Stereo Delay

파라미터

Stereo Delay는 왼쪽과 오른쪽 채널에 서로 다른 타임을 설정할 수 있어 더블링 및 스테레오 확장 등 다양한 목적으로 사용되는 장치입니다. 왼쪽과 오른쪽 채널의 파라미터 구성은 동일합니다.

Input : 입력 신호를 선택합니다.

Delay Time : 딜레이 타임을 설정합니다. Global 섹션의 Tempo Sync 버튼을 On으로 하면 비트 값으로 설정할 수 있습니다. 2/x2 버튼은 딜레이 타임을 절반으로 줄이거나 두 배로 늘립니다.

Note : Tempo Sync 버튼이 On일 경우에 딜레이 타임을 비트 단위로 설정합니다.

Deviation : Note에서 선택한 비트를 벗어나게 합니다.

Low/High Cut : 이펙트 신호에서 Low Cut 이하 및 High Cut 이상의 주파수를 차단합니다.

Feedback : 왼쪽 및 오른쪽 딜레이 신호에 대한 피드백 정도를 설정합니다.

Feedback Phase : 해당 채널 피드백 신호의 위상을 뒤집습니다.

Crossfeed : 왼쪽 채널의 피드백 신호를 오른쪽 채널로 또는 그 반대로 전송합니다.

Crossfeed Phase : 크로스피드 피드백 신호의 위상을 뒤집습니다.

Routing : 내부 신호 라우팅을 선택합니다.

Tempo Sync : 딜레이 타임을 비트 단위로 설정할 수 있게 합니다.

Stereo Link : 두 채널이 함께 조정되게 합니다. Command 키를 누르면 개별 조정이 가능합니다.

Output Mix : 왼쪽 및 오른쪽 채널 신호의 레벨을 설정합니다.

딜레이 타임

소리는 온도와 풍속에 따라 다르지만 실온에서 초당 340m를 이동한다고 합니다. 즉, 딜레이 타임이 1000ms이면 원음과 에코 사운드의 거리는 340m가 되는 것이며, 이를 기준으로 딜레이 타임을 계산하면 시간차로 인한 음향 현상을 쉽게 파악할 수 있습니다.

● 100ms 이상 : 에코 사운드라고 하며, 이 정도의 긴 딜레이 타임은 템포와 일치시켜 사용합니다. 환상적인 효과를 제공하며 추가적인 음향 공간이 필요한 느린 템포의 곡에서 사용되며, 많은 트랙을 사용하는 곡에서는 피하는 것이 좋습니다.

● 60-100ms 이상 : 슬랩 에코라고 하며, 사운드를 풍부하게 만들거나 보컬의 불안한 음정을 커버할 수 있습니다. 단, 과하면 전체적으로 탁해지고 보컬의 개성이 감소합니다.

● 30-60ms : 더블링 효과에 많이 사용합니다. 단, 인위적인 느낌이 있기 때문에 보컬이나 솔로 악기보다는 백코러스 또는 스트링 등의 악기 그룹에서 많이 사용합니다.

● 30ms 이하 : 실제로 에코 사운드가 구분되지 않으며, 스테레오 음장을 확장하고 사운드를 풍성하게 만들 수 있습니다. 모노 딜레이 장치를 사용하는 경우에는 원음과 딜레이 사운드를 패닝하여 연출하지만, 스테레오 딜레이 장치를 이용하면 간단하게 구현 가능합니다.

Logic Pro Level Up

보컬 EQ

EQ

보컬은 아날로그 장치를 복각하고 있는 Vintage 계열의 Console 또는 Tube EQ를 주로 사용합니다. 우선 보컬을 가장 전면에 세우기 위해 ① MID Gain을 높게 설정하고 ② MID FREQ 노브를 돌려 가장 시끄러워지는 대역을 찾습니다. 일반적으로 1-3KHz 대역입니다. 주파수를 찾았다면 ① MID Gain을 편안한 레벨이 될 수 있게 줄입니다.

나머지 주파수 대역도 조정 방법은 동일합니다. ③ Low Gain 및 Freq로 200Hz 부근을 증가시키면 풍부한 보컬을 만들 수 있습니다. 단, 사운드가 답답해진다면 반대로 줄입니다. ④ HIgh Gain으로 고음역을 증가시키면 선명한 사운드를 만들 수 있습니다. 단, 호흡이나 치찰음이 강조될 수 있으므로 주의합니다. 그리고 남성이라면 80Hz 이하, 여성이라면 100Hz 이하의 저음역을 ⑤ Low Cut으로 차단합니다.

끝으로 클리핑이 발생하지 않게 Output의 ⑥ Drive를 조정합니다. 로직의 Vintage EQ는 ⑦ Output Model을 선택할 수 있으며, 각 모델에 따라 톤이 달라지므로 하나씩 선택을 해보면서 가장 마음에 드는 것으로 결정합니다.

1st Compressor

발라드 곡의 대부분은 벌스와 코러스의 레벨차가 큽니다. 이를 처리하는 방식은 엔지니어마다 조금씩 차이가 있습니다. 크게 3가지 타입으로 구분할 수 있는데, 코러스 파트를 오토메이션으로 다듬고 컴프레서를 적용하는 사람이 있고, 두번째는 벌스와 코러스를 트랙으로 나누어 작업하는 사람이 있습니다. 필자는 세번째 방법을 선호하는데 바로 두 개의 컴프레서를 사용하는 방식입니다.

보컬에 많이 사용되는 ① Vintage Opto 타입을 선택합니다.

벌스에서 게인 리덕션이 반응하지 않는 ② Threshold 값을 찾습니다. 코러스 구간을 재생하면서 다이내믹 변화가 중요한 곡이라면 게인 리덕션이 -10dB 정도로 크게 반응하도록 ③ Ratio를 조정합니다. 그리고 ④ Knee와 ⑤ Attack을 느리게 설정하여 보컬의 거친 음색이 유지되도록 합니다.

⑥ Auto Gain은 Off로 놓고, ⑦ Release 타임은 Auto로 진행해도 무리없습니다. 계속해서 ⑧ Side Chain을 선택하여 패널을 열고, Filter의 ⑨ Listen 버튼을 On으로 합니다. ⑩ Mode를 BP로 선택하고, ⑪ Q 값을 넓게 설정합니다. 그리고 게인 리덕션이 가장 크게 반응하는 ⑫ 주파수(Frequency)를 찾아 ⑬ On으로 적용합니다.

Logic Pro Level Up

보컬 컴프레서

2nd Compressor

두 번째는 반응 속도가 조금 빠른 ① Vintage FET를 사용합니다.

게인 리덕션이 3-4dB 정도로 작게 반응하도록 ② Threshold와 ③ Ratio를 설정합니다. 그리고 ④ Knee와 ⑤ Attack을 빠르게 설정하여 부드러운 음색을 만듭니다. ⑥ Auto Gain과 ⑦ Release 타임은 첫 번째와 마찬가지로 각각 Off와 Auto로 선택합니다.

계속해서 ⑧ Side Chain을 선택하여 패널을 열고, Filter의 ⑨ Listen 버튼을 On으로 합니다. ⑩ Mode를 HP로 선택하고, ⑪ Q 값을 조금 좁게 설정합니다. 그리고 게인 리덕션이 가장 크게 반응하는 ⑫ 주파수(Frequency)를 찾아 ⑬ On으로 적용합니다.

Control+B 키를 눌러 바운스 시킨 후 파형이 고르게 다듬어 졌는지 확인합니다. 꼭 필요한 사항은 아니지만, 컴프레서 사용이 의도대로 되었는지를 눈으로 확인하면서 경험을 쌓아가는 습관은 나쁘지 않습니다.

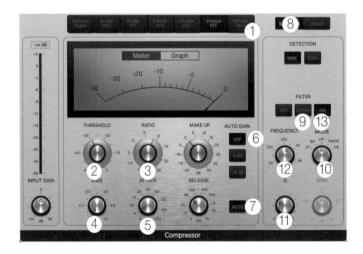

De-Esser

두 번째 컴프레서로 어느 정도의 치찰음은 잡을 수 있지만, 심한 경우라면 별도의 장치를 사용해야 합니다. 대표적인 것이 특정 주파수 대역을 컴프레싱할 수 있는 디에서(De-Esser) 입니다.

① Filter Solo 버튼을 On으로 하고 ② Filter 타입은 쉘빙으로 선택합니다. 그리고 ③ Threshold를 크게 설정하고 ④ Frequency를 천천히 돌려가며 'ㅊ' 또는 'ㅅ' 발음에서 ⑤ Detection의 노란색 레벨이 크게 감지되는 주파수를 찾습니다.

주파수를 찾았다면 Filter Solo 버튼을 Off하고, Detection이 0dB를 초과하지 않게 Threshold를 재조정합니다. 그리고 Detection 레벨과 비슷하게 ⑥ Reduction 레벨이 감소되도록 ⑦ Max Reduction 값을 조정합니다.

로직에서 제공하는 De-Esser2는 치찰음만 정확하게 감지하여 음의 손실을 최소한으로 할 수 있지만, 사용을 안 하는 것보다 좋을 수는 없습니다. 치찰음은 레코딩을 할 때 마이크 위치 선정을 잘하면 줄일 수 있으므로, 가수에 상관없이 레코딩을 할 때마다 치찰음이 심하게 유입된다면 마이크를 바꿔보거나 위치를 점검할 필요가 있습니다.

Logic Pro Level Up

보컬 리버브

리드 보컬

보컬의 잔향을 한 대의 리버브로 만들 것인지, 두 대로 연출할 것인지, 또는 딜레이를 혼합할 것인지의 여부는 음악 장르나 템포, 그리고 개인 취향에 따라 천차만별입니다. 일반적으로 타임이 다른 두 대의 딜레이와 룸 또는 플레이트 타입의 리버브를 사용하거나 반대로 타입이 다른 두 대의 리버브와 딜레이를 혼합하는 경우가 많습니다.

① 프리셋을 선택하여 Large Spaces의 Plate Reverbs에서 템포에 맞는 타임을 선택합니다. 일반적으로 1박자 반이나 2박자 타임을 사용하므로, 작업하는 곡의 템포보다 조금 긴 타임을 선택하고, ② Length 값을 줄이면 됩니다. Control 키를 누른 상태로 ③ Wet 슬라이더를 클릭하여 초기 값으로 설정하고, ④ Lo Spread을 조금 줄입니다. 필요하다면 ⑤ Output EQ에서 저음역을 줄이거나 고음역을 증가시켜 자연스러운 공간감을 연출할 수 있습니다.

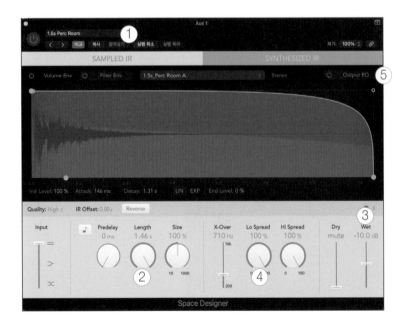

코러스

백 코러스의 확장을 위해 하모나이저 계열이나 코러스 등의 이펙트를 많이 사용합니다. 로직은 같은 계열의 앙상블(Ensemble)을 제공하며, 8보이스까지 확장할 수 있습니다. 3-4명이 노래한 것을 24-32명으로 확대할 수 있는 것입니다.

① Voices 노브를 조정하여 확장하고자 하는 인원수를 설정합니다. 무조건 많은 인원수를 만든다고 해서 좋은 것은 아니므로 모니터를 하면서 결정합니다. 그리고 ② Stereo Spred를 이용하여 어느 정도의 음장으로 벌릴 것인지를 결정합니다. 스테레오 음장을 확대하는 것이 목적이 아니라 리드 보컬을 방해하지 않는 목적으로 컨트롤해야 꽉 찬 사운드를 만들 수 있습니다. 소스 트랙의 수가 적다면 ③ Phase로 각 보이스의 시작점을 어긋나게 하면 좀 더 자연스러운 확장이 가능합니다.

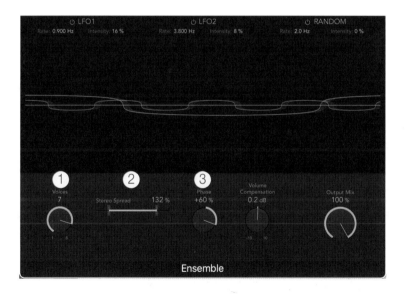

리버브를 하나 더 사용할 때는 메인은 30ms 이하의 프리 딜레이로 원음과 분리되지 않게 하고, 세컨은 80-120ms 정도로 해서 뒤로 밀리지 않게 합니다.

Logic Pro Level Up
보컬 딜레이

리드 및 코러스

보컬에 딜레이를 사용하면 촌스럽다는 내용의 유튜브 영상이 많습니다. 심지어 리버브를 사용하지 않는 가수가 진짜라는 엉뚱한 소리도 있습니다. 모두 잘못된 정보입니다. 템포에 적합한 딜레이는 보컬을 더 크고, 깊게 만들어줍니다.

딜레이는 ① 타임을 40ms 이하로 짧게 설정하여 공간감을 만들거나 잇단음(Triplet)으로 설정하여 스테레오 패닝 효과를 만드는 다양한 목적으로 사용할 수 있지만, 시작은 1/8 또는 1/16 등으로 템포와 일치시켜 사용하는 것이 안전합니다. 그리고 ② Low Cut으로 1KHz 이하의 저음과 High Cut으로 5KHz 이상의 고음 성분을 제거하면 보다 자연스러운 보컬 잔향을 만들 수 있습니다.
③ Feedback은 분위기만 느낄 수 있도록 최대한 줄여줍니다.

드럼 엠비언스

보컬에 사용되는 잔향을 악기 채널에 그대로 사용할 수는 없습니다. 특히, 음향 특성이 전혀 다른 드럼과는 함께 사용하지 않는 것이 원칙입니다. 최소한 보컬, 드럼, 그리고 어택이 빠른 악기와 느린 악기 정도는 구분해서 사용하는 것이 좋습니다.

스튜디오 드럼은 공간성이 부족하기 때문에 엔비언스 마이크를 사용합니다. 하지만 소형 스튜디오에서는 구현할 수 없기 때문에 리버브로 해결하는 것이 일반적입니다.

킥은 잔향 타임을 160ms, 프리 딜레이를 15ms로 설정하고, 로우 패스 필터를 4KHz 정도로 설정하여 사운드를 좀 더 강하게 만들면서 공간감을 확보할 수 있게 하고, 스네어와 탐은 잔향 타임을 500-1000ms, 프리 딜레이를 0ms로 설정하여 부드럽게 만듭니다. 여기에 Medium Spaces의 Rooms에서 드럼 악기로 세팅되어 있는 ① 1.5s Perc Room 프리셋을 추가하면 넓은 공간감의 엠비언스를 얻을 수 있습니다.

Logic Pro Level Up

클리핑 체크

프리 페이더

믹싱 작업을 하다 보면 레벨 변화가 발생할 수밖에 없습니다. 이때 주의해야 할 것이 클리핑입니다. 입력 사운드가 찌그러지고 있지만, 오랜 시간 작업을 하다 보면 익숙해져서 쉽게 들리지 않는 경우가 많기 때문입니다. 다행히 로직은 이를 눈으로 확인할 수 있는 프리 페이더 기능을 제공합니다.

믹스 메뉴의 ① 프리 페이더 미터링을 선택하면 믹서의 레벨 미터는 소스가 FX를 거쳐 볼륨 페이더로 전달되기 전의 상태를 표시합니다. 프로세싱 작업으로 레벨이 증가하여 클리핑이 발생하는 채널은 ② 주황색으로 표시되며, Stere Out 채널은 ③ 빨간색으로 표시됩니다.

채널에서 클리핑이 발생한다면 해당 채널에서 사용하고 있는 EQ 및 컴프레서의 ④ Gain 또는 Output 레벨을 줄여야 하며, Stereo Out 채널에서 클리핑이 발생한다면 ⑤ Master 채널의 페이더를 줄입니다. 간혹 Master 채널이 오른쪽 끝에 있기 때문에 최종 출력으로 오해하는 사용자가 있는데, Stereo Out으로 전송되는 채널입니다. 클리핑 체크가 끝나면 메뉴를 다시 선택하거나 컨트롤 바의 ⑥ Pre Fader Metering 버튼을 클릭하여 Off 합니다.

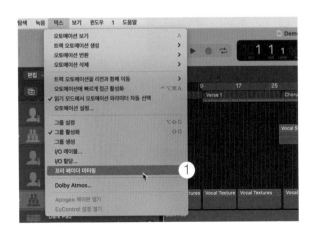

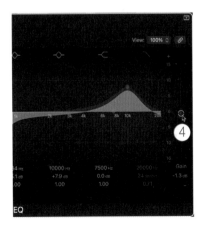

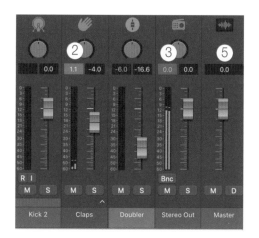

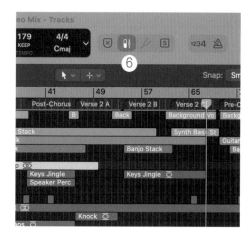

VCA 페이더

로직은 Master 트랙과 같은 역할의 VCA 채널을 추가하여 사용할 수 있습니다. 드럼, 보컬 등을 그룹으로 묶어서 볼륨을 컨트롤할 수 있기 때문에 트랙이 많은 프로젝트에서 서브 채널로 많이 사용합니다. 그룹으로 묶을 채널을 선택하고, 믹서의 옵션 메뉴에서 '선택한 채널 스트립에 대해 새로운 VCA 생성'을 선택하거나 ① VAC 슬롯의 '새로운 VCA 페이더'를 선택하여 추가할 수 있고, 만들어 놓은 VCA 채널로 연결할 수 있습니다. Master ② 오른쪽에 생성되고 신호는 Master로 전송됩니다.

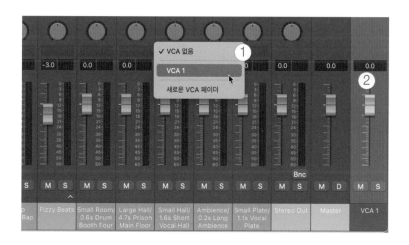

Logic Pro Level Up

라우드니스 측정

방송 규격

요즘의 음악 시장은 레벨 전쟁이라고 할 만큼 너도 나도 레벨을 키우는데 중점을 두고 있습니다. 이런 현상은 과거부터 있었습니다. 레벨이 크면 좀 더 좋게 들리기 때문에 어쩌면 당연한 흐름입니다. 특히, 한 번에 시선을 끌어야 하는 광고 음악에서 더욱 심했습니다. 그래서 과거에는 드라마를 보다가 광고가 나오면 깜짝 놀래며 볼륨을 줄여야 하는 일이 빈번했습니다. 결국 유럽 방송 연합회 EBU, 국제 전기 통신 연합회 ITU-R, 미국 방송 연합회 ATSC 등에서 방송 및 온라인 레벨 규약을 내놓았고, 각국의 방송국이나 플랫폼은 이를 따르게 되었습니다. 이때 사용하는 레벨이 라우드니스 (Loudness)이며, 단위는 ATSC의 LUFS(LU) 또는 EBU의 LKFS로 표기합니다.

인간의 귀는 적응력이 있습니다. 그래서 천둥 소리가 한 두 번 울리면 깜짝 놀래지만, 계속 울리면 놀라지 않습니다. 이미 적응을 했기 때문입니다. 즉, 레벨이 일정하더라도 주파수 분포도 및 지속시간에 따라 인간이 느끼는 레벨이 달라진다는 연구 결과에 의해 만들어진 것이 라우드니스이며, 각국의 방송 및 영화는 이 라우드니스 레벨 제한을 지키고 있습니다. 국내 방송은 미국 방송 연합회 ATSC에서 제안한 규약을 따르고 있으며, 방송은 -24LUFS, 영화는 -26LUFS입니다. 이것은 방송이나 영화뿐만 아니라 온라인에서도 따르고 있는데, 유튜브는 -14LUFS, 애플 뮤직은 -16LUFS, 넷플릭스는 -27LUFS 등, 플랫폼마다 다릅니다. 결국 마스터링의 최종 단계는 자신이 만든 음악이 업 로드 될 플랫폼의 라우드니스 제한에 맞추는 것입니다.

플랫폼	라우드니스	플랫폼	라우드니스
Spotify	-11 LUFS	Apple Music	-16 LUFS
YouTube	-14 LUFS	Apple Podcasts	-16 LUFS
Amazon Music	-14 LUFS	TV 및 라디오 방송	-24 LUFS
Tidal	-14 LUFS	Netflix	-27 LUFS
Dezzer	-15 LUFS	Disney	-27 LUFS

라우드니스 미터

로직의 Metering 폴더에는 라우드니스를 측정할 수 있는 Loudness Meter를 제공합니다. 라우드니스는 전체 프로그램이 재생되었을 때 인간이 느끼는 레벨을 의미하는 것이므로, 레벨 미터의 ① Start 버튼을 클릭하고, 90분 길이의 영화라면 90분 동안 재생을 해야 측정이 되며, 3-4분 길이의 음악이라면 3-4분을 재생해야 합니다. 만일 이 시간이 지루하다면 Command+B 키를 눌러 바운스 하는 방법도 있습니다.

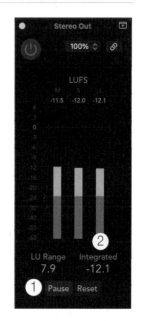

Loudness Meter는 400ms 단위로 측정되는 S(Shot Time)와 3초 단위로 측정되는 M(Momentary), 전체 측정 값을 나타내는 I(Intergrated), 그리고 다이내믹 범위를 나타내는 LU Range 값을 확인할 수 있습니다. 즉, 플랫폼에 맞춰야 할 값은 ② Intergrated 입니다.

마스터링 단계에서 한 가지 더 측정해야 하는 것이 있습니다. 바로 스테레오 위상입니다. Metering 폴더에서 Correlation Meter를 선택하여 열면 이를 측정할 수 있는 미터가 열립니다. 가운데 0을 기준으로 오른쪽(+1)에서 움직이면 위상 문제가 없는 것이고, 왼쪽(-1)에서 움직이면 위상이 반대로 겹쳐 소리가 감소되는 현상을 나타냅니다.

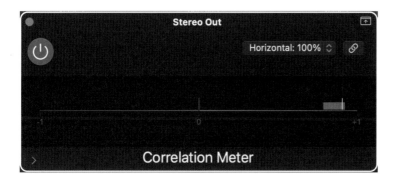

Logic Pro Level Up
라우드니스 조정

멀티 미터

마스터링 단계에서 주파수 밸런스, 라우드니스, 위상 등 체크해야 할 사항이 너무 많습니다. 그렇다고 필요한 미터를 모두 열 필요는 없습니다. 로직은 이를 한 화면에서 체크할 수 있는 Multi Meter를 제공합니다. ⑤ Goniometer 탭을 선택하면 스테레오 밸런스와 위상차를 측정할 수 있습니다.

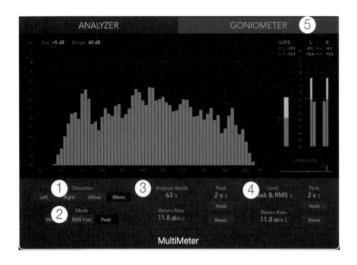

① Detection : 디스플레이에 표시할 채널을 결정합니다. 왼쪽(Left), 오른쪽(Right), 스테레오 최대 레벨(LRmax), 스테레오의 합(Mono)을 선택할 수 있습니다.

② Mode : 레벨이 측정되는 신호를 결정합니다. RMS 신호를 느리게(RMS Slow) 또는 빠르게(Fast RMS) 중에서 선택할 수 있고, 피크 신호를 측정하는 Peak 버튼을 제공합니다.

③ Analyzer Bands : 디스플레이에 표시되는 밴드 수를 결정합니다. Return Rate는 레벨 미터의 속도를 결정하며, Hold 버튼은 피크 레벨을 유지되게 합니다. 유지 타임은 Peak 메뉴에서 선택합니다.

④ Level : 레벨 미터의 측정 신호를 선택합니다. Return Rate와 Hold 옵션은 동일합니다.

리미터

라우드니스를 제어하는 장치로 주로 사용하는 것은 리미터이며, 로직은 Adaptive Limiter와 Limiter를 제공합니다. Limiter는 Output Level이 발생하기 전의 레벨을 감지하여 차단하는 방식이고, Adaptive Limiter는 이보다 부드럽게 처리하는 아날로그 시뮬레이션입니다. 일반적으로 왜곡율이 적은 Adaptive Limiter를 선호하지만, 강력한 제어가 필요한 경우에는 Limiter를 사용합니다.

① Gain : 라우드니스 레벨을 조정합니다. 라우드니스 레벨 미터의 l 값을 확인하면서 플랫폼 규약에 맞는 레벨을 설정합니다. 다만, 리미터를 사용하면 어쩔 수 없는 음의 왜곡이 발생하므로, 감소량을 나타내는 ② Reduction 레벨 미터에서 확인하면서 너무 많은 압축은 피하는 것이 좋습니다.

③ Out Ceiling : 어느 정도의 레벨 이상을 차단할 것인지를 결정합니다. 레벨 미터에서 측정된 트루 피크 이하로 설정하는 것이 안전합니다.

④ Lookahead : 신호 감지 범위를 설정하는 것으로 피크 제어가 목적인 경우에는 타임을 짧게하고, 평균 레벨 증폭이 목적이라면 조금 길게 설정합니다.

⑤ Remove DC Offset : 전기 잡음을 제거합니다.

⑥ True Peak Detection : 트루 피크를 감지할 것인지의 여부를 결정합니다.

⑦ Optimal Lookahead : 최적의 Lookahead 값을 설정합니다.

로직 사용 능력을 한 단계 올리는
로직 프로 레벨-업

악보 디자인

로직은 스코어 에디터로 출발한 프로그램이기 때문에 전문 사보 프로그램 못지않은 악보 출판 기능을 갖추고 있습니다. 미디 및 오디오 편집 기능이 추가되고 DAW 프로그램으로 자리를 잡으면서 막강한 악보 출력 기능이 감춰져 있을 뿐입니다. 만일, 로직을 사용하면서 악보 출력이 필요해 다른 프로그램을 공부하고 있었던 사용자라면 정말 억울할 수도 있는 로직의 악보 편집 기능을 살펴보겠습니다.

Logic Pro Level Up

뷰 모드

리니어 뷰

악보 편집기는 리니어 뷰, 랩 뷰, 페이지 뷰의 총 3가지 보기 모드를 제공하며, 도구 막대의 ① 뷰 버튼을 클릭하여 선택할 수 있습니다. 기본적으로 열리는 리니어 뷰는 악보를 왼쪽에서 오른쪽으로 길게 나열하여 표시합니다.

피아노 롤과 같이 눈금자에 ② 리전 헤더를 표시하거나 시간 및 음계 퀀타이즈를 위한 ③ 로컬 인스펙터 등의 필요한 파라미터는 모두 ④ 보기 메뉴에서 선택하여 열 수 있으며, ⑤ 글로벌 트랙이나 ⑥ 오토메이션 트랙 기능도 사용할 수 있습니다. 막대 모양으로 표시하는 노트를 음표로 표시한다는 차이만 있을 뿐 피아노 롤에서 진행할 수 있는 미디 편집 기능을 모두 사용할 수 있습니다.

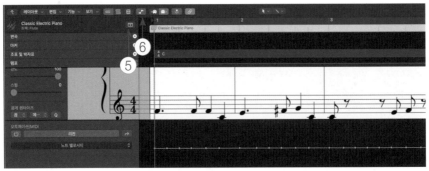

랩 뷰 및 페이지 뷰

두 번째 ① 랩 뷰는 악보를 줄 바꿈으로 표시하며 휠을 돌려 세로로 스크롤합니다. Option 키를 누른 상태에서 휠을 돌리면 크기를 조정할 수 있으며, 빈 공간을 더블 클릭하거나 ② 폴더 버튼을 클릭하여 전체 리전 또는 트랙을 볼 수 있고, 다시 오선을 더블 클릭하면 해당 트랙 또는 리전으로 이동할 수 있습니다.

세 번째 ③ 페이지 뷰는 미디 및 노트 편집 보다는 실제로 출력할 악보의 레이아웃을 디자인합니다. 그래픽 프로그램을 다루듯 곡 제목이나 가사 등의 텍스트와 오선의 간격 및 여백 등의 모든 편집이 가능합니다. 대부분 미디 편집은 타임과 길이를 정확히 확인할 수 있는 피아노 롤에서 이루어지기 때문에 악보 편집기에서 주로 사용되는 것은 인쇄 목적의 페이지 뷰입니다.

Logic Pro Level Up
악보 인스펙터

파라미터의 구성

인스펙터는 악보 편집기를 선택했을 때 ① 리전, ② 이벤트, ③ 파트 박스로 구성됩니다. 여기서 리전은 트랙의 리전을 선택했을 때와 동일한 이름으로 표시되지만, 파라미터가 악보의 스타일이나 표시 방법을 결정하는 것들로 연주 방법을 결정하는 트랙 리전과는 전혀 다른 역할을 합니다. 특히, 퀀타이즈 파라미터는 이름이 동일하여 혼동하기 쉬운데 노트의 시작 타임을 조정하는 것이 아니라 악보에 표시되는 음표를 보기 좋게 정렬하는 것으로 연주와는 상관없습니다.

그 외 이벤트는 선택한 이벤트를 컨트롤할 수 있는 파라미터로 구성되기 때문에 이벤트 종류에 따라 파라미터의 구성이 달라집니다. 예를 들어 노트를 선택하면 피치와 벨로시티 등, 실제 연주에 영향을 주는 파라미터로 구성되지만, 텍스트나 기호를 선택하면 위치와 길이를 등, 악보를 디자인할 수 있는 파라미터로 구성되기 때문에 각 이벤트마다 파라미터의 구성과 역할을 알고 있어야 합니다.

파트 박스는 악보에 입력할 이벤트를 제공합니다. 직접 기호를 드래그하여 원하는 위치에 가져다 놓거나 기호를 선택하고 연필 도구로 입력할 수 있습니다.

퀀타이즈 요령

인스펙터의 리전 파라미터는 선택한 리전에만 적용됩니다. 즉, 음표를 보기 좋게 정렬하는 퀀타이즈를 다르게 지정할 수 있다는 의미입니다. 예를 들어 8비트로 연주되다가 12비트로 리듬이 바뀔 때 퀀타이즈를 8,12로 선택하여 해결할 수 있지만, 연주 타임에 따라 정확히 구분이 안 되는 경우가 발생하기도 합니다. 이때는 리전을 ① 가위로 잘라서 각각 필요한 ② 퀀타이즈를 적용하는 것이 보기 좋은 악보를 만드는 요령입니다.

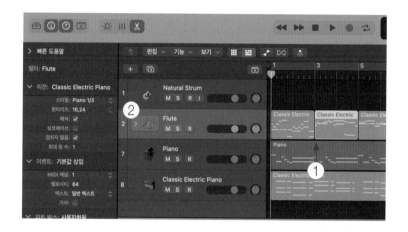

악보를 디자인할 때 많이 사용하는 페이지 뷰에서 재생헤드를 이동시키고자 할 때는 Option 키를 누른 상태로 오선을 ③ 클릭하거나 왼쪽(〈) 또는 오른쪽(〉) 부등호 키를 이용합니다. Shift 키를 누른 상태에서는 8마디 단위로 이동할 수 있습니다.

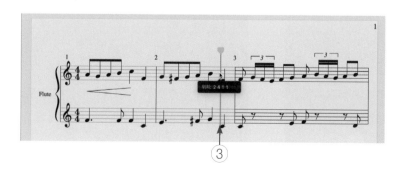

Logic Pro Level Up

보표 스타일

이조 악보 만들기

트랙 인스펙터 파라미터의 ① 보표 스타일은 기본 값이 Auto로 설정되어 있습니다. 이것은 녹음되는 사용자 연주에 따라 C3음을 기준으로 높은 음들이 연주되면 높은 음자리표(Treble), 낮은 음들이 연주되면 낮은 음자리표(Bass), 혼합되면 피아노 보표(Piano)가 자동으로 만들어지는 것이며, 필요하다면 녹음하는 악보의 스타일을 미리 선택하여 결정할 수 있습니다.

Auto로 만들어진 악보 스타일을 바꾸고 싶다면 스코어 파라미터의 ② 스타일에서 선택합니다. 이를 이용하여 트럼펫, 색소폰 등의 이조 악보를 손쉽게 만들 수 있습니다.

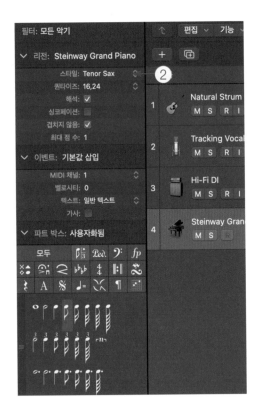

피아노 악보 만들기

Auto 스타일로 만들어지는 피아노 악보는 C3음을 기준으로 높은 음자리표와 낮은 음자리표로 분리되기 때문에 원하는 피아노 악보를 만들려면 추가 작업이 필요합니다.

① 스타일 또는 음자리표를 클릭하여 Piano 1/3을 선택합니다. 입력한 모든 노트가 높은 음자리표에 배치됩니다.

② 성부 분리 도구를 선택합니다.

③ 낮은 음자리표로 이동시킬 노트들을 드래그하여 라인으로 구분합니다.

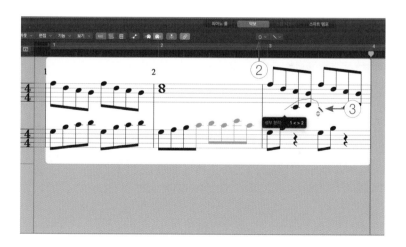

Logic Pro Level Up

사용자 스타일

채널 변경 키 설정하기

Piano 1/3 스타일은 채널을 1번과 3번으로 구분하여 보표를 나누는 것입니다. 이를 1/2 채널로 구분할 수 있는 스타일로 만들고, 단축키를 이용하여 컨트롤할 수 있도록 하면 편리할 것입니다.

Logic Pro의 키 명령에서 ① 할당 편집을 선택하거나 Option+K 키를 눌러 키 명령 할당 창을 엽니다. 검색 창에 ② 이벤트 채널을 입력하여 이벤트 채널+1과 -1을 찾습니다. ③ 키 레이블로 학습 버튼을 On으로 놓고, ④ 이벤트 채널+1과 -1 명령에 원하는 키를 할당합니다.

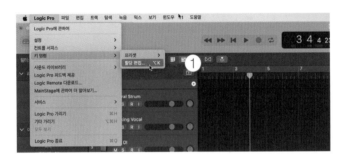

스타일 복사하기

악보 편집기의 레이아웃 메뉴에서 ① 보표 스타일 보기를 선택하여 창을 엽니다.

스타일 목록에서 ② Piano 1/3을 선택하고, 신규 메뉴의 ③ 보표 스타일 복제를 선택하여 복사합니다. 복사한 스타일의 이름을 더블 클릭하여 Piano 1/2로 변경합니다. 그리고 낮은 음표자리표의 ④ 채널을 2번으로 변경합니다.

이벤트를 선택하고, 이벤트 채널+1과 -1 단축키를 눌러 피아노 악보를 빠르고 쉽게 만들 수 있으며, 사용자가 만든 Piano 1/2 스타일은 스타일 항목에서 언제든 선택하여 사용할 수 있습니다.

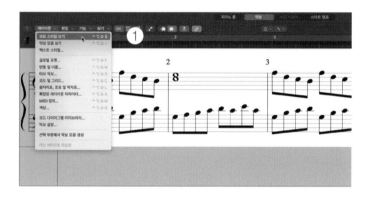

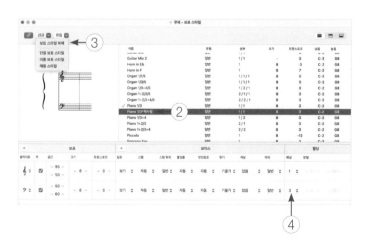

Logic Pro Level Up
보표 간격 조정하기

스타일 복제

페이지 뷰에서 보표의 간격은 ① 음자리표를 드래그하여 조정할 수 있습니다. 하지만 같은 스타일을 사용하고 있는 모든 보표의 간격이 함께 조정된다는 문제가 있습니다.

선택한 보표의 간격을 개별적으로 조정하기 위해서는 별도의 스타일을 만들어야 합니다. 스타일 항목에서 ② 보표 스타일 복제를 선택하여 스타일을 복사하고 ③ 보표 스타일 윈도우 열기를 선택하여 창을 엽니다.

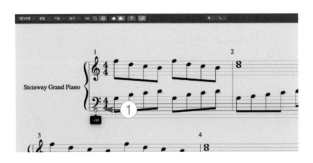

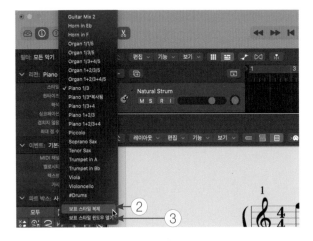

공간 설정

복사한 스타일의 ① 이름을 더블 클릭하여 변경합니다. 그리고 ② 공간 항목에서 간격을 조정합니다. ③ 상단 값은 오선 맨 위를 기준으로 위쪽과의 거리를 조정하는 것이고, ④ 하단 값은 오선 맨 아래를 기준으로 아래쪽 오선과의 거리를 조정합니다.

같은 방법으로 간격을 조정할 오선을 선택하고, 복사한 다음에 공간 조정을 반복하여 자신만의 스타일을 만들어 사용해야 보표 마다 서로 다른 간격을 만들 수 있습니다.

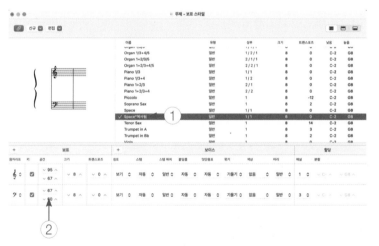

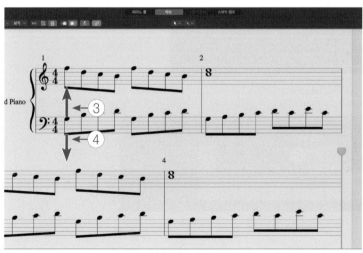

Logic Pro Level Up
키 스위치 감추기

아티큘레이션

소프트웨어 악기에는 레가토, 스타카토 등의 ① 아티큘레이션(Articulation)을 연출할 수 있는 ② 키 스위치를 제공하는 경우가 많습니다. 로직에서도 Studio Horns이나 Studio Strings 등에서 이러한 키 스위치를 제공하여 보다 리얼한 연주를 구사할 수 있도록 하고 있습니다. 다만, 악보에서는 이러한 노트가 표시되어서는 안 될 것입니다.

일단 사용하는 악기에 할당 되어 있는 키 스위치의 ③ 범위를 확인합니다. 대부분 C1 이하의 노트에 할당되어 있지만, 악기 마다 다릅니다.

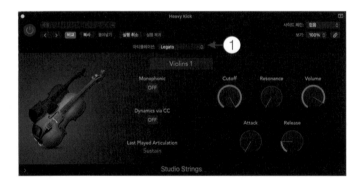

표시 범위 변경

스타일 항목에서 ① 보표 스타일 복제를 선택하여 스타일을 복사하고 ② 보표 스타일 윈도우 열기
를 선택하여 창을 엽니다. 그리고 복사된 스타일의 ③ 이름을 변경합니다. 나중에 스타일을 바로 선
택할 수 있도록 사용하는 악기 이름으로 변경하는 것이 좋습니다.

기본적으로 모든 스타일은 C-2에서부터 G8 범위까지의 노트를 모두 표시하도록 설정되어 있습니
다. 새로 만든 스타일의 ④ 낮음 항목을 C1으로 변경합니다. 그러면 키 스위치로 설정되어 있는 C0-
B0 범위의 노트를 악보에서 가릴 수 있습니다.

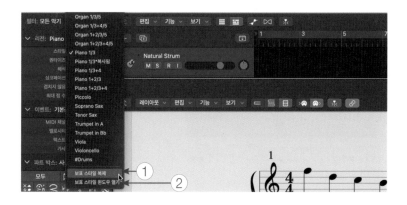

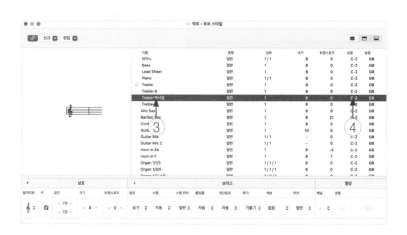

Logic Pro Level Up

성부 분리하기

채널 분리

코드로 입력한 스트링이나 브라스 섹션을 파트보로 분리하는 방법입니다.

① 스타일에서 Piano 1+2/3+4를 선택하고, 보기 메뉴에서 ② 폴리포니 펼쳐보기를 선택합니다. 보표가 분리되면 기능 메뉴의 노트 이벤트에서 ③ MIDI 채널을 보이스 번호로 설정을 선택하여 성부별로 채널이 변경되게 하면 간단하게 파트보를 완성할 수 있습니다.

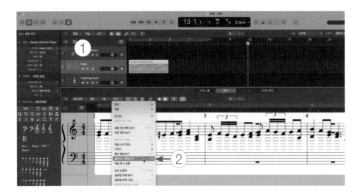

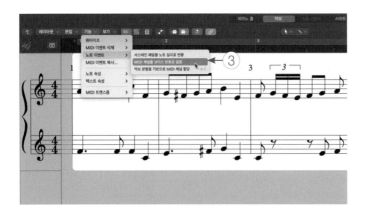

노트 분리

분리한 보표마다 스타일을 적용할 필요가 있다면 채널을 트랙별로 분리해야 합니다. 프로젝트 편집
메뉴의 ① MIDI 이벤트 분리에서 MIDI 채널로 분리를 선택합니다. 그러면 노트에 부여된 채널마다
트랙으로 분리되어 각 보표에 서로 다른 스타일을 적용할 수 있습니다. 분리된 모든 리전의 전체 보
표를 표시하려면 링크 버튼을 클릭하여 ② 동일 계층으로 변경합니다.

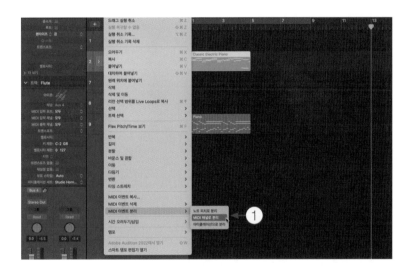

Logic Pro Level Up
디스플레이 퀀타이즈

잇단음 표기

입력되어 있는 노트에 영향을 주지 않으면서 악보를 보기 좋게 정렬할 수 있는 기능이 ① 디스플레이 퀀타이즈입니다. 기본 값은 프로젝트 퀀타이즈(16)를 따르는 기본으로 설정되어 있습니다. 12비트나 24비트의 잇단 음을 표시하려면 12 또는 24를 선택합니다.

스윙 리듬

악보는 보기 편하게 만드는 것이 가장 좋습니다. 전체적으로 12나 24 비트로 연주되는 스윙 곡이라면 잇단 음으로 표시하는 것 보다 파트 박스의 ② 스윙 리듬을 드래그하여 ③ 표기하는 방법이 더 좋습니다.

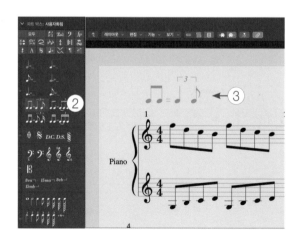

길이 제어하기

설정한 노트 이상의 길이만 표시하는 퀀타이즈 옵션과는 반대로 퀀타이즈 이하의 스타카토 연주 노트를 자동으로 채워주는 ① 해석 옵션을 제공합니다. 옵션을 해제하면 실제 연주되는 ② 노트의 길이를 표시하지만, 옵션을 체크하면 ③ 길이를 자동으로 채워 보기 좋은 악보를 만듭니다. 하지만, 한 박자 이하의 ④ 퀀타이즈 길이로 표시해야 하는 경우도 있는데, 이때는 노트를 선택하고, 기능 메뉴의 노트 속성에서 해석의 ⑤ 약하게 적용을 선택합니다.

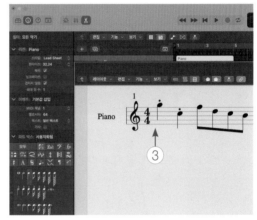

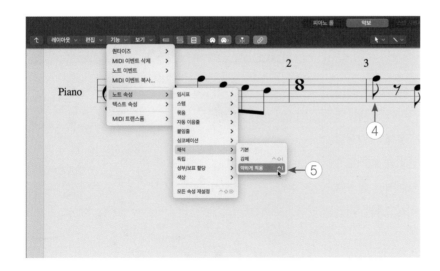

Logic Pro Level Up
디스플레이 듀레이션

싱코페이션

① 싱코페이션(Syncopation)은 붙임줄로 연결된 2개 이상의 음표를 하나로 표시할 것인지를 결정합니다. 왼쪽 그림은 옵션이 해제된 기본 상태로 한 박자가 넘는 음표들이 모두 ② 붙임줄로 연결되어 있으며, 오른쪽 그림은 옵션을 체크하여 ③ 보기 쉬운 악보를 만들고 있습니다.

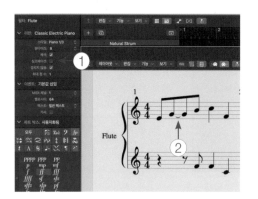

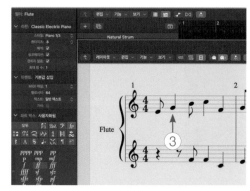

싱코페이션 해제

싱코페이션 옵션을 체크하면 모든 붙임줄을 하나로 처리하기 때문에 오히려 보기 불편한 부분이 발생합니다. 이때는 해당 음표를 선택하고 기능 메뉴의 노트 속성에서 싱코페이션을 ④ 약하게 적용으로 선택합니다.

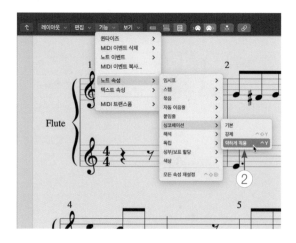

노 오버랩

① 겹치지 않음은 의미 그대로 겹쳐 있는 노트를 표시하지 않습니다. 특히, 피아노를 연주할 때 레가 토로 음이 겹치는 경우가 많은데, 이때 옵션이 꺼져 있으면 왼쪽 그림과 같이 실제 노트 길이가 ② 표시되기 때문에 도저히 볼 수 없는 악보가 되므로, 체크하여 오른쪽 ③ 그림과 같이 만듭니다.

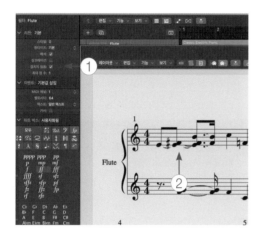 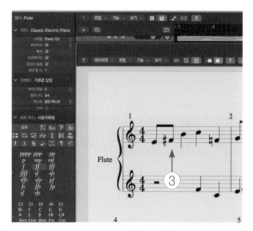

부점

④ 최대 점 수는 점음표 수를 제한합니다. 팝 악보에서는 잘 사용하지 않지만, 클래식 악보를 보면 ⑤ 점을 2-3개 붙여서 표시하는 경우가 있습니다. 이것을 만들고 싶을 때 최대 점 수 에서 설정합니다.

Logic Pro Level Up

링크 모드

모드 선택

악보 편집기의 ① 링크 버튼을 누르고 있으면 모드를 선택할 수 있는 메뉴가 열립니다. 모드는 끔, 동일 계층, 콘텐츠가 있으며, 링크 버튼을 클릭하여 끄거나 더블 클릭하여 동일 계층 및 콘텐츠 전환도 가능합니다. 보기 메뉴의 ② 링크에서 선택해도 됩니다.

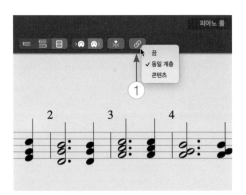

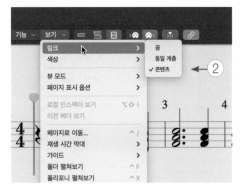

콘텐츠

버튼은 노란색으로 표시되며, 프로젝트에서 선택한 ② 리전의 악보를 표시합니다.

동일 계층

보라색으로 표시되며, 선택한 리전
이 있는 트랙의 모든 악보를 표시합
니다. 트랙은 ① 필터 파라미터에서
선택 가능합니다.

끔

프로젝트와의 연결을 끊어 기존에
열었던 악보를 유지합니다. 악보 편
집기를 ② 독립창으로 열어 악보를
비교 작업할 때 유용합니다.

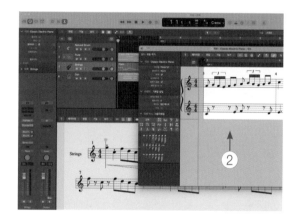

디스플레이 레벨

악보 편집기의 빈 공간을 더블 클
릭하거나 ③ 레벨 버튼을 클릭하여
프로젝트의 전체 악보를 표시할 수
있습니다.

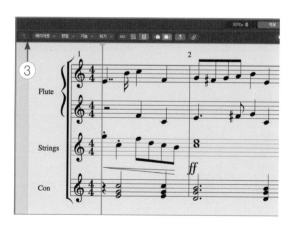

Logic Pro Level Up

텍스트 입력하기

기본 텍스트

악보에 글자는 문자 파트의 ① Text 또는 ② 텍스트 도구를 이용하여 입력할 수 있습니다.

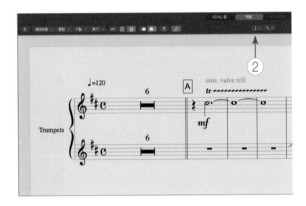

이때 주의할 것은 로직은 텍스트를 글로벌과 기본 텍스트로 구분하고 있다는 것입니다. 보기 메뉴의 페이지 표시 옵션에서 ③ 여백 보기를 선택합니다.

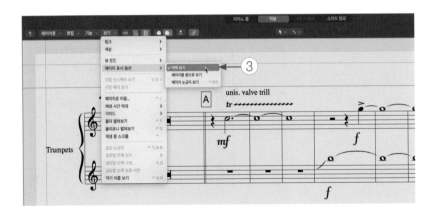

글로벌 텍스트

페이지 여백을 표시하는 주황색 라인과 시스템 영역을 구분하는 보라색 라인이 표시되며, 글자는 여백에 연결되는 ① 자유 구역과 주황색 라인 연결되는 ② 상단 영역, 그리고 보라색 라인에 연결되는 ③ 헤더 구역에도 입력할 수 있습니다. 이 3가지 영역에 입력되는 글자를 글로벌 텍스트라고 하며, 입력을 할 때 열리는 팝업 창을 보면 ④ 위치 정보가 마이너스(-)로 표시됩니다.

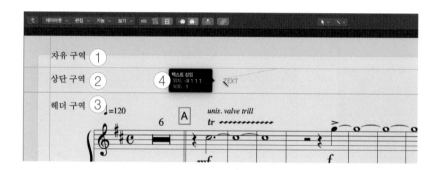

글로벌 텍스트는 오브젝트에 연결되는 기본 텍스트와 다르게 페이지에 연결이 되며, 이벤트 인스펙터 창의 ⑤ 페이지 항목에서 1 페이지에만 표시할 것인지, 2 페이지부터 표시할 것인지, 홀수 또는 짝수 페이지에만 표시할 것인지, 모든 페이지에 표시할 것인지를 선택할 수 있습니다.

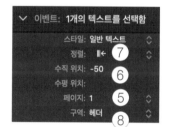

글로벌 텍스트는 수직으로 고정되지만, 인스펙터의 ⑥ 수직 및 수평 위치 값을 변경하여 조정할 수 있고, ⑦ 정렬 항목에서 왼쪽, 오른쪽, 중앙으로 정렬할 수 있습니다. 이때 라인이 하나로 표시되는 것은 여백을 기준으로 정렬하는 것이며, 라인이 두 개로 표시되는 것은 시스템을 기준으로 합니다.

글로벌 텍스트는 자유, 상단, 헤더 구역 외에도 페이지 아래쪽에서 측면 및 꼬리말로 입력할 수 있으며, 타입은 ⑧ 구역 항목에서 구분하거나 변경할 수 있습니다. 일반적으로 인쇄할 때 잘릴 수 있는 자유 영역은 잘 사용하지 않고, 위치를 고정하고 싶을 때는 상단 구역, 시스템 영역(보라색 라인)을 변경할 때 함께 조정되게 하고 싶은 경우에는 헤더 구역에 입력합니다.

Logic Pro Level Up
텍스트 스타일

가사 입력하기

가사는 문자 파트의 ① LYRIC를 이용하여 입력할 수 있으며, 다음 노트로 이동할 때는 Tab 키를 누릅니다. 만일 잘못된 위치에 입력을 했다면 백스페이스 키로 삭제하고 다시 입력합니다.

입력과 수정을 반복하다 보면 가사가 삐뚤어 질 수 있습니다. 이때는 드래그로 가사를 선택하고 단축 메뉴의 ② 오브젝트 위치를 수직으로 정렬을 선택하여 정렬하고 드래그하여 위치를 설정합니다.

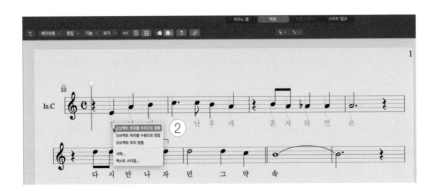

스타일 추가하기

글자 스타일은 이벤트 인스펙터의 ① 스타일 항목에서 선택할 수 있습니다. 사용자가 원하는 스타일이 없는 경우에는 레이아웃 메뉴 또는 단축 메뉴의 ② 텍스트 스타일을 선택합니다.

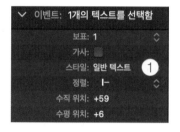

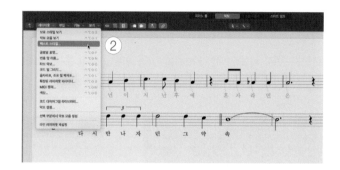

텍스트 스타일 창이 열리면 ③ + 기호의 추가 버튼을 클릭합니다. 추가된 스타일 이름을 입력하고 더블 클릭하거나 오른쪽 상단의 ④ 서체 버튼을 클릭하여 창을 열고, 원하는 글자체와 크기를 설정합니다. 이벤트 인스펙터의 스타일 목록에 추가되며 언제든 사용할 수 있습니다.

Logic Pro Level Up

코드 입력하기

코드 심볼

코드는 문자 파트의 ① Chord를 이용하여 입력할 수 있으며, 다음 노트로 이동할 때는 가사를 입력할 때와 마찬가지로 Tab 키를 누릅니다.

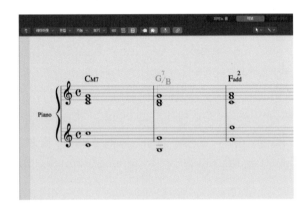

로직은 기본적으로 독일식으로 표기됩니다. 크게 문제될 것은 없지만, 익숙한 미국식 표기로 변경하려면 코드를 더블 클릭하여 기호 창을 열어 수정합니다. ② 근음과 슬래시 코드의 ③ 베이스 음을 표기하는 방법은 동일하지만, 7 코드를 위에 표기하지 않고 아래에 표기하는 것이 일반적입니다. 즉, ④ 위에 입력된 7을 삭제하고 ⑤ 아래 M또는 m 기호 오른쪽에 입력하는 방식으로 수정하면 됩니다.

필요하다면 프로젝트 설정 창의 악보 페이지/코드 및 그리드 탭의 국가 항목에서 코드를 숫자 표기로 변경할 수 있습니다.

기타 폼 만들기

일반적으로 잘 사용하지 않지만, 기타 교재를 만드는 경우에 꼭 필요한 기타 폼은 ① 기타 파트의 ② 다이어그램으로 만들 수 있습니다. 소, 중, 대의 3가지 크기를 제공하며 입력을 하면 폼을 선택할 수 있는 창이 열립니다. ③ 근음과 ④ 코드 유형에서 타입을 선택하고, 오른쪽에서 ⑤ 폼을 선택하는 방법으로 입력할 수 있습니다.

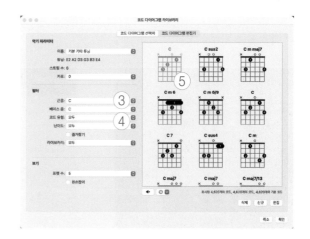

폼 크기는 입력후에 단축 메뉴로
변경 가능합니다.

로직에서 제공하는 기타 폼은 국제적으로 많이 사용되는 것들이 준비되어 있기 때문에 굳이 편집할 이유는 없겠지만, 필요하다면 편집 버튼을 클릭하여 수정할 수 있습니다. 운지는 현을 클릭하여 추가할 수 있으면 단축 메뉴로 ⑥ 손가락 번호를 지정할 수 있습니다. ⑦ 바 타입은 마우스 드래그로 설정할 수 있으며, 플랫 위치는 ⑧ 메뉴에서 변경 가능합니다.

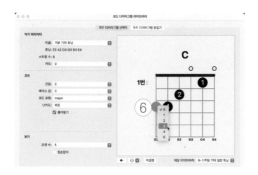

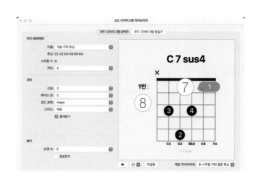

Logic Pro Level Up
잇단음 입력하기

잇단음 심볼

3잇단음은 노트 파트의 잇단음 음표를 이용하여 입력할 수 있으며, 그 이상의 잇단음 표는 ① N으로 표시되어 있는 기호를 이용합니다.

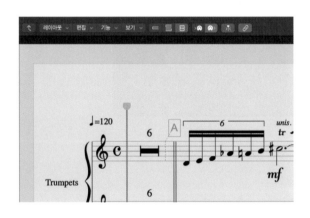

N 기호를 입력하면 열리는 창에서 잇단음 ② 비트와 ③ 수, 그리고 ④ 노트 길이를 설정합니다. 브라켓 및 숫자를 가리거나 노트 길이를 함께 표시하는 노트 값 표시 옵션을 제공하며, 방향과 길이 허용 옵션을 사용할 수 있습니다. 물론, 입력된 잇단음표를 더블 클릭하여 수정하는 것도 가능합니다.

꾸밈음 입력하기

꾸밈음으로 처리하고자 하는 노트를 선택하고 기능 메뉴의 노트 속성에서 독립의 ① 독립된 꾸밈음
을 선택합니다. 노트가 꾸밈음으로 표기됩니다.

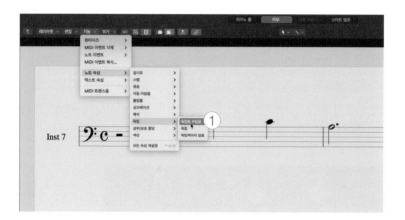

꾸밈음으로 처리된 노트를 드래그하여 간격을 조정합니다. 필요하다면 ② 리사이즈 도구를 이용하
여 노트 사이즈를 줄이면 보기 좋습니다.

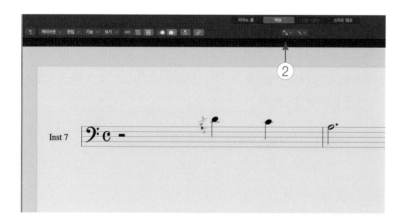

Logic Pro Level Up

미디 편집

벨로시티와 피치

악보 편집기에서 음표를 드래그하여 위치를 바꾸는 동작은 실제 연주되는 미디 이벤트의 피치와 타임을 변경하는 것이며, ① 리니어 뷰에서는 ② 오토메이션 버튼을 On으로 하여 벨로시티를 비롯한 컨트롤 정보까지 피아노 롤과 동일한 편집이 가능합니다. 그러나 악보 편집기는 사보가 목적이기 때문에 페이지 뷰를 더 선호하는 편입니다.

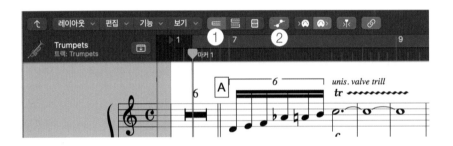

페이지 뷰에서 벨로시티를 조정하고자 한다면 ③ 벨로시티 도구를 이용하거나 Control+Command 키를 누른 상태에서 노트의 머리를 드래그하고, 피치를 조정하고자 한다면 Option 키를 누른 상태에서 위/아래 방향키를 이용하거나 ④ 미디 인 버튼을 On으로 놓고, 마스터 건반을 누르는 방법으로 선택한 노트의 피치를 빠르게 편집할 수 있습니다.

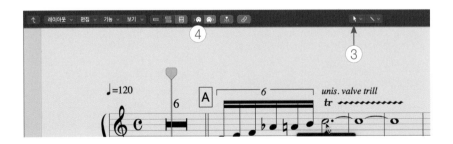

노트의 길이

페이지 뷰에서 노트의 길이를 변경하고자 한다면 보기 메뉴의 재생 시간 막대에서 ① 선택한 음표를
선택합니다. 선택한 음표에 길이를 조정할 수 있는 ② 막대가 표시됩니다.

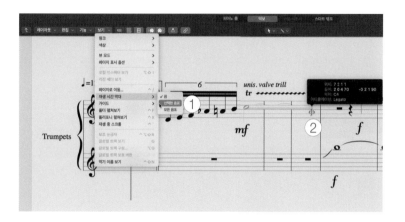

③ 음소거 도구를 이용하거나 Control+M 키를 누르면 선택한 노트를 뮤트 상태로 만들 수 있습니
다. 실제 악보 출력은 가능하기 때문에 연주에 영향을 주지 않으면서 원하는 악보를 만들 수 있는
유용한 기능입니다.

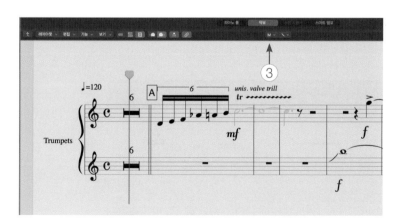

Logic Pro Level Up

레이아웃

마디 정렬

악보 마디를 일률적으로 정렬하려면 레이아웃 메뉴의 ① 글로벌 포맷을 선택하여 창을 열고, ② 최대 마디/선 항목에서 각 시스템별로 표시할 마디 수를 결정합니다.

단, 음표수가 많은 마디는 글로벌 포맷에서 설정한 마디 수를 채우지 못하는 경우가 있습니다. 이때는 ③ 레이아웃 도구를 이용하여 강제로 이동시킬 수 있습니다.

악보 모음

악보는 피아노와 보컬, 기타와 보컬 등, 2개 이상의 시스템을 그룹으로 묶어서 출력할 일이 많습니다. 레이아웃 메뉴의 ① 악보 모음 보기를 선택하여 창을 엽니다.

그룹으로 묶을 트랙을 Commad 키를 누른 상태로 선택하고 신규 메뉴에서 ③ 선택한 악기의 새로운 세트를 선택합니다. 생성된 그룹은 ④ 대 괄호 및 중 괄호 칼럼을 클릭하여 다양한 형태로 묶을 수 있습니다. ⑤ 필터 인스펙터에서 그룹으로 만든 세트를 선택하여 출력할 악보를 표시합니다.

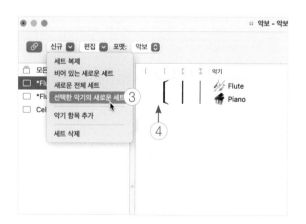

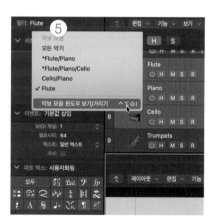

Logic Pro Level Up
타브 및 드럼 악보

타브 악보 설정

타브 악보를 가장 쉽고 빠르게 만드는 방법은 ① 스타일에서 기타 믹스를 선택하는 것입니다. 하지만 로직에서 제공하는 스타일은 실제 연주에서 사용되는 타브와는 거리가 멀기 때문에 일일이 편집해야 하는 추가 작업이 필요합니다. 이러한 수고를 덜 수 있는 방법은 현 마다 채널을 할당하는 것입니다. 타브 악보에서 단축 메뉴를 열고, ② 설정: 기타 악보를 선택하여 창을 엽니다. 그리고 기타의 ③ 할당에서 채널 또는 1번 현에 1번 채널을 할당하는 채널 반전을 선택합니다. 그러면 각 노트를 ④ MIDI 채널로 구분하여 현을 지정할 수 있습니다. 참고로 이벤트 파라미터에서 채널을 선택하는 것보다는 ⑤ 이벤트 채널 명령에 단축키를 할당하여 사용하는 것이 편리할 것입니다.

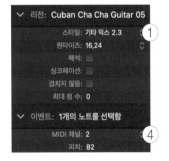

드럼 매핑

드럼 악보 역시 스타일을 이용하면 쉽게 만들 수 있습니다. 하지만 타브 악보와 마찬가지로 일반적으로 사용하는 악보와는 조금 차이가 있고, GM 모드 악기를 기준으로 하고 있기 때문에 서드파티 악기를 사용하는 경우에는 전혀 다른 악보가 생성될 수 있기 때문에 사용자 스타일을 만들 필요가 있습니다.

레이아웃 메뉴의 보표 스타일 보기를 선택하여 창을 열고, ① 드럼 스타일을 선택합니다. 그리고 ② 위치 칼럼 값을 수정하여 일반적으로 많이 사용하는 스타일로 변경합니다. 필요하다면 보이스를 ③ 추가하여 킥, 스네어, 하이-햇으로 ④ 드럼 그룹을 독립시켜 기가 연결되지 않게 할 수 있습니다.

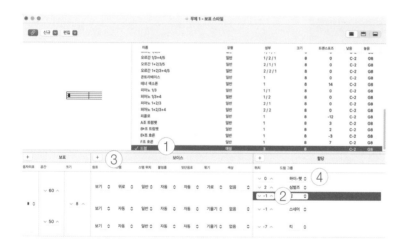

못 갖춘 마디

못 갖춘 마디를 만드는 방법은 간단합니다.
리전의 ① 시작 지점을 줄이면 됩니다.

Logic Pro Level Up

PDF 출력

마디 번호

못 갖춘 마디 외에도 미디 작업을 할 때 시작 위치에 컨트롤 정보를 넣기 때문에 대부분 2마디 위치에서부터 이벤트를 입력하는 것이 일반적입니다. 그래서 악보에 마디 번호를 표시하면 숫자 2부터 시작되는데, 이를 수정하려면 레이아웃 메뉴에서 ② 번호 및 이름을 선택하여 창을 열고, ③ 마디 오프셋을 -1로 설정합니다.

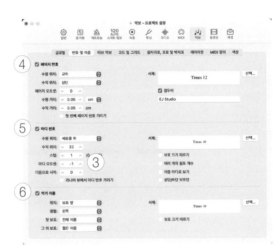

④ 페이지 번호

수평/수직 위치 : 페이지 번호가 표시될 위치를 설정합니다.

페이지 오프셋 : 페이지가 시작될 번호를 설정합니다.

수평/수직 거리 : 여백에서의 거리를 설정합니다.

첫 번째 페이지 번호 가리기 : 첫 페이지를 번호를 표시하지 않습니다.

서체 : 페이지 번호 글자체 및 크기를 설정할 수 있습니다.

접두어 : 페이지 번호 앞에 표시할 문자를 입력할 수 있습니다.

⑤ 마디 번호

스텝 : 번호가 표시될 마디 간격을 설정합니다.

다음으로 시작 : 번호가 시작될 마디를 설정합니다.

리니어 뷰에서 마디 번호 가리기 : 리니어 뷰에서 마디 번호를 표시하지 않습니다.

보표 크기 따르기 : 보표 크기에 따라 마디 번호를 표시합니다.

여러 개의 쉼표 개수 : 다중 쉼표 아래에 첫 번째 및 마지막 마디 번호를 표시합니다

이중 마디로 보기 : 스텝 설정과 관계없이 모든 겹세로줄 및 반복 기호에 마디 번호를 표시합니다.

상단/하단 보표만 : 전체 악보에서 마디 번호가 상/하단 보표에만 표시됩니다

⑥ 악기 이름

위치 : 보표 옆 또는 위 중에서 선택합니다.

정렬/수직 위치 : 보표 옆으로 선택했을 때는 여백과 시스템을 기준으로 왼쪽과 오른쪽 중에서 선택할 수 있고, 보표 위로 선택했을 때는 수직 거리를 설정할 수 있습니다.

첫/ 그 외 보표 : 첫 보표와 나머지 보표에 표시할 타입을 선택합니다.

PDF 출력

악보는 파일 메뉴의 프린터를 선택하여 출력할 수 있습니다. ⑦ 용지 크기와 방향을 설정하고, 계속해서 열리는 프린트 창에서 ⑧ PDF 버튼을 클릭하면 됩니다.

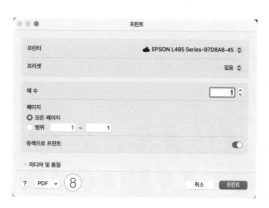

로직 사용 능력을 한 단계 올리는
로직 프로 레벨-업

12

돌비 애트모스

로직은 Dolby Atmos 음향을 지원합니다. 값비싼 추가 장비 없이 Apple Music과 같은 스트리밍 플랫폼에 배포할 3D 입체 음악을 손쉽게 제작할 수 있다는 의미입니다. 특히, 이어폰 또는 헤드폰으로 서라운드 사운드를 모니터 할 수 있는 바이노럴 모드를 지원하기 때문에 고가의 멀티 시스템을 갖추지 않아도 됩니다. 앞으로 음악 시장이 어떻게 바뀔지 짐작할 수 없지만, 뮤지션에게 새로운 시도는 언제나 즐거운 일입니다.

Logic Pro Level Up
오디오 시장의 변화

게임 및 영화 속에 직접 들어가 있는 현장감을 구현하기 위한 3D 기술은 오래전부터 영상과 오디오 분야에서 다양하게 시도되어 왔고 지금까지 엄청난 발전을 거듭하고 있습니다. 하지만, 영상은 3D 안경이나 VR 기기를 착용해야 하는 불편함이 있고, 오디오는 엄청난 비용의 시스템을 갖춰야 한다는 걸림돌이 있기 때문에 가정이나 개인이 자유롭게 즐길 수 있는 시장은 형성되지 못했습니다.

특히, 콘서트 현장에 있는 듯한 효과를 느낄 수 있는 3D 사운드는 음악을 하는 사람이라면 누구나 제작하고 싶어 하는 기술이었지만, 이를 구매할 소비층이 거의 없었기 때문에 5.1, 7.1, 9.1로 채널이 증가해도 여전히 50년도에 시작된 2채널의 스테레오 음악 제작에 머물러 있습니다. 음악은 스테레오면 충분히 즐길 수 있기 때문에 3D 사운드 기술이 아무리 발전을 해도 개인 시장이 확대될 일은 없을 거라고 분석하던 음향 전문가들도 있었으며, 실제로 이들의 분석을 입증이라도 하듯 90년대부터 수많은 업체에서 5.1 채널의 서라운드 음악 제작을 시도했지만, 시장의 반응은 냉담했고, 그 어떤 제작자도 관심을 두지 않은 기술로 몰락하고 말았습니다. 이런 현상의 가장 큰 이유는 서라운드 음향을 즐기기 위해서는 고가의 시스템과 공간을 갖춰야 했기 때문입니다.

시장의 흐름은 30년이라는 세월이 지나도 변함이 없었고, 3D 음향을 즐길 수 있는 공간은 오로지 극장뿐이었기 때문에 사운드 트랙을 제작하는 영화 관련 종사자 외에는 아예 관심조차 없는 분야였습니다. 그러나 2021년부터 애플 뮤직이나 넷플릭스 등의 온라인 스트리밍 플랫폼에서 7.1.4 또는 11.1 채널로 표기되는 돌비 애트모스 사운드 서비스를 시작하였고, 삼성의 버즈나 애플의 아이팟을 비롯하여 몇 만원짜리 사운드 바만 갖추면 즐길 수 있는 장치들이 쏟아지면서 음악 제작자들도 새로운 시장이 열릴 수 있다는 기대감으로 관심을 갖기 시작합니다. 특히, 팬데믹으로 인해 집에서 즐길 수 있는 비디오 및 오디오 스트리밍 서비스 시장이 급격하게 확대되었고, 그 중에서 멀티테스킹이 가능한 오디오 콘텐츠가 지난해 대비 5배 이상 증가하는 현상이 발생했습니다. 2배 증가된 비디오 시장에 비하면 전혀 예상하지 못했던 결과입니다. 물론, 일시적인 현상으로 보는 경우도 있지만, 대부분의 조사 기관에서는 앞으로 더 증가할 것이라 예측하고 있으며, 음악 관련자들도 다양한 시도를 하고 있는 추세입니다. 그리고 이러한 사회적 변화를 반영이라도 하듯 대부분의 음악 프로그램들이 7.1.4 돌비 애트모스 사운드를 제작할 수 있는 기능을 추가하기 시작하였으며, 로직도 이 기능을 추가한 버전을 발표하였습니다. 엄청난 비용의 시스템을 갖추지 않아도 누구나 마음만 먹으면 돌비 애트모스 사운드를 적용한 3D 입체 음악을 만들 수 있게 된 것입니다.

현재 돌비 애트모스 음악을 지원하는 플랫폼은 애플 뮤직(apple.com/kr/apple-music)을 비롯하여 아마존 뮤직(amazon.com/music)과 타이달(tidal.com) 등이 있으며, 네이버 음원 스트리밍 서비스 VIBE(vibe.naver.com)에서도 국내 최초로 시도되고 있습니다. 솔직히 시장의 변화는 90년대 5.1채널 돌비 디지털 사운드가 발표될 때와 비슷합니다. 영화는 5.1채널이 기본으로 자리를 잡았지만, 음악은 여전히 스테레오 포맷을 벗어나고 있지 못하고 있습니다. 다만, 그때와 다른 점은 스마트폰과 이어폰만 갖추면 누구나 돌비 애트모스 사운드를 청취할 수 있다는 것입니다. 그래서 수많은 음악 제작자들은 발전 가능성이 있는 시장으로 보고 있으며, 너도 나도 돌비 애트모스 음악을 발표하고 있습니다. 앞으로 넷플릭스를 비롯한 영화 사운드 트랙은 돌비 애트모스 음향으로 제작될 것이라는 것이 분명한 사실이지만, 음악은 좀 더 두고 봐야할 시점입니다. 하지만, 시장이 확대된 후에 시작하는 것은 너무 늦은 출발이기 때문에 지금 당장 공부를 시작해야 할 분야입니다.

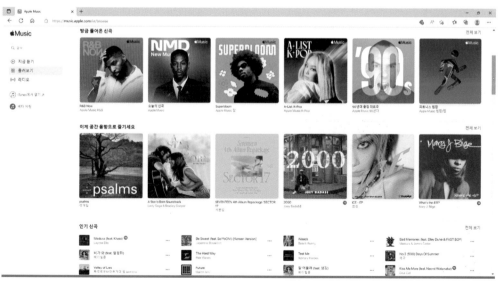

▲ 애플 뮤직

Logic Pro Level Up
서라운드 시스템

5.1 채널

돌비 애트모스 (Dolby Atmos)는 2012년 영화〈메리다와 마법의 숲〉에서 처음 선을 보인 3D 서라운드 사운드 기술입니다. 10년이 지난 기술이 요즘에 관심을 받게된 이유는 애플 뮤직, 넷플릭스와 같은 스트리밍 플랫폼에서 돌비 애트모스를 적용한 영화와 음악 서비스가 시작되었고, 무엇보다 이를 즐기기 위한 장치가 과거에 비해 매우 저렴해지고, 사용이 편리해졌기 때문입니다. 스마트 폰과 이어폰만 있으면 언제 어디서든 3D 입체 음향을 즐길 수 있는 시대가 된 것입니다.

스테레오 음악은 좌/우 2채널로 제작된 오디오입니다. 사람의 귀가 2개이니 2채널이면 공간감을 충분히 전달할 수 있다는 이론으로 시작되었으며, 오랜 시간 동안 음악은 스테레오 채널로 제작되었습니다. 하지만, 인간의 귀는 소리를 직선으로 전달받는 것이 아니라 주변의 모든 소리가 수음되는 구조로 공간과 방향을 인지하기 때문에 현실감이 필요했던 영화와 게임 업계에서는 오래전부터 돌비 연구소에서 개발한 기술로 전방에 ① 좌/② 우 스테레오 2 채널 외에 ③ 중앙의 1채널과 후방 ④ 좌/⑤ 우 2채널, 그리고 저음 재생 전용의 ⑥ 서브우퍼를 추가한 5.1채널을 도입하여 제작하였습니다.

서브우퍼(Sub-Woofer)는 일반 스피커로 재생할 수 없는 초저음역을 재생하기 위한 전용 스피커를 말하는 것으로 방향성을 만드는 별도의 채널이 할당되지 않기 때문에 0.1로 표기합니다. 그러나 별도의 채널이 할당되지 않는다고 해서 무심히 넘겨서는 안 됩니다. 사운드를 좋아하는 유저들은 우퍼를 추가해서 영화나 음악을 감상하는 경우가 많기 때문입니다.

일반적으로 많이 사용하는 모니터 스피커의 스펙을 보면 재생 범위를 나타내는 ① Frequency Response가 40-80Hz 정도에서 시작하는 것이 대부분입니다. 즉, 40-80Hz 이하의 저음역을 재생할 수 없다는 것입니다.

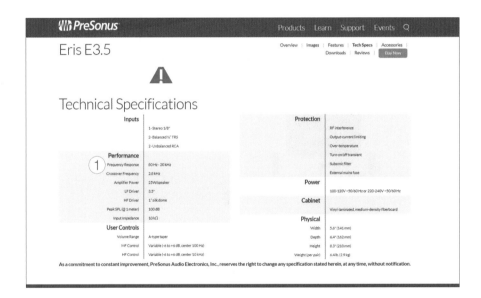

음성 위주의 TV 드라마나 영화에서는 큰 문제가 되지 않지만, 음악에서는 저음역이 매우 중요하기 때문에 뮤지션이라면 반드시 저음역을 정확하게 모니터할 수 있는 서브우퍼 스피커를 갖출 필요가 있습니다. 대부분의 제품은 200Hz 이하의 저음역을 재생할 수 있으며, 범위를 120Hz에서 40Hz 이하로 설정할 수 있는 필터 스위치를 제공합니다.

Logic Pro Level Up
애트모스 시스템

5.1.2 채널

돌비 애트모스 (Dolby Atmos)는 수평의 서라운드 시스템에 수직의 오버헤드 채널(천장 스피커)를 추가한 구성입니다. 5.1 서라운드 시스템에 ① 2개의 천장 스피커를 추가한 구성을 5.1.2로 표기하며, ② 4개의 천장 스피커를 추가한 구성을 5.1.4로 표기합니다.

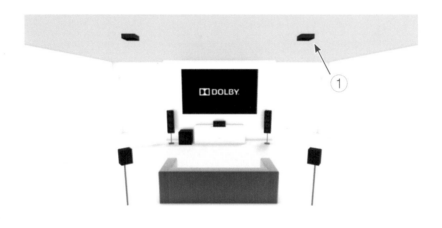

7.1.2 채널

5.1 서라운드 시스템에 ③ 좌/우 측면 서라운드 스피커를 추가하여 공간감을 실감나게 재현할 수 있도록 한 것이 7.1 채널 서라운드 시스템이며, 여기에 ④ 천장 스피커를 추가한 구성이 7.1.2 또는 7.1.4 채널의 돌비 애트모스 시스템입니다. 이미 애플 뮤직이나 넷플릭스 등의 온라인 플랫폼에서는 이러한 돌비 애트모스 사운드 서비스를 시행하고 있으며, 청위자는 복잡한 시스템을 갖추지 않아도 이어폰이나 헤드폰만으로도 3D 입체 음향을 즐길 수 있습니다.

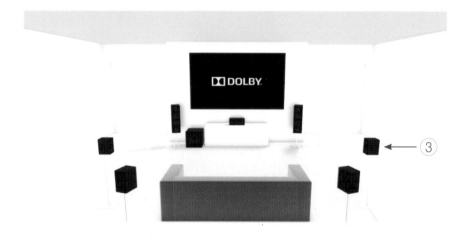

Logic Pro Level Up

애트모스 프로젝트 설정

샘플 레이트

돌비 애트모스 음향을 구현하려면 프로젝트가 48KHz 이상의 샘플 레이트로 설정되어 있어야 합니다. '파일' 메뉴의 '프로젝트 설정'에서 ① '오디오'를 선택하여 창을 열고, ② '샘플률'에서 48KHz 이상을 선택합니다.

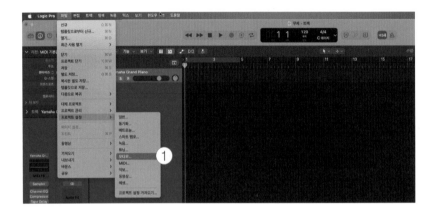

버퍼 사이즈

프로젝트의 샘플 레이트가 48KHz 인 경우에는 버퍼 사이즈도 512로 늘려줘야 합니다. Commad+
콤마(,) 키를 눌러 '설정' 창을 열고, ① '오디오' 탭의 ② 'I/O 버퍼 크기'를 512로 선택합니다. 만일,
프로젝트 샘플률을 96KHz로 설정한 경우라면 I/O 버퍼 사이즈를 1024로 설정합니다.

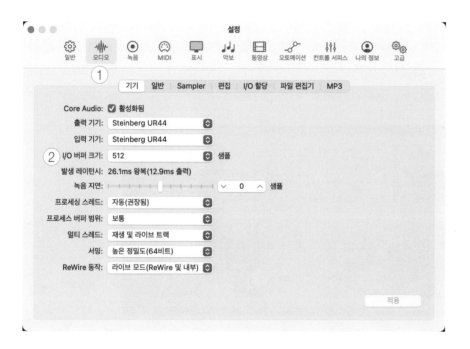

돌비 애트모스 믹싱은 48kHz 및 96kHz의 기본 샘플률 지원합니다. 그
래서 샘플률이 44.1kHz 또는 88.2kHz인 프로젝트에서 Dolby Atmos
플러그인을 사용하여 렌더링하면 실시간으로 48kHz 또는 96kHz로 변
환됩니다. 그러나 프로젝트의 특성과 컴퓨팅 성능에 따라 성능에 영향
을 줄 수 있기 때문에 돌비 애트모스를 믹싱하려는 경우에는 처음부터
프로젝트의 샘플률을 48kHz 또는 96kHz로 설정하는 것이 좋습니다.

Logic Pro Level Up

애트모스 프로젝트 변환

채널 변환

'믹스 메뉴에서 ① Dolby Atmos를 선택하여 창을 열고, '공간 음향'에서 ② Dolby Atmos를 선택하면 돌비 애트모스 믹싱이 가능한 프로젝트로 설정됩니다. '서라운드 포맷'은 7.1.2로 10개의 채널을 지원하며, 3D Objects로 118개의 채널을 추가할 수 있습니다.

모니터 환경

모든 채널은 서라운드 출력으로 변경되며, 아웃 트랙에는 ① Atmos 플러그인이 장착됩니다. Atmos
플러그인을 더블 클릭하여 열면 사용자 환경에 어울리는 ② 모니터 환경(Monitering Format)을 선택
할 수 있습니다. 기본적으로 스테레오 헤드폰으로 돌비 애트모스 사운드를 모니터할 수 있는 Dolby
및 Apple Renderer의 바이노럴 모드가 선택되어 있으며, 스피커 시스템을 갖춘 경우라면 7.1.4 채
널까지 선택할 수 있습니다.

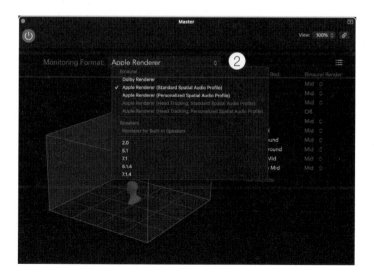

바이노럴 모니터는 표준
포맷의 Dolby Renderer
와 애플 제품에 최적화되
어 있는 Apple Renderer
을 제공합니다.

Logic Pro Level Up
서라운드 베드

서라운드 채널

로직의 애트모스 채널은 7.1.2로 모두 10개를 지원하며, 각 채널의 신호는 팬 파라미터를 더블 클릭하면 열리는 Surround Panner에서 조정합니다. Mono, Stereo, Surround 등 포맷에 따라 구성의 차이가 있지만, ① 포인트 및 파라미터를 드래그하여 설정하는 방법은 동일합니다.

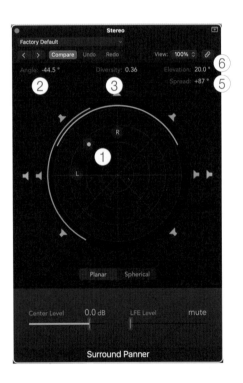

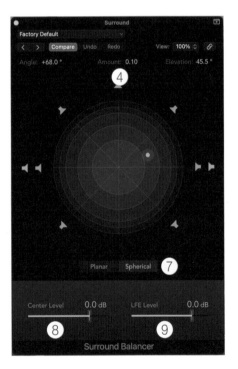

② **Angle** : 좌/우로 드래그하여 각도를 조정합니다. Diversity 및 Amount 값을 고정시킨 상태로 조정하고 싶은 경우에는 Command 키를 누른 상태로 드래그합니다.

③ Diversity : 위/아래로 드래그하여 거리를 조정합니다. Surround 채널에서는 ④ Amount로 표시되며, Angle을 고정시킨 상태로 조정하고 싶은 경우에는 Control+Command 키를 누른 상태로 드래그합니다.

⑤ Spread : 스테레오 채널에서 L 또는 R 포인트를 드래그하여 폭을 조정합니다.

⑥ Elevation : ⑦ Spherical 모드에서 위/아래로 드래그하여 높이를 조정합니다.

⑧ Center Level : 센터 채널의 레벨을 조정합니다.

⑨ LFE Level : 서브우퍼 채널의 레벨을 조정합니다.

바이노럴 렌더

애트모스 플러그인의 ① Monitoring Format을 Dolby Renderer로 선택하면 거리감을 Mid보다 가깝게(near) 또는 멀게(Far) 설정할 수 있는 ② Binaural Rende 옵션을 사용할 수 있습니다. 물론, 모니터 용이기 때문에 실제 사운드에 적용되지는 않지만, 메타 데이터로 저장되어 소비자가 On/Off 할수 있고, Apple Music에서는 이를 자동으로 수행하고 있다는 것을 알고 있어야 합니다.

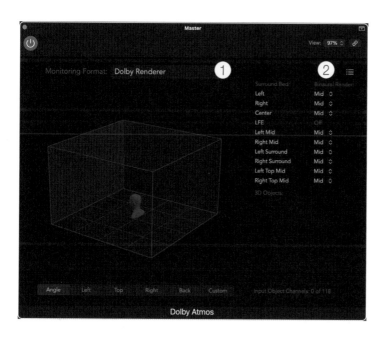

Logic Pro Level Up

3D 오브젝트

3D 오브젝트 할당

3D 오브젝트는 서라운드 베드와 분리된 독립적인 채널로 최대 118개를 할당할 수 있습니다. 팬의 단축 메뉴에서 ① 3D Object Panner를 선택하면 해당 채널은 3D 오브젝트 채널로 할당되며, 모노가 1개의 채널이므로, 스테레오 채널이라면 2개의 3D 오브젝트 채널이 할당되는 것입니다.

3D 오브젝트의 패너는 서라운드의 Angle과 Diversity가 ② Left/Right 및 Back/Front로 표시되고, Elevation가 ③ Top/Ear Level로 구분되어 있어 사운드의 높이를 시각적으로 컨트롤할 수 있습니다. 특히, 범위를 확대할 수 있는 ④ Size 파라미터가 추가되어 있어 해당 채널의 확산감을 손쉽게 컨트롤할 수 있습니다.

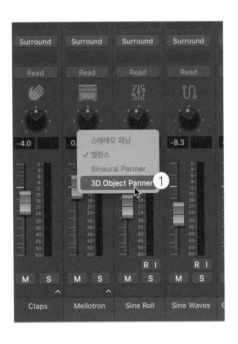

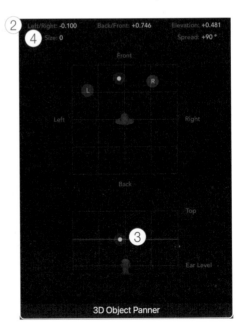

3D 오브젝트의 신호

애트모스 음향을 마스터링 할 때 주의해야 할 사항은 두 가지입니다.

첫 번째는 마스터 채널의 Atmos 플러그인 다음에 적용되는 이펙트는 반영되지 않는다는 것입니다. 그래서 모니터를 위한 레벨 미터 이외의 EQ 및 컴프레싱이 필요한 경우에는 Atmos 플러그인 ① 전에 적용해야 합니다. 두 번째는 3D 오브젝트 채널은 바로 Atmos로 신호가 전송되기 때문에 그 전에 사용되는 ② 이펙트가 무시된다는 것입니다.

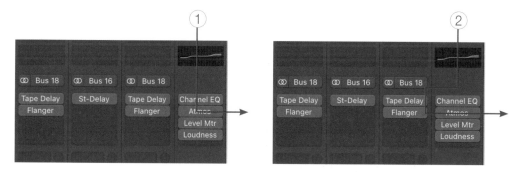

또한 애트모스 프로젝트의 마스터 채널은 멀티 트랙이기 때문에 모노 및 스테레오 채널로 플러그인을 복사해서 사용할 수 없다는 문제도 있습니다. 결국, 3D 오브젝트에 마스터 패널의 플러그인을 적용하려면 ③ 프리셋에서 '별도 저장'을 선택하여 저장을 하고, 3D 오브젝트 채널에서 저장한 프리셋을 선택하여 사용하는 방법을 이용해야 합니다.

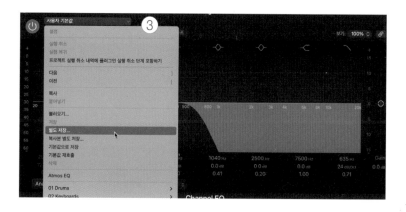

Logic Pro Level Up

서라운드 플러그인 1

Space Designer

로직에서 돌비 애트모스를 지원하게 되면서 몇 가지 플러그인들이 서라운드 채널에서 사용할 수 있도록 업그레이드되었습니다. 그 중 사용 빈도가 가장 높은 것이 Space Designer입니다. 서라운드 채널의 Space Designer는 상/하, 좌/우 채널의 잔향 비율을 설정할 수 있는 Balance 항목이 추가되며, 초기값은 모든 채널이 중앙으로 집중되어 있습니다.

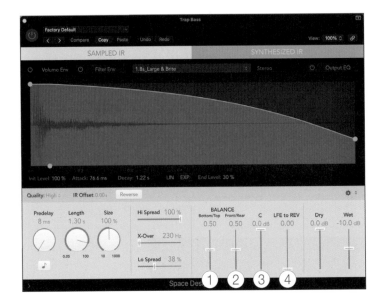

① Bottom/Top : 위/아래 채널의 잔향 비율을 조정합니다.

② Front/Rear : 전/후방 채널의 잔향 비율을 조정합니다.

③ C : 중앙 채널의 잔향 비율을 조정합니다.

④ LFE to REV : 우퍼 채널의 잔향 비율을 조정합니다.

Tremolo

서라운드 트레몰로(Tremolo)는 원형(Circular)으로 이동하는 사운드, 왼쪽에서 오른쪽(Left〈〉Right)
으로 이동하는 사운드, 앞에서 뒤로(Front〈〉Rear) 이동하는 사운드, 무작위(Random)로 이동하는
사운드를 손쉽게 만들 수 있는 ① Distribution 메뉴를 제공합니다.
라인은 위쪽에서부터 전방, 중앙, 후방, 측면, 그리고 천장 채널입니다.

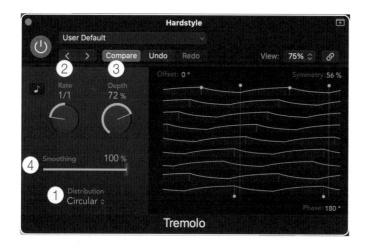

나머지 노브 및 슬라이더의 역할은 스테레오 채널과 동일합니다.

② Rate : 변조 속도를 조정합니다.

③ Depth : 변조 폭을 조정합니다.

④ Smoothing : 이동 속도를 조정합니다.

Logic Pro Level Up
서라운드 플러그인 2

Modulation

앞에서 살펴본 트레몰로 외에도 코러스(Chorus), 플랜저(Flanger), 마이크로 페이저(Microphaser), 모듈레이션 딜레이(Modulation Delay), 페이저(Phaser) 등의 5가지 모듈레이션 플러그인들이 서라운드 채널을 처리할 수 있도록 업그레이드 되었습니다.

대부분의 파라미터는 모노 및 스테레오 채널과 동일하지만, 플랜저, 모듈레이션 딜레이, 페이저의 경우에는 트레몰로와 마찬가지로 방향을 선택할 수 있는 ① Distribution 메뉴가 추가되어 있습니다. 버스 트랙에 모듈레이션 딜레이를 장착하고, 모든 보컬 트랙을 버스 트랙으로 전송하면 온몸을 감싸는 서라운드 효과를 손쉽게 만들 수 있는 것입니다. 이때 팬은 ② 중앙에 배치되어 있어야 합니다.

Match EQ

어제 녹음한 보컬과 오늘 녹음한 보컬의 톤이 같을 수는 없습니다. 하지만, Match EQ를 사용하면 간단하게 톤을 일치시킬 수 있기 때문에 EQ 사용을 어려워하는 초보자에게는 더 없이 좋은 장치입니다. 특히, 두 곡의 톤을 일치시켜야 하는 마스터링 작업에서는 빼놓을 수 없는 장치입니다.

Match EQ는 마스터 트랙에서 서라운드 음향을 처리할 수 있도록 업그레이드 되었습니다. 동작 방식은 스테레오와 동일하지만, 7.1.2 또는 7.1.4 채널의 모든 톤을 일치시킬 수 있습니다.

① Reference의 Learn 버튼을 클릭하여 톤을 일치시키고자 하는 원곡을 분석합니다.
② 프리셋 메뉴의 Save As를 선택하여 저장합니다.
② 마스터 트랙에서 저장한 프리셋을 불러옵니다.
③ Current의 Learn 버튼을 클릭하여 현재 곡의 톤을 분석합니다.
④ EQ Curve의 Match 버튼을 클릭하여 두 곡의 톤을 일치시킵니다.

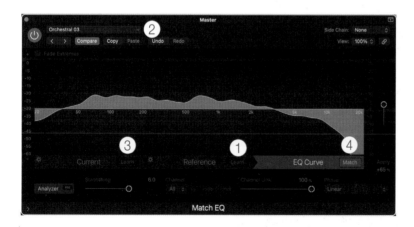

서라운드 마스터 트랙에서 Match EQ를 사용할 때는 Atmos 플러그인 앞에 놓아야 하며, Apply 슬라이더를 이용하여 적용량을 조정하거나 Smoothing으로 정밀도를 조정할 수 있습니다.

Logic Pro Level Up
서라운드 플러그인 3

Remix FX

마지막으로 서라운드 채널을 지원하는 플러그인은 Remix FX입니다. 파라미터의 구성은 스테레오 채널과 다르지 않지만, 마스터 트랙의 Atmos 플러그인 전에 로딩하여 리믹스 효과를 적용할 수 있습니다. 다만, 모든 채널에 동일한 효과가 적용되며, 파라미터의 움직임을 기록하려면 마스터 트랙을 프로젝트에 추가해야 합니다. 마스터 트랙에서 마우스 오른쪽 버튼을 클릭하여 단축 메뉴를 열고, ① '트랙 생성'을 선택하면 프로젝트에 마스터 트랙을 추가할 수 있습니다.

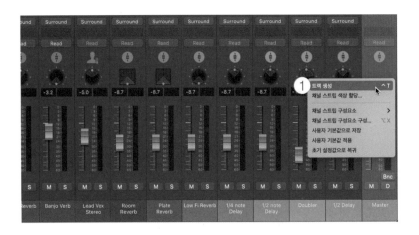

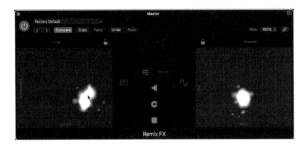

미지원 플러그인

서드파티 제품을 포함하여 서라운드를 지원하지 않는 플러그인도 서라운드 채널에서 사용할 수 있습니다. 방법은 간단합니다. 앞에서 살펴본 서라운드 플러그인을 실제로 사용하고자 하는 프러그인 앞에 로딩을 하고, Bypass 시키는 것입니다. 그러면 이후의 플러그인은 multi 채널로 로딩할 수 있으며, 메인 컨트롤에 ① 세계의 점으로 표시되어 있는 버튼을 클릭하면 각 채널을 ② A부터 E까지 분리할 수 있고, 채널마다 서로 다른 효과를 적용할 수 있습니다.

Logic Pro Level Up

서라운드 볼륨 제어

멀티 게인

애트모스 프로젝트의 마스터 트랙 또는 서라운드 플러그인 다음 슬롯에서 각 채널의 레벨을 개별적으로 컨트롤할 수 있는 ① Multichannel Gain을 사용할 수 있습니다. 특히 서라운드 플러그인을 버스 채널로 사용할 때 각 채널에 전송되는 이펙트의 양을 컨트롤하는 것은 매우 중요한 믹싱 테크닉이기 때문에 거의 필수적으로 사용하는 장치가 될 것입니다.

라우드니스

라우드니스는 음악 전체가 재생되는 동안 사람이 인식하는 볼륨을 의미하며, 단위는 LUFS를 사용합니다. 각각의 온라인 플랫폼은 라우드니스가 제한되어 있는데, 서비스 업체마다 조금씩 차이가 있습니다. 예를 들어 애플 뮤직은 -16LUFS이지만, 유튜브는 -14LUFS입니다. 이것은 해당 플랫폼에서 음악을 감상하는 사람이 곡마다 다른 볼륨으로 불쾌감을 갖지 않도록 하기 위해 만든 규칙입니다. 그러므로 제작자는 마스터링을 할 때 업로드할 플랫폼의 규격에 맞추어 라우드니스를 체크하는 과정이 꼭 필요합니다.

이 값은 Loudness Meter의 ① Intergrated 항목에서 확인할 수 있으며, 곡 전체를 재생하여 측정합니다. 마스터링을 할 때 플랫폼의 규격을 맞추는 가장 손쉬운 플러그인은 Limiter이며, ② Gain 노브를 이용하여 조정할 수 있습니다. 단, 애트모스 사운드의 경우에는 바이노럴 모드와 차이가 있으므로, 반드시 Monitoring Format이 7.1.2 또는 7.1.4로 선택되어 있어야 합니다.

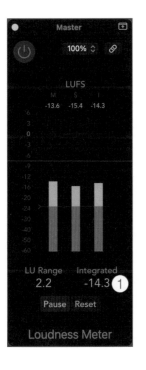

국제 전기 통신 연합(ITU-R)에서는 애트모스 사운드의 라우드니스를 -18LUFS로 제안하고 있으며, 같은 플랫폼이라도 스테레오 라우드니스와 차이가 있습니다.

Logic Pro Level Up
애트모스 파일 만들기

프로젝트 대체하기

돌비 애트모스 사운드는 이제 영화 전용이 아니라 음악 시장에도 새로운 변화를 만들고 있습니다. 하지만, 아직까지 모든 온라인 플랫폼이 이를 지원하는 것은 아니며, 앞으로 이 시장이 확대될 것인지, 5.1채널처럼 단순한 호기심으로 반짝하고 사라질 것인지는 불명확합니다. 그래서 음악은 일단 스테레오로 만들고, 필요한 경우에 돌비 애트모스로 믹싱하는 순서로 작업을 하게 될 것입니다. 즉, 2개의 프로젝트가 필요합니다.

로직은 프로젝트를 다른 이름으로 저장하여 관리할 수 있는 기능을 제공합니다. '파일' 메뉴의 '대체 프로젝트'에서 ① '새로운 대체 항목'을 선택하면 현재 프로젝트를 다른 이름으로 저장할 수 있습니다. 저장한 프로젝트는 '대체 프로젝트' ② 하위 메뉴에 등록이 되며, 언제든 스테레오와 돌비 애트모스 프로젝트를 전환하며 작업을 진행할 수 있습니다.

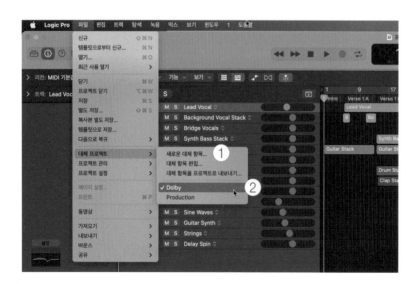

익스포트

서라운드 믹싱을 마치고 애트모스 파일로 익스포팅하는 과정은 간단합니다. '파일' 메뉴의 '내보내기'에서 ① '프로젝트를 ADM BWF로'를 선택하여 저장하면 됩니다. 사이클 구간만 익스포트 하겠다면 '선택 범위를 ADM BWF로'를 선택합니다. 저장한 파일의 포맷은 *.wav이며, 애플 뮤직을 비롯한 애트모스 지원 플랫폼에 등록하여 서비스할 수 있습니다.

애플 뮤직에 음원 등록하기

애플 뮤직을 비롯한 다양한 플랫폼에 음원을 등록하려면 유통사에 의뢰를 해야 합니다. 국내 유통사는 사용자와의 계약을 통해 수익을 분배하는 경우가 대부분이고, 애플 뮤직과 같은 해외 플랫폼은 distrokid.com과 같은 곳을 통해 사용자가 직접 수익을 관리할 수 있습니다.

▲ distrokid.com

최이진 실용음악학원(02-887-8883)/hyuneum.com

학원 선택?

누구에게 배울 수 있는지가 중요합니다!

전 세계 유일의 특허 받은 화성학 저자 최이진에게 직접 배울 수 있는 곳!
EJ 엔터테인먼트 전속으로 졸업생 모두 음악 활동이 가능한 곳!

보컬	입시반과 연습반으로 운영되고 있으며, 연습반 졸업생은 EJ 엔터테인먼트 전속으로 음반 및 방송 활동 기회를 제공합니다.
작/편곡	세계 유일 화성학 이론 특허를 가지고 있는 노하우로 그 어떤 학교나 학원에서도 배울 수 없는 수업을 접할 수 있습니다.
재즈피아노	수많은 프로 연주자를 배출한 교육 시스템으로 초, 중, 고급 개인차를 고려한 일대일 맞춤 수업을 진행합니다.
컴퓨터음악	실용음대 표준 교재 집필 및 라이센스 문제 출제 위원으로 활동하고 있는 저자의 일대일 수업으로 실무 작업 테크닉을 배울 수 있습니다.
방송 음향 믹싱	교회, 라이브, 클럽, 스튜디오 등의 다양한 현장 경험과 교육으로 축적된 노하우를 제공합니다. 입시 또는 실무자를 위한 개인별 목적에 맞추어 진행합니다.
기타/베이스	십년 이상의 공연과 수많은 앨범 세션 경험을 바탕으로 실무 테크닉. 포크, 클래식, 재즈, 일렉 스타일별 맞춤 교육.

위치 : 2호선 서울대입구역 8번 출구

EJ 녹음 스튜디오 *(개인 음원 제작에서 발표까지)*

작곡, 편곡, 녹음, 믹싱, 마스터링 - 분야별 의뢰 가능!

B급 비용으로 A급 사운드의 음원을 제작할 수 있게 도와드립니다.

- *개인 음원 - 작곡, 편곡, 녹음, 믹싱, 마스터링, 음원 제작*
- *뮤지컬 및 연극 - 작/편곡, 단원 트레이닝 및 연습, 녹음, 음반 제작*
- *오디오 북 - 성우 녹음, 음악 및 효과 제작*
- *게임 음악, 오케스트라 녹음, 트로트 음원 제작, 행사 음악, 교회 음악 등...*

※ 모든 과정마다 의뢰인과의 충분한 상담을 거쳐 후회 없는 결과물을 완성합니다.